中药知识产权
保护体系构建研究

/ 陈和芳 著 /

人民出版社

目 录

绪 论 1

第一章 中药知识产权保护体系构建的理论基础 12

第一节 中药知识产权保护体系构建的核心概念界定 12
一、中药概述 13
二、中药知识产权保护 21
三、中药知识产权保护体系构建 26

第二节 中药知识产权保护体系构建的必要性和可行性 27
一、中药知识产权保护体系构建的必要性 28
二、中药知识产权保护体系构建的可行性 32

第二章 中药知识产权保护的类型及体系构建的基本原则 37

第一节 中药知识产权保护的主要类型 37
一、现代知识产权保护体系 38
二、非物质文化遗产的保护 42
三、特别权利保护制度 44

第二节 不同中药知识产权保护类型的优缺点分析 45

一、现代知识产权保护所具有的优缺点 46
　　二、非物质文化遗产保护所具有的优缺点 48
　　三、特别权利保护制度的优势和不足 50
第三节　中药知识产权保护体系构建的基本原则 53
　　一、以最大程度保护人民生命健康为根本 54
　　二、以中药传承保护为基础 55
　　三、以中药现代化发展为导向 56

第三章　中药的专利保护 59

第一节　中药实施专利保护的困难与可能性分析 60
　　一、专利和专利保护 61
　　二、中药专利保护面临的困难 64
　　三、中药获得专利保护的可能性 68
第二节　中药专利权保护在实践中待完善之处 70
　　一、积极的中药专利保护待完善之处 71
　　二、消极的中药专利保护待完善之处 75
第三节　促进中药专利权保护的相关策略 79
　　一、对积极的中药专利保护需要采取的措施 79
　　二、对消极的中药专利保护需要采取的措施 82

第四章　中药的商标权保护 85

第一节　商标和商标权 87
　　一、商标的概念和作用 87
　　二、商标权的概念和作用 88
第二节　中药商标权保护的现状审视 92
　　一、中药商标权保护的具体现状 93

二、中药商标权保护对中药现代化产生的促进作用...................97

第三节　中药商标权保护存在的主要问题........................99
　　一、中药商标权保护缺乏同品牌战略的密切结合..................99
　　二、中药商标权保护的可区分性有待提高......................101
　　三、同其他类型知识产权保护之间缺乏有效协调..................102

第四节　中药商标权保护的具体完善策略........................103
　　一、推行以核心商标为载体的品牌战略........................103
　　二、采用多元商标保护战略提升商标的可区分性..................104
　　三、将商标权保护作为整体发展战略的有机组成部分..............107

第五节　中药的中华老字号保护...............................108
　　一、中华老字号及其保护...................................109
　　二、中药中华老字号保护的经济意义..........................111
　　三、中药中华老字号的商标权保护............................113

第五章　中药的版权保护.....................................115

第一节　版权和版权保护.....................................116
　　一、版权的概念界定.......................................117

第二节　中药版权保护的现状.................................122
　　一、中药版权积极保护的现状...............................123
　　二、中药版权消极保护的现状...............................126

第三节　中药版权保护存在的主要问题..........................127
　　一、积极保护方面存在的问题...............................127
　　二、消极保护方面存在的问题...............................129

第四节　以消极保护为主的中药版权保护体系的构建................131
　　一、产学研合作为基础的中药科学作品创新机制..................132
　　二、披露技术来源为标准的中药消极版权保护制度................133

第六章　中药的地理标志保护……137

第一节　地理标志及其保护……139
　　一、地理标志保护的概念界定……139
　　二、地理标志的基本特征……140
　　三、地理标志保护的相关法律规定……142

第二节　中药地理标志保护的价值逻辑……144
　　一、地理标志保护对中药来源的区分价值……145
　　二、地理标志保护对相应中药质量的保证价值……145
　　三、地理标志保护对相应中药产品的宣传价值……146
　　四、地理标志保护对中药文化传承的保护价值……147

第三节　中药地理标志保护存在的主要问题……148
　　一、获得地理标志保护的中药产品过少……149
　　二、地理标志保护产品质量参差不齐……150
　　三、地理标志保护的国际化程度不够……151

第四节　中药地理标志保护的完善策略……152
　　一、成立中药地理标志保护促进的专门机构……152
　　二、优化中药企业的地理标志保护策略……154
　　三、积极实施中药地理标志的国际化……156

第七章　中药的商业秘密保护……159

第一节　中药商业秘密保护概述……160
　　一、中药商业秘密的概念与特点……161
　　二、中药商业秘密权的知识产权属性……162
　　三、中药商业秘密保护的特点……165

第二节　中药商业秘密和专利权保护的比较……167
　　一、中药商业秘密保护相对于专利权保护的优势……168

二、中药商业秘密保护相对于专利权保护的不足..........173

　第三节　中药商业秘密保护的完善策略..........175
　　一、科学权衡中药商业秘密保护的机会成本..........177
　　二、与专利权保护密切配合..........178
　　三、充分利用国家秘密保护..........179

第八章　中药的非物质文化遗产保护..........181

　第一节　中药非物质文化遗产保护概述..........183
　　一、中药非物质文化遗产保护的概念..........183
　　二、中药非物质文化遗产保护的特点..........185

　第二节　中药非物质文化遗产保护的现状..........187
　　一、诸多中药传统文化被纳入到各级非物质文化遗产名录..........188
　　二、促进了相关中药企业市场竞争力的提升..........188
　　三、构建了比较完备的分级行政保护体系..........189
　　四、增强了公众对中药文化传承的重视..........190

　第三节　中药非物质文化遗产保护存在的主要问题..........191
　　一、中药非物质文化遗产保护意识有待加强..........191
　　二、中药非物质文化遗产行政保护投入严重不足..........192
　　三、行政保护对中药现代化发展的忽视..........193
　　四、中药企业未充分发挥非物质文化遗产名录的广告效应..........194

　第四节　中药非物质文化遗产保护的体系构建途径..........195
　　一、构建中药非物质文化遗产的宣传和教育体系..........196
　　二、制定中药非物质文化遗产行政保护的规划和预算制度..........198
　　三、构建同市场化充分结合的行政保护制度..........200
　　四、构建涵盖非物质文化遗产保护的企业品牌战略..........201

第九章　中药品种保护........203

第一节　《中药品种保护条例》和中药品种保护........204
一、《中药品种保护条例》出台背景........205
二、中药品种保护的性质........206

第二节　中药品种保护在实践中存在的负面效应........210
一、过长的保护期........211
二、不利于中药产业的可持续发展........212

第三节　中药品种保护负面效应的消解策略........215
一、逐步降低中药品种的实际保护期限........215
二、逐步削弱直至取消中药品种保护........216

第十章　中药知识产权保护体系构建的具体途径........220

第一节　中药知识产权保护体系的现状........221
一、具有较为完整的中药知识产权保护制度行政管理部门........221
二、现代知识产权保护日益受到人们重视........223
三、非物质文化遗产保护已经初具规模........226
四、特别权利制度保护取得了一定成绩........229

第二节　中药知识产权保护体系存在的主要问题........230
一、制度的碎片化现象较为严重........231
二、对现代知识产权保护的轻视........233
三、非物质文化遗产保护缺乏必要的系统性协调........237
四、对特别权利保护的过度强调........239

第三节　面向未来的中药知识产权保护体系构建的具体途径....241
一、针对具体问题的体系构建策略........242
二、以中药产业未来发展为导向的体系构建组合策略........254

第十一章　中药知识产权的司法保护...... 266

第一节　中药知识产权司法保护现状审视...... 268
一、当前中药知识产权保护的主要类型...... 268
二、中药知识产权司法保护的相关数据...... 273
三、中药知识产权司法保护的现状...... 276

第二节　中药知识产权司法保护存在的主要问题...... 279
一、中药知识产权司法保护整体上存在的问题...... 280
二、中药知识产权类型化诉讼存在的问题...... 284

第三节　中药知识产权司法保护遵循的主要原则...... 291
一、促进中药产业创新发展的原则...... 292
二、切实保护权利主体合法权益的原则...... 293
三、提高整体司法保护质效的原则...... 294

第四节　中药知识产权司法保护机制构建的具体途径...... 294
一、中药知识产权司法保护整体机制构建...... 296
二、中药知识产权司法保护类型化机制完善...... 302

绪　论

一、研究背景

中药作为中国悠久历史中形成的特色文化和产业，对于中华民族的传承和现代发展均有着特殊重要的贡献。[①]2020年以来，中药在新冠疫情防治中所起到的关键作用，再一次证明了中药对于中华民族乃至世界人民生存和发展所具有的重要意义。与此同时，中药也是中国现代医药产业的重要组成部分，当前仅中成药销售即占整体制药市场的三分之一左右，且增长迅速，近年来的绝对产值和占整体制药产业比重均持续上升，对于建立我国在国际医药领域的优势产业乃至国民经济的发展，均有着非常重要的意义。正是因为中药在传承中国优秀传统文化、有效保障人民生命健康、构建具有中国特色优势产业以及促进国民经济增长等诸多方面具有的重要功能，通过知识产权保护对中药进行传承和发扬成为了全民族的共识。2017年，《中华人民共和国中医药法》（以下简称《中医

---

① 杨萌萌：《基于中药文化传承的中医药人才培养模式研究》，《中国药理学通报》2021年第2期。

药法》)正式实施,该法第一条即明确指出,其立法目的在于继承和弘扬中药,保障和促进中药事业发展,保护人民健康。该法对中药作为中华民族的优秀文化传承、中药产业发展的必要性以及中药对人民健康的重要意义进行了法律上的确认,为中药的传承和发展提供了可靠的法律保障。[①]2021年9月,党中央、国务院印发了《知识产权强国建设纲要(2021—2035年)》,进一步强调了知识产权制度对于现代社会发展的重要意义。由此可见,通过知识产权保护促进中药的传承与发展,已经成为现代社会弘扬和发展中药产业,进而保护人民生命健康并促进国民经济发展的必然选择。

中药所具有的传统知识和现代产业的双重属性,[②]使其获得了现代社会的高度关注。然而,同样因为这种双重属性的存在,使其遇到了知识产权保护上的特殊困难。事实上,由于中药来源于悠久的中华传统文化,其所具有的传承性和持有者的广泛性与分散性,直接与现代知识产权保护要求的创新性和主体的确定性相悖,使其与现代知识产权保护产生了一定程度的不兼容,从而导致了中药知识产权保护方面的难题,也为现代中药产业充分利用知识产权保护实现其可持续发展带来了一定程度的障碍。正是因为中药所具有的传统知识特征与现代知识产权保护体系方面的差异,2017年《中医药法》对中药的知识产权保护规定了一系列与现代知识产权体系不同的保护制度,包括第二十三条保护道地中

[①] 田侃:《〈中医药法〉立法创新之评价》,《南京中医药大学学报(社会科学版)》2017年第1期。
[②] 陈和芳:《中药知识产权保护的经济学研究:以广州市中药产业为例》,哈尔滨工业大学出版社2016年版,第16页。

药材，第二十五条保护药用野生动植物资源，第二十七条保护中药饮片传统炮制技术和工艺，第四十二条和第四十三条对传承中药理论和技术工艺方法采取包括非物质文化遗产保护在内的行政保护措施和知情同意利益分享等法律规定。

以《中医药法》为主的法律，对中药知识产权保护实行了不同于现代知识产权制度的特别权利制度的方式，在很大程度解决了中药作为传统知识难以获得知识产权保护的问题。然而，中药作为现代产业的重要组成部分，其未来可持续发展的实现绝不能仅仅依靠相应的特别权利制度，而必须充分利用现代法治社会各种有效的知识产权保护机制，才能保证其在有效传承的基础上，通过市场竞争力的不断增强实现产业整体的现代化。因此，通过对中药知识产权保护的必要性和可行性以及现有知识产权保护类型的分析，进而以相应的资料和数据获取当前中药知识产权保护的具体样貌，从中找出中药知识产权保护存在的问题，并在中药传承和发扬两大原则的导向下，对中药知识产权保护进行符合自身特征的体系性构建，对于充分发挥中药保护人民生命健康和促进国民经济发展的两大基本功能，有着非常关键的理论和现实意义。

二、研究现状

由于中药对中华民族的特殊重要性以及知识产权保护对于中药传承和发展的基础性意义，中药成为当前人们在知识产权保护领域关注的焦点之一，近年来受到了相关研究人员和实务人员的广泛关注，并产生了一系列与之相关的研究成果。由于中药是中国特有的传统知识和产业体系，相关研究成果主要集中在国内，国外基本上搜索不到相关研究文献。具体来讲，相关研究成果主要集中在以下几方面：

第一，对中药知识产权保护的综合性研究成果。由于中药知识产权整体保护上的特殊性，要想对这种特殊性进行深入的分析和论证，综合性的相关研究是必要的前提和基础。近年来此方面典型的成果如，曾彤等（2015）出版的《中药知识产权的法律保护》[①]一书；刘煜婧等（2021）发表的《从知识产权的体系化看对中药的法律保护》[②]一文；刘长秋（2019）发表的《我国中药知识产权保护的问题与对策》[③]一文；曾钰诚（2019）发表的《民族传统中医药法律保护：误区、澄清与展望》[④]一文；赵虹等（2021）发表的《知识产权保护视阈下我国中药专利研究现状及发展对策》[⑤]一文；等等。这些成果通过对中药知识产权保护所具有的特殊性进行分析，指出在现有知识产权体系下对中药进行保护的不足，并提出了相应的可操作性强的对策。

第二，与国外类似传统医药产业的知识产权保护进行的比较研究。对传统医药产业进行知识产权保护是世界性的难题，对国外类似传统医药产业的知识产权制度进行比较研究，有利于借鉴其中的合理成分，用

[①] 曾彤等：《中医药知识产权的权利主体．中药知识产权的法律保护》，四川大学出版社2015年版，第126页。
[②] 刘煜婧等：《从知识产权的体系化看对中药的法律保护》，《医学与法学》2021年第1期。
[③] 刘长秋：《我国中药知识产权保护的问题与对策》，《中华中医药杂志》2019年第11期。
[④] 曾钰诚：《民族传统中医药法律保护：误区、澄清与展望》，《贵州民族研究》2019年第10期。
[⑤] 赵虹等：《知识产权保护视阈下我国中药专利研究现状及发展对策》，《科技管理研究》2021年第12期。

以完善我国自身的中药知识产权保护制度体系。此方面近年来的典型研究成果主要有韩成芳（2021）发表的《传统医药知识保护的困境与出路——以印度阿育吠陀为样本的考察》①一文；翁丽红和林丹红（2013）发表的《传统医药企业知识产权战略分析——以日本津村株式会社为例》②一文；李君超（2011）撰写的硕士学位论文——《中印传统医药知识产权保护制度比较研究》③；等等。这几篇文章分别对印度保护阿育吠陀中的传统医药知识、日本津村株式会社保护传统汉方的相关知识产权综合策略以及立足中印两国的国情建立保护传统医药知识的专利来源披露制度等措施进行了详细的介绍，并认为中国的中药保护应当适当借鉴其中的合理成分进行必要的完善。

第三，从某一特殊类型知识产权保护的角度对中药知识产权保护进行的研究。中药的知识产权保护在实践中必然具体表现为某一特殊类型，对特殊类型的知识产权保护进行深入分析和论证，可以有效加深人们对中药知识产权保护具体领域的了解，对于中药知识产权保护的研究有着非常重要的意义。近年来此方面的典型成果包括周作斌和李宁（2021）发表的《传统中药方适用商业秘密保护制度的困境及出路》④一

---

① 韩成芳：《传统医药知识保护的困境与出路——以印度阿育吠陀为样本的考察》，《知识产权》2021年第7期。
② 翁丽红、林丹红：《传统医药企业知识产权战略分析——以日本津村株式会社为例》，《福建中医药大学学报》2013年第4期。
③ 李君超：《中印传统医药知识产权保护制度比较研究》，华南理工大学2011年硕士学位论文，第27页。
④ 周作斌、李宁：《传统中药方适用商业秘密保护制度的困境及出路》，《电子知识产权》2021年第7期。

文;严永和和王晓(2019)发表的《我国少数民族传统医药知识特别权利保护制度构建的几个问题》[①]一文;王艳翚(2016)发表的《中药技术秘密保护路径分析——商业秘密制度与国家秘密制度的选择》[②]一文;蔡立群和马茂青(2011)发表的《我国蒙古族传统医药知识产权保护的法律思考》[③];等等。这些文章分别从传统中药方适用商业秘密保护,少数民族传统医药知识特别权利保护制度构建以及中药技术秘密保护等具体角度对中药保护的特殊领域进行论述,指出其中存在的问题并提出了具有一定可操作性的完善性对策。

整体而言,近年来已经出现了相当数量中药知识产权保护相关的文献,从而在一定程度上廓清了人们对于中药知识产权保护特殊性的认识,对于促进中药知识产权保护制度体系的科学性有着重要的意义。然而,当前中药知识产权保护相关成果存在的缺陷也是非常明显的。首先,过度强调中药作为传统知识的特殊性。要求加强现代知识产权保护之外的特别保护,而忽视中药同时作为现代化产业的关键领域,同样需要现代知识产权保护促进其创新发展的问题。其次,研究碎片化严重。缺乏对中药知识产权保护的整体性研究,多数研究成果均从商业秘密、中药古方以及特别权利制度构建等角度对中药知识产权保护存在的问题和对策

---

① 严永和、王晓:《我国少数民族传统医药知识特别权利保护制度构建的几个问题》,《民族研究》2019年第2期。
② 王艳翚:《中药技术秘密保护路径分析——商业秘密制度与国家秘密制度的选择》,《河北法学》2016年第3期。
③ 蔡立群、马茂青:《我国蒙古族传统医药知识产权保护的法律思考》,《宝鸡文理学院学报(社会科学版)》2011年第1期。

绪 论

进行分析论证，从整体角度研究中药知识产权保护的成果相对缺乏，相关研究存在明显的碎片化问题。再次，实证研究缺乏。多数文献均着重于从中药知识产权保护的特殊性出发进行相应的理论分析，从而使相应的问题分析和对策建议等缺乏必要的实证数据支撑。最后，中药知识产权司法保护方面的研究成果几乎没有。司法保护是中药知识产权保护的终极保障和关键环节，中药知识产权制度只有在有效的司法制度保障下，才能切实起到应有的保护中药知识产权的作用。忽视司法保护方面的研究，必然使相关司法保护实践因为缺乏必要的理论指导而难以最大程度发挥应有的保障和促进中药知识产权保护的作用。

基于以上分析评估，有必要针对当前研究中存在的过度强调知识产权的传统知识保护而忽视其现代化产业特征、研究内容碎片化、缺乏实证支撑和司法保护方面的成果等明显不足，以知识产权保护促进中药产业的现代化发展而不是单纯的中药传承保护为主要目标，在对中药不同类型知识产权保护以及司法保护相关实证数据收集的基础上，对当前中药知识产权保护的现状及问题进行全面的整体性分析论证，进而提出能够有效促进中药产业现代化发展的综合性知识产权保护制度体系构建策略，为当前中药产业知识产权保护制度体系的完善和发展，提供良好的理论借鉴和实践指引。

三、研究主旨

本研究从中药所具有的传统知识和现代化产业的双重属性的视角出

发,以促进中药的现代化发展为目的,采用调查访谈法、文本分析法、案例考察法、理论演绎法、历史分析法等研究方法,对中药知识产权保护所具有的特殊性进行详细分析和论证。

中药有着悠久的发展历史,属于中华民族优良文化传统的重要内容。与此同时,中药作为中国医药行业的主要组成部分之一,同西药相比有着价格低廉、副作用小等不可替代的优势,为保证人民的健康和国民经济的发展作出了重大的贡献,属于现代产业的有机组成部分。正是因为中药的传统知识和现代产业的双重属性,使其知识产权保护呈现出不同于普通产业的鲜明特征。这种双重属性使中药不仅受到为现代产业发展设计的现代知识产权体系的保护,如专利权、商标权的保护,而且又得到专门为传统知识设计的特别制度保护,如中药品种、非物质文化遗产保护。然而,这种保护的多样性并不意味着中药能得到比普通产业更好的知识产权保护。一方面,由于其传统知识属性,同现代知识产权保护体系存在天然的不兼容,尤其是专利权保护,由于其新颖性要素同中药的世代相传特征直接相悖,很难对中药提供足够的保护;另一方面,由于中药的现代产业属性,为了保证中药的市场竞争力,必须对其提供现代知识产权保护。正是因为中药知识产权保护体系中这种矛盾的存在,必须通过对中药知识产权保护的不同形式进行具体的分析,从不同中药知识产权保护形式对社会以及中药产业本身的具体影响中,寻找其中存在的问题以及解决这些问题的方法。本研究通过对现代知识产权保护体系(包括著作权、专利、商标、地理标志、商业秘密等)、非物质文化遗产保护以及中药品种、道地药材和遗传资源保护等的详细分

绪 论

析，可以得出以下几个方面的观点：

首先，中药发展的前途在于其现代产业的属性，从长远发展的角度，中药知识产权保护应当以现代知识产权保护体系为主，而不是以保护中药传承为目标的非物质文化遗产保护，或者以为维持中药现有市场地位而特别设计的保护制度（如中药品种保护制度等）为主。

其次，中药的传统知识属性相关的知识产权保护对其现代产业发展有着重要的经济意义。对于中药的知识产权保护来说，应当非常重视与其传统知识属性相联系的知识产权保护方式可能起到的提高其声誉的作用，如老字号商标保护、地理标志保护、非物质文化遗产保护、道地药材保护等都是中药非常宝贵的战略资源，应当尽可能对其加以利用，通过其产生的经济效益促进中药产业的发展。

最后，应当充分注意中药知识产权保护制度对中药品牌形象的提升作用。凡是能够证明中药质量优良的知识产权保护形式均能对其品牌形象起到重要的提升作用。如老字号商标、地理标志保护以及非物质文化遗产保护保护等之所以具有很好的广告效应，即由于相关中药特有的文化传统和地域性对其效果和质量起到的保证作用。另外，中药专利和中药品种保护同样具有证明其技术和质量能力的效果。在企业品牌战略中充分注意促进创新和质量提高的中药知识产权制度对中药品牌形象的提升作用，可以有效促进中药企业经济效益的提高。

根据以上观点，结合我国中药产业知识产权保护的具体情况，笔者认为，可以从促进中药产业创新和提升其品牌形象两个方面最大程度推动中药产业现代化发展。

9

一方面，促进中药产业创新的知识产权综合保护。其具体对策如下：在中药专利保护方面，加大对中药研究的基础性投入、推广产学研结合的中药研发机制、同企业的品牌战略紧密结合；在中药品种保护方面，逐步缩小中药品种保护的范围、逐步降低中药品种的实际保护期限、逐步取消中药品种保护；在中药商业秘密保护方面，加大对中药商业秘密侵权的打击力度、明确以中药的临床效果结合其成分判定类似产品是否构成侵权。具体组合保护策略则以专利保护为主，淡化中药品种保护并充分发挥商业秘密保护的作用。

另一方面，促进中药产业品牌形象提升的知识权综合保护。其具体对策为：在中药商标权保护方面，以创新和质量作为商标宣传的核心、重视老字号商标保护的作用、注意与外包装相结合的整体品牌形象；在中药地理标志保护方面，加大中药地理标志保护的宣传、其产品的质量监管以及国际协调；在中药非物质文化遗产保护方面，加大中药非物质文化遗产保护的宣传和教育、加大投入、并将其纳入企业整体品牌战略。其组合策略为以中药商标权保护为核心、充分发挥地理标志和非物质文化遗产保护的作用，并与其他知识产权保护类型紧密结合。

四、研究价值

本研究的可能创新之处，主要包括以下几方面：

一是在学术思想上，明确了中药的传统知识和现代产业的双重属性，并指出中药的知识产权保护应以促进其现代化发展为主要目标，而不是

绪　论

当前学界主流的对中药单纯加强传统知识属性方面的特殊保护的思想。填补了学界通过知识产权保护促进中药产业现代化发展方面研究的空白。

二是在资料收集上，充分利用调查访谈的方式，获取当前中药产业知识产权保护，包括相关司法保护的第一手资料，有效弥补了当前相关研究缺乏实证支撑的不足。

三是在策略构建上，强调中药知识产权保护的体系性构建和不同类型知识产权间的密切配合，通过策略的整体性有效克服当前相关研究碎片化严重的不足。

总体上，本研究力图从以下两个方面实现价值突破：

一方面是学术理论价值。本研究可以有效弥补当前研究中存在的过度强调知识产权的传统知识保护而忽视其现代化产业特征、研究内容碎片化、缺乏实证支撑和司法保护方面的研究等明显不足。本研究以知识产权保护促进中药产业的现代化发展而不是单纯的中药保护为主要目标，在对中药不同类型知识产权保护以及司法保护相关实证数据收集的基础上，对当前中药知识产权保护的现状及问题进行全面的整体性分析论证，进而提出能够有效促进中药产业现代化发展的综合性知识产权保护制度体系构建策略。

另一方面是实践应用价值。本研究在实践上从中药传统知识保护和产业现代化发展的双重角度出发，提出以传统弘扬为基础，以促进现代产业发展为导向的中药知识产权保护体系构建策略，对于中药法律保护体系的健全和完善乃至中药产业的可持续发展具有良好的参考和借鉴意义。

第一章 中药知识产权保护体系构建的理论基础

中药知识产权保护体系构建的前提，是对相关核心概念的含义、范围和特征等进行基本界定，并以此为出发点，对相关体系构建的必要性和可行性等进行符合一般逻辑的详细分析和论证，从而为后续研究奠定必要的理论基础。

第一节 中药知识产权保护体系构建的核心概念界定

中药知识产权保护体系构建的核心概念，主要包括中药、中药知识产权保护、体系构建等，以下即从其内涵、范围、特征等方面对这些核心概念进行具体界定。

第一章　中药知识产权保护体系构建的理论基础

一、中药概述

（一）中药的内涵

根据《中医药法》第二条的规定，"本法所称中医药，是包括汉族和少数民族医药在内的我国各民族医药的统称，是反映中华民族对生命、健康和疾病的认识，具有悠久历史传统和独特理论及技术方法的医药学体系。"因此，法律意义上的中药，指的是中华民族具有悠久历史传统和独特理论及技术方法的药学知识体系以及以此为指导采集、炮制、制剂、说明作用机理，指导临床应用的药物，统称为中药。[①]

从上述定义可以看出中药的内涵分为理论和理论指导下形成的药物两大部分。一部分为中药传统理论，包括汉族和少数民族组成的中华民族在悠久历史传统下形成的，反映中华民族对生命健康和疾病的认识的相关传统、理论和技术方法。另一部分则为在这一传统中药理论指导下所形成的，用于预防、治疗、诊断疾病并具有康复与保健作用的物质。中药主要来源于天然药及其加工品，包括植物药、动物药、矿物药及部分化学、生物制品类药物。中药和草药存在较大的差异，中药是指在中医理论指导下使用的药物，而草药则仅指来源于天然植物的药物。[②] 然而，由于中药以植物药居多，故有"诸药以草为本"的说法以及"中草

[①] 侯卫伟：《全面系统深入学习理解〈中医药法〉依法扶持促进中医药事业发展》，《南京中医药大学学报（社会科学版）》2017年第1期。

[②] 杨秀伟：《中草药化学成分的研究》，《中草药》2007年第7期。

13

药"的特定称谓。

（二）中药的范围

根据《中医药法》第二条的定义，中药不仅包括了汉族在悠久的历史传承下形成的相应中药文化、独特理论和技术方法，也包括了属于中华民族的其他少数民族在历史传承下形成的医药文化、独特理论和技术方法。因此，中药的范围不能狭隘地限定为汉族历史上形成的"汉方""汉药"，还包括其他少数民族传统药物，如"苗方""苗药"和"瑶方""瑶药"以及"藏方""藏药"等。[①] 这些民族传统医药不仅在民族和地域上均属于中华民族和中国必不可少的组成部分，而且在理论上彼此之间也有着非常密切的联系。一般来说，中药整体上以汉族历史传统上形成的中药文化、中药理论和中药技术方法为主，在具体发展过程中充分结合了不同民族的具体特点，由不同民族充分发挥自身的创造性，最终形成了当前各具特色的民族药体系，并共同构成了整体中药理论和药物体系。

（三）中药独特理论和技术方法

1. 中药的采集

中药的采收时节和方法对确保药物的质量有着密切的关联。动植物在其生长发育的不同时期其药用部分所含有效及有害成分各不相同，因

[①] 董研林：《中医药传统知识保护的内涵分析》，《中国卫生事业管理》2018年第4期。

此药物的疗效和毒副作用也往往有较大差异，故药材的采收必须在适当的时节采集。①

2. 中药的炮制

即药物在应用或制成各种剂型前，根据医疗、调制、制剂的需要，而进行必要的加工处理的过程。常用的炮制的方法包括修治、水制、火制、水火共制等。炮制的目的在于纯净药材，保证质量，分拣药物，区分等级；切制饮片，便于调剂制剂；干燥药材，利于贮藏；矫味、矫臭，便于服用；降低毒副作用，保证安全用药；增强药物功能，提高临床疗效；改变药物性能，扩大应用范围。引药入经，便于定向用药。②

3. 药性理论

药物之所以能够针对病情，是由于各种药物本身各自具有若干特性和作用，前人将之称为药物的偏性，把药物与疗效有关的性质和性能统称为药性，它包括药物发挥疗效的物质基础和治疗过程中所体现出来的作用。它是药物性质与功能的高度概括。研究药性形成的机制及其运用规律的理论称为药性理论，其基本内容包括四气五味、升降浮沉、归经、有毒无毒、配伍、禁忌等。③

（1）四气

即寒热温凉四种不同的药性，也称四性。它反映了药物对人体阴阳盛衰、寒热变化的作用倾向，是说明药物作用的主要理论依据之一。是

---

① 王新建：《浅谈中药的采集与炮制》，《内蒙古中医药》2014年第17期。
② 彭小艳：《中药炮制和用法对药物作用的影响》，《大众健康报》2022年8月11日。
③ 郭建生：《论中药基本理论的研究思维》，《中华中医药学刊》2008年第10期。

由药物作用于人体所产生的不同反应和所获得的不同疗效而总结出来的，它与所治疗疾病的性质是相对而言的。①

（2）五味

五味是指药物有酸、苦、甘、辛、咸五种不同的味道，因而具有不同的治疗作用。五味的产生，首先是通过口尝，即用人的感觉器官辨别出来的，它是药物真实味道的反映。但又不仅仅是药物味道的真实反映，更重要的是对药物作用的高度概括。②

（3）升降浮沉

升降浮沉是药物对人体作用的不同趋向性，是与疾病所表现的趋向性相对而言的。影响药物升降浮沉的因素主要与四气五味、药物质地轻重有密切关系，并受到炮制和配伍的影响。③

（4）归经

归经是指药物对于机体某部分的选择性作用，即某药对某些脏腑经络有特殊的亲和作用，因而对这些部位的病变起着主要或特殊的治疗作用，药物的归经不同，其治疗作用也不同。归经指明了药物治病的适用范围，也就是说明了药效所在，包含了药物定性定位的概念。它与机体因素即脏腑经络生理特点，临床经验的积累，中医辨证理论体系的不断发展与完善及药物自身的特性密不可分。④

---

① 王家葵、沈映君：《〈神农本草经〉药物四气的统计分析》，《中国中药杂志》1999 年第 4 期。
② 张铁军、刘昌孝：《中药五味药性理论辨识及其化学生物学实质表征路径》，《中草药》2015 年第 1 期。
③ 徐海波：《中药升降浮沉理论释义》，《中医药学刊》2001 年第 6 期。
④ 贡长恩、郭顺根：《中药归经理论研究述评》，《北京中医药大学学报》1999 年第 2 期。

第一章　中药知识产权保护体系构建的理论基础

（5）毒性

古代常常把毒药看作是一切药物的总称，药物毒性的含义较广，毒性是药物的偏性，又认为毒性是药物毒副作用大小的标志。现代一般认为毒性是指药物对机体所产生的不良影响及损害性。包括有急性毒性、亚急性毒性、亚慢性毒性、慢性毒性和特殊毒性如致癌、致突变、致畸胎、成瘾等。中药的副作用有别于毒性作用。副作用是指在常用剂量时出现与治疗需要无关的不适反应，一般比较轻微，对机体危害不大，停药后可自行消失。①

（6）配伍

按照病情的不同需要和药物的不同特点，有选择地将两种以上的药物合在一起应用，叫作配伍。相须、相使可以起到协同作用，能提高药效，是临床常用的配伍方法；相畏、相杀可以减轻或消除毒副作用，以保证安全用药，是使用毒副作用较强药物的配伍方法，也可用于有毒中药的炮制及中毒解救。相恶是因为药物的拮抗作用，抵消或削弱其中一种药物的功效；相反则是药物相互作用，能产生毒性反应或强烈的副作用，故相恶、相反都是配伍用药的禁忌。②

（7）用药禁忌

主要包括配伍禁忌、证候禁忌、妊娠用药禁忌和服药饮食禁忌四个方面。③

---

① 赵军宁等：《中药毒性理论在我国的形成与创新发展》，《中国中药杂志》2010年第7期。
② 高晓山：《中药配伍理论研究问题瞻望》，《中国实验方剂学杂志》1999年第6期。
③ 李玉珠、徐锦池：《浅述中药用药的禁忌》，《时珍国医国药》1998年第6期。

第一，配伍禁忌，是指某些药物合用会产生剧烈的毒副作用或降低和破坏药效，因而应该避免配合应用。

第二，证候禁忌，由于药物的药性不同，其作用各有专长和一定的适应范围，因此，临床用药也就有所禁忌，称"证候禁忌"。如麻黄性味辛温，功能发汗解表、散风寒，又能宣肺平喘利尿，故只适宜于外感风寒表实无汗或肺气不宣的喘咳，而对表虚自汗及阴虚盗汗、肺肾虚喘则禁止使用。

第三，妊娠用药禁忌，是指妇女妊娠期治疗用药的禁忌。某些药物具有损害胎元以致堕胎的副作用，所以应作为妊娠禁忌的药物。根据药物对于胎元损害程度的不同，一般可分为慎用与禁用两大类。凡禁用的药物绝对不能使用，慎用的药物可以根据病情的需要斟酌使用。

第四，服药饮食禁忌，是指服药期间对某些食物的禁忌，又简称食忌，也就是通常所说的忌口。一般应忌食生冷、油腻、腥膻、有刺激性的食物。此外，根据病情的不同，饮食禁忌也有区别。

4. 用量与用法

（1）用量

中药的用量是指中药剂量，即临床应用时的分量。它主要指明了每味药的成人一日量。中药绝大多数来源于生药，安全剂量幅度较大，用量不像化学药品那样严格，但用量得当与否，也是直接影响药效的发挥、临床效果好坏的重要因素之一。药量过小，起不到治疗作用而贻误病情；药量过大，戕伤正气，也可引起不良后果，或造成不必要的浪费。[①]

---

① 杨付明：《中药剂量有关问题的探讨》，《中医杂志》2003年第12期。

（2）用法

主要是指汤剂的煎煮及不同剂型的服用方法。[①]

第一，煎煮法。汤剂是中药最为常用的剂型之一。汤剂的制作对煎具、用水、火候、煮法都有一定的要求。煎药用具以砂锅、瓦罐为好，搪瓷罐次之，忌用铜铁锅，以免发生化学变化，影响疗效。煎药火候有文火、武火之分。煎煮的火候和时间，要根据药物性能而定。某些药物因其质地不同，煎法比较特殊，处方上加以注明，有先煎、后下、包煎、另煎、溶化、泡服、冲服、煎汤代水等不同煎煮法。

第二，服药法。服药时间汤剂一般每日1剂，煎2次分服，两次间隔时间为4—6小时左右。服药方法汤剂一般宜温服。丸剂颗粒较小者，可直接用温开水送服；大蜜丸者，可以分成小粒吞服；若水丸质硬者，可用开水溶化后服。散剂、粉剂可用蜂蜜加以调和送服，或装入胶囊中吞服，避免直接吞服而刺激咽喉。膏剂宜用开水冲服，避免直接倒入口中吞咽，以免粘喉引起呕吐。冲剂宜用开水冲服；糖浆剂可以直接吞服。此外，还有鼻饲给药法。

（四）中药的特征

中药作为现代药物分类中与西药相对的称谓，与西药相比较，其具有以下几方面的主要特征：

[①] 白晓菊、杨洪军：《2005年版〈中国药典〉一部中药用法若干问题分析及建议》，《中国中药杂志》2009年第15期。

1. 中药理论的传承性

与西药是在现代科学理论的指导下产生的不同，中药是在传统理论的指导下产生，具有非常典型的传承性。[1] 这种传承性决定了中药理论在很大程度上与现代科学理论存在差异，在一定程度上阻碍了中药的现代化和市场化。

2. 中药制品对自然生物的高度依赖

与西药多数为化学制剂不同，中药的原材料大多直接取材于常见的动植物，尤其是对植物资源存在相当大的依赖，从而使其具有"中草药""草药"等特定称谓，在西方也有人将其作为"植物药"的一种。中药制品对于自然生物的高度依赖，意味着其不能通过直接的化学合同方式生产，而是高度依赖作为原材料的药材的培养。由于药材的药性与不同地域的气候、土壤以及培植方法高度相关，因此具有某些不可替代性的地域特产药材，也被人们称为"道地药材"。[2]

3. 中药的安全性和可靠性

与西药大多诞生时间不长，尤其是某些专利药诞生时间只有几年十几年，从而使其安全性和可靠性不能得到充分验证不同，多数中药制剂均来源于传承久远的经方和验方，有效性和安全性往往经历了几代乃至十几代几十代人的实践考验，有着非常可靠的使用经验上的保证。[3]

---

[1] 陈曦：《与古为新：中医"道统"概念的重申》，《中国中医基础医学杂志》2021年第9期。

[2] 黄璐琦、郭兰萍：《环境胁迫下次生代谢产物的积累及道地药材的形成》，《中国中药杂志》2007年第4期。

[3] 罗和古：《经方验方巧治皮肤病（上册）》，中国医药科技出版社2007年版，第172页。

4. 中药的经济性

由于中药原材料一般来源于易于大规模培养的动植物资源，而且不需要经过昂贵的药物研发阶段，因此在整体成本上较西药尤其是专利西药要低很多，达到同样的治疗效果在经济性上比使用西药划算得多。这一特征与中药的安全可靠性相结合，成为现代中药产业充分发挥其保护人们生命健康的功能，并具有强大市场竞争力的主要原因。[①]

正是因为中药基于传统理论导致的与现代科学理论上的差异，使中药在现代社会的应用受到了一定的限制，尤其在对中药传统理论了解甚少的国际市场上，这种限制变得尤为明显。而中药的安全可靠性和经济性，则为其拥有强大的市场竞争力奠定了基础，也使其在激烈的现代医药市场上，拥有了难以替代的独特竞争优势，并在现代社会不断发展壮大。而中药对生物资源的依赖，则使其发展与生物资源相联系的特殊地域产生了紧密联系，从而在产业布局上呈现出与以大规模化学合成的西药具有较大差异的分散性和广泛性特征。

二、中药知识产权保护

中药知识产权保护概念的界定，首先需要明确什么是知识产权和知识产权保护，从而进一步界定中药知识产权保护的内涵，范围和特征等。

---

① 许方球:《中药企业竞争力与竞争优势研究》，中国物资出版社2011年版，第13页。

（一）知识产权和知识产权保护

1. 知识产权的概念和范围

知识产权也称智力成果权，是指人们对其智力劳动所获得成果拥有的财产权利，属于现代社会通过法律创设的一种财产权。[①] 其目的在于通过相关财产权利的设置，使权利人的智力成果获得必要的利益，进而促进更多智力成果的产生，为人类社会的发展和进步作出相应的贡献。狭义上的知识产权主要包括专利权、著作权和商标权等，其一般具有主体确定性和新颖性等特征，同中药持有者的群体性和传承性有着较大的差异。广义上的知识产权则包括一切同智力成果和经营成果相关的权利，依据2021年1月1日实施的《民法典》中第一百二十三条的规定："民事主体依法享有知识产权。知识产权是权利人依法就下列客体享有的专有的权利：（一）作品；（二）发明、实用新型、外观设计；（三）商标；（四）地理标志；（五）商业秘密；（六）集成电路布图设计；（七）植物新品种；（八）法律规定的其他客体。"在2021年《知识产权强国建设纲要（2021—2035年）》"战略背景"部分，指出当前我国"核心专利、知名品牌、精品版权、优良植物新品种、优质地理标志、高水平集成电路布图设计等高价值知识产权拥有量大幅增加，商业秘密保护不断加强，遗传资源、传统知识和民间文艺的利用水平稳步提升"，亦即知识产权至少包括了专利、商标、版权、植

---

① 李琛：《对智力成果权范式的一种历史分析》，《知识产权》2004年第2期。

第一章　中药知识产权保护体系构建的理论基础

物新品种、地理标志、集成电路布图设计、商业秘密、遗传资源、传统知识和民间文艺等系列权利。① 从《民法典》和《知识产权强国建设纲要（2021—2035年）》等规范性文件的表述来看，一切附着于智力成果之上的财产权利均可以纳入知识产权的范畴，中药作为中华文明几千年来的主要智力成果之一，毫无疑问也应当拥有相应的智力成果权，即知识产权，其同狭义上的现代知识产权之间的差异则可以作为其特殊性而存在。

2. 知识产权保护

知识产权保护是国家通过法律的形式保障知识产权拥有者相应的权利得以实现的手段。现有知识产权保护体系是以现代知识产权为基础建立起来的，因为中药同现代知识产权存在的差异，必然导致现有知识产权保护体系对中药适用上的障碍。但是这种障碍归根结底是由现有知识产权保护体系造成，而这一知识产权保护体系则由一系列的相关法律规范性文件所构成。因此在法律上对现有知识产权保护体系进行相应的改造，针对中药知识产权保护的特征设置相应的规范，即可以有效克服这种障碍。因此知识产权保护能否适用于中药领域以及能够在何种程度上适用，事实上属于现代国家法治体系的价值选择问题。在中药的传承和发展对于现代社会的进步有着特殊重要意义的情况下，对中药实行充分的知识产权保护，进而为其传承和发展提供必要的法治保障，是现代社会的必然选择和应有之义。

---

① 《知识产权强国建设纲要（2021—2035年）》，《知识产权》2021年第10期。

（二）中药知识产权保护的内涵和范围

1. 中药知识产权保护的内涵

中药知识产权保护，即国家通过法律的形式保障中药知识产权拥有者相关权利得以顺利实现的手段。中药知识产权保护的目的，在于促进中药的传承和发展，在充分发扬中药这一优秀传统文化的基础上，为人民的生命健康提供更好的保障。中药知识产权保护的内容，则包括一系列由国家法律制度形式确立的与中药相关的智力劳动成果形成的权利。由于中药在知识产权保护领域所具有的传统知识和现代产业的双重属性，中药知识产权保护的客体既包括因为历史传承而形成的文化、独特理论和技术工艺等，也包括因为中药的现代化发展而形成的创新和经营成果。中药知识产权保护的主体既包括中药作为传统知识而形成的以持有人群体形式存在的不确定主体，也包括按照现代知识产权制度获得的版权、专利权和商标权等权利的确定主体。

2. 中药知识产权保护的范围

根据中药知识产权保护的概念，中药知识产权需要为与中药相关的包括传统知识在内的智力和经营成果提供相应的法律保护。因此，其范围应当包括以下两方面的内容。一方面，对以传统知识形式存在的中药相关的智力成果进行保护。这一部分保护主要涉及到中药在悠久的历史发展中所形成的一系列对现代社会有着独特价值的中药文化、中药理论以及中药相关的技术工艺等。另一方面，对作为现代产业重要组成部分的中药企业主体在市场经济条件下形成

第一章　中药知识产权保护体系构建的理论基础

的中药相关的智力和经营成果进行保护。这一部分保护主要涉及到现代知识产权体系下的制度性保护，如中药相关的专利、版权和商标权的保护。

（三）中药知识产权保护的特征

由于中药具有传统知识和现代产业的双重属性，中药知识产权保护也呈现出不同于普通知识产权保护的独有特征。具体来说，中药知识产权保护的特征主要表现在以下几方面。

1. 目的双重性

与普通知识产权保护主要在于促进创新[①]和防止"搭便车"[②]等不正当竞争行为的单一市场目的不同，中药传统知识和现代产业的双重属性，使其知识产权保护具有了保护传承和促进现代化发展的双重目的：一方面，由于中药的传统知识属性，而且属于中华优秀传统文化的核心内容之一，有必要对其进行有效的传承保护，从而使保护传承成为中药知识产权保护的主要目标之一；另一方面，由于中药的现代产业属性，促进现代化发展，包括促进创新和防止"搭便车"等不正当竞争行为也必然成为中药知识产权的重要目标。中药知识产权保护目的具有的双重性，决定了中药知识产权保护不同于普通知识产权保护的其他特征。

2. 形式多元性

中药知识产权保护具有的保护传承和促进现代化发展的双重目的，导

---

① 吴汉东：《经济新常态下知识产权的创新、驱动与发展》，《法学》2016年第7期。
② 冯术杰：《"搭便车"的竞争法规制》，《清华法学》2019年第13期。

致中药知识产权保护在形式上具有典型的多元性特征。① 首先,为了保护中药的传统知识,需要对其进行包括非物质文化遗产保护在内的行政保护;其次,为了实现中药产业的现代化和市场化,需要对符合现代知识产权保护要求的中药相关智力劳动成果实行现代知识产权保护;最后,由于非遗保护和现代知识产权保护均不能实现对中药知识产权的充分保护,还必须根据中药知识产权保护的具体情况,为其量身定做特别的知识产权保护制度。

3. 过程复杂性

中药知识产权保护具有的目的双重性和形式多元性,决定了中药知识产权保护过程的复杂性。在具体的中药知识产权保护实践中,相关人员对中药实行知识产权保护,必须同时考虑到其所应当具有的双重目的以及不同的保护形式,并根据中药知识产权保护的具体情况在不同的目的和保护形式间进行仔细的分析和权衡,从而决定不同保护目的和形式的取舍、组合以及取舍和组合后不同的知识产权保护形式的力度和具体策略。

三、中药知识产权保护体系构建

(一)体系构建的概念

所谓体系,指的是从属于某一特殊目的的不同组成部分共同构成的有机整体。属于体系的每一构成部分在体系整体目的实现的过程中均有

---

① 罗爱静等:《基于加权求和法的我国中药知识产权现状分析》,《中草药》2015 年第 9 期。

其特殊作用和意义，不同构成部分之间为了整体目的实现而互相协调与配合，从而最大程度保证整体目的实现。

体系构建，即以体系的整体目的为导向，设置不同组成部分的功能，以及不同组成部分之间互相协调和衔接的必要规则，从而构建出一个由不同子系统组成的，能够有效保证体系整体目标实现的有机统一整体。

（二）中药知识产权保护体系构建的内容

中药知识产权保护体系构建，应当根据中药所具有的传统知识和现代产业的双重属性，在保护传承和现代化发展的双重目标导向下，对中药知识产权保护所包含的相关子系统，即非遗保护、现代知识产权保护和特别权利保护等进行科学的设置，并对不同的保护形式之间的组合和衔接进行有效率的机制设定，从而为中药知识产权保护更好地促进传承保护和现代化发展提供有效的体系性保障。另外，由于相关权利的实现还需要相应的司法制度的保障，中药知识产权的司法保护也属于中药知识产权保护体系构建的重要组成部分。

第二节　中药知识产权保护体系构建的必要性和可行性

中药知识产权保护体系构建之所以得到现代社会的高度重视，在于中药知识产权保护体系所具有的独特价值。这种价值具体表现为保护中药传承和促进中药产业的现代化发展，进而从根本上有利于人民利益的充分实现。然而，中药知识产权保护体系的构建并不因为其所具有的价值就能自然产生，还应当具有相应社会需求的现实必要性，在具体实践中具有充分实现的可能。因此，在中药知识产权保护体系构建研究的前期工作中，中药知识产权保护体系构建的必要性和可行性的分析与论证是不可或缺的基础和前提。

一、中药知识产权保护体系构建的必要性

党的十八大以来，以习近平同志为核心的党中央将中药摆在更加突出的位置，并一再强调要通过知识产权保护促进中药传承创新和高质量发展。[1]事实上，之所以需要对中药知识产权保护进行体系性构建，即因为其能够充分促进中药传承和发展这两大目标的实现。具体来说，即中药知识产权保护体系构建能够很好地满足促进中药作为优秀传统文化的保护和作为传统知识的顺利传承，以及促进中药产业的现代化发展和国民经济发展等现代社会的迫切需求。

（一）促进中药作为优秀传统文化的保护

中华民族之所以能够在几千年的历史发展中生生不息，长期屹立在

---

[1] 王丽丽：《不断满足中医药传承创新和中医药事业产业高质量发展的需求》，《人民法院报》2022年12月23日第3版。

世界民族之林,并且在近现代极端恶劣的国际环境下还能够重新站立起来,未来的全面复兴已经可以预期,其中最关键的因素是中国几千年来形成的独特的优秀传统文化。①2020年以来在全球肆虐的新冠疫情,之所以中国能够在较短的时间内予以有效控制,并且一直保持着独有的良好抗疫成绩并取得决定性的胜利,在很大程度上即与包括中药在内的特有传染病治疗方式、对待传染病的严格自律和实事求是等优秀传统文化密切相关。中药作为中国优秀传统文化的重要组成部分,要使其在现代社会以及中国未来发展中发挥应有的促进社会进步和发展的积极作用,即必须通过知识产权保护体系构建的方式对其进行传承和发扬。② 只有对中药知识产权保护进行体系性构建,才能够通过一系列与之相关的行政保护、市场促进和司法保护等方式,使中药更好地与现代社会相契合,促进中药作为优秀传统文化的传承与发扬。

(二)促进中药作为传统知识的顺利传承

中国作为世界上具有悠久历史的大国,具有全球独一无二的种类齐全、数量众多且质量优秀的传统知识体系。对于中国传统知识来说,中药毫无疑问是其中的核心组成部分。中药不仅直接作为一种与西药相对的药物制剂而存在,而且同时作为一种哲学思想、药物理论③以及相应的

---

① 党圣元:《弘扬中国优秀传统文化 实现中华民族伟大复兴》,《中国文化研究》2014年第3期。
② 程诚等:《中医药抗击新型冠状病毒肺炎专利信息及相关知识产权问题研究》,《中药材》2022年第4期。
③ 杨明:《对传统中药炮制文化与哲学的思考》,《中国中药杂志》2013年第13期。

中药炮制工艺而存在。对中药这一优秀传统知识的顺利传承，能够使中国的发展获得其他国家所没有的独特优势，是中华民族实现全面复兴的重中之重。事实上，中华民族之所以能够在几千年的历史发展中，一直傲立于世界民族之林，中药为广大人民提供的低成本，且安全可靠的生命健康保障，在其中有着至关重要的地位和意义。因此，通过对中药进行包括非遗、现代知识产权以及特别权利制度等方面的知识产权保护体系构建，能够有效促进中药的顺利传承，使其在中国的未来发展中继续发挥其作为中国核心传统知识的生命健康保障功能，为中华民族的全面复兴作出更充分的贡献。

（三）促进中药产业的创新性发展

要使中药在现代社会更大程度造福中国乃至全世界人民，必须通过充分发展中药产业，使中药能够为广大消费者充分接受和获取才有可能。因此，中药产业通过技术创新和管理创新不断发展壮大，对于中药的传承和发扬有着决定性的意义。中药知识产权保护的体系构建，能够充分利用不同类型的中药知识产权保护模式，促进中药产业的创新性发展，在增强其市场竞争力的基础上，不断提高产品的数量和质量，进而实现中药产业规模的不断扩大和市场份额的持续提升。其中现代知识产权保护制度对于中药产业创新性发展的促进作用尤为明显。如专利权保护，能够促使中药企业主体进行更多的中药相关的技术创新；版权保护，能够使中药企业主体不断创新相关中药理论和配方；商标权保护，为企业的品牌战略提供了核心载体，为其市场信誉的提升提供了良好的可区分性基础。另外，其他知识产权保护制度也能为中药的现代化发展提供重要的支持，如中药被列入世界级、国家级乃至地方各级非遗保护名录，获得相应的非遗行政保护，不仅能够使相关中药产业的发展获得国家的行政资助和支持,[1] 还能够极大地增强相关中药产品的市场声誉，进而促进其市场竞争力的增强。为中药产业发展量身定做的特别权利制度，如告知同意和利益分享制度，道地药材保护制度等，则能够在充分保证中药持有人利益和产品质量的基础上，进一步提高相关中药产品的市场知名度，进而提升相关中药的市场竞争力，促进其市场化和现代化发展。

（四）促进国民经济的发展

作为现代产业的重要组成部分，中药产业的发展及其在整体医药产业和国民经济中的比重虽然出现了一定程度的曲折，但整体市场增长率超过医药市场的平均增长率，一直保持着在医药市场的占有率持续上升的趋势。根据相关统计数据显示，虽然由于新冠疫情的影响，全国中成药销售额在2019年接近4000亿元的基础上有所下降，但2020年依然超过了3500亿元，2021年则超过了3700亿元，占整体医药市场销售额的三分之一左右。[2] 作为一个规模几千亿元的产业，中药已经成为国民经济发展中的重要产业部门，而中药知识产权保护体系构建，能够

---

[1] 汪欣：《十年"非物质文化遗产保护"反思（一）》，《美术观察》2016年第6期。

[2] 健康界：《7个中成药厉害了！8款中药新药冲刺上市》，https://www.cn-healthcare.com/articlewm/20230113/content-1497953.html。

大大促进中药产业的现代化发展，进而为国民经济的发展作出相应的贡献。

二、中药知识产权保护体系构建的可行性

中药作为中华民族传承的智力劳动成果，对中药的知识产权保护一直受到政府和社会的高度关注和积极推动，从而为相应的体系构建提供了坚实的基础，也使中药知识产权保护体系构建的可行性得到了实践经验与政策上的充分保障。具体来说，中药知识产权保护体系构建的可行性主要基于以下四方面的因素。

（一）初具规模的中药知识产权保护的法律体系

中药由于同时具有传统知识和现代产业的属性，因此可以受到包括非遗、现代知识产权以及特别权利等多元形式的充分保护。事实上，通过多年的努力，当前已经建立了包括国际公约、国家法律、行政法规和地方性法规在内的初具规模的中药知识产权保护的法律体系，从而为中药知识产权保护体系构建提供了必要的法律体系保障。具体来说，当前中药知识产权保护的法律体系主要包括以下四方面内容。

1. 现代知识产权保护法律体系

对于具有现代产业属性的中药来说，只要具备了现代知识产权制度要求的相关要件，即可以获得相应的现代知识产权保护。具体来说，可以适用于中药的现代知识产权保护法律体系主要由相关国际公约、国家

法律、行政法规和地方性法规等组成。其中国际公约主要包括《保护工业产权的巴黎公约》《保护文学艺术作品的伯尔尼公约》《与贸易有关的知识产权协议》（TRIPS 协议）等；国家法律包括《专利法》《著作权法》《商标法》《反不正当竞争法》及其他知识产权相关的法律；行政法规和地方性法规则种类众多，其中比较具有典型意义的包括以上述法律的实施条例形式存在的一系列行政法规。①

2. 非遗保护法律体系

中药作为中国传统知识的核心内容，理所当然属于中国非遗保护的重点对象。事实上，只要中药符合非遗保护的法律规定，即能够获得相应的非遗保护，非遗保护法律体系已经成为保证中药作为传统知识顺利传承的主要制度体系。当前中国的非遗保护法律体系，主要包括相关国际公约、国家立法以及行政法规和地方性法规。其中国际公约主要是联合国《保护非物质文化遗产国际公约》，国家立法主要为《非物质文化遗产法》，相应的行政法规和地方性法规主要为《非物质文化遗产法》的具体实施相配套的细则性规定。非遗保护法律体系为符合条件的中药理论和中药炮制工艺以及与此相关的中药生产设施和传承人等，提供了必要的行政保护，从而成为中药作为传统知识顺利传承的坚实法律保障。②

3. 特别权利保护制度

事实上，中药所具有的传统知识特征，一直为学界和立法部门所重

---

① 陈和芳、蒋文玉：《中药知识产权保护必要性的经济学探析》，《改革与战略》2015 年第 10 期。
② 沈劼：《试论中医药非物质文化遗产及其保护》，《南京中医药大学学报〈社会科学版〉》2007 年第 4 期。

视。针对中药作为传统知识相对于现代知识产权保护所存在的不兼容特征，国家制定了专门针对中药的特别权利保护制度。就目前来说，中药特别权利保护制度的相关法律主要是国务院通过的行政法规《中药品种保护条例》，这一条例为符合条件的中药产品生产企业设立了中药品种权。中药品种权的设立，在一定程度上保证了相关品种中药的质量和性能，对促进具有相应权利的中药企业的市场竞争力具有一定的效果。另外，2017年《中医药法》在第二十三条对道地中药材、第二十五条对药用野生动植物遗传资源、第二十七条对中药饮片传统炮制技术和工艺等规定的特殊保护，第四十三条第二款规定的知情同意利益分享制度[①]以及第四十三条第三款规定的国家秘密保护制度等，也属于特别权利保护制度的范畴。

（二）国家设立的促进中药知识产权保护的专门组织

为了充分实现国家法律规定的中药知识产权保护促进中药传承和发展的目标，国家还设立了促进中药知识产权保护的专门组织。具体来说，促进中药知识产权保护的专门组织主要包括以下两种类型：一种是根据《中医药法》成立的中医药行政管理部门，包括隶属于国务院的国家中医药管理局以及地方各级中医药管理局。中央和地方各级中医药管理局依据《中医药法》和其他相关法律，对中药知识产权实施相应的行政保护和监管，大力推动中药相关知识产权法律规定的实施；另一种是

---

① 陈庆：《传统知识持有人权利限制规则构建研究——以中医药法为契机》，《河北法学》2022年第2期。

国家和地方各级市场监督管理局,针对因为现代知识产权保护如专利权、版权以及商标权等导致的中药相关的知识产权纠纷进行调解和处理,并采取相关措施对中药企业现代知识产权的获得和利用进行相应的行政监管。

(三)具有一定经验的司法保护实践

客观地讲,中药知识产权保护体系中的非遗保护和中药品种权保护主要为行政保护,很难产生需要通过司法途径解决的纠纷,而中药现代知识产权保护则相对比较困难,因此在司法保护领域,中药知识产权案例相对于其他领域的知识产权案例在绝对数量和相对比例上都非常小。然而,这并不等于中药知识产权的司法保护不重要。事实上,当前的知识产权司法保护案例中,已经有了一定数量的中药相关的案例。具体来说,中药知识产权司法保护案例主要包括两种类型:一种是中药作为现代产业必然发生的相应知识产权纠纷,这些纠纷本质上与相关企业是否属于中药产业无关,而与其参加市场经济活动有关,主要表现为涉及中药商标侵权的纠纷,占据了已知的中药相关知识产权司法保护案例的绝大多数;另一种是直接与中药相关的知识产权纠纷,此类纠纷的侵权对象即为相应的中药产品特有的配方、工艺和技术等,如中药专利侵权纠纷、中药商业秘密侵权纠纷等。此类纠纷在中药相关知识产权司法保护案例中数量较少,但却对中药知识产权司法保护至关重要。当前已经具有一定经验的司法保护实践,为相应的中药知识产权保护体系构建提供了必要的司法保护基础。

（四）大力促进中药发展和知识产权保护的国家政策

由于中药所具有的传统知识和现代产业的双重属性，尤其是中药对于保护人民生命健康安全所具有的其他药物类型无可替代的关键性作用，中药的应用一直得到国家和社会的大力提倡，并采取了一系列相应的政策措施促进其发展。2020年新冠疫情发生之后，由于在预防和治疗包括新冠疫情在内的传染病方面所具有的特殊重要意义，中药得到了全社会的高度认同与关注，并出台了一系列保护中药传承和促进中药产业发展的政策性措施。与此同时，由于知识产权保护对于国民经济发展和社会进步的明显促进作用，国家不断加强知识产权保护的法治建设，并于2021年9月出台了《知识产权强国建设纲要（2021—2035年）》，进一步强调了知识产权制度对于包括中药在内的现代社会发展的重要意义。在大力促进中药发展和知识产权保护的国家政策下，中药知识产权保护体系的构建获得了前所未有的重视和社会各界的支持，使其可行性获得了良好的外部政策环境的保障。

第二章 中药知识产权保护的类型及体系构建的基本原则

中药本身具有的传统知识和现代产业的双重属性，决定了中药知识产权保护所具有的目标双重性、形式上的多元性以及具体保护的复杂性。正是因为中药知识产权保护相对于普通知识产权保护所具有的错综复杂性，为了对中药知识产权保护进行科学的体系构建，有必要根据保护目的和保护形式上的差异，对相关保护进行类型化分析，并在具体论述不同类型的知识产权保护对于相关目的实现的侧重和优劣的基础上，确定中药知识产权保护体系构建的相应基本原则，从而为后续的中药知识产权保护的具体分析奠定必要的理论基础和方向指引。

第一节 中药知识产权保护的主要类型

由于中药具有的传统知识和现代产业的双重属性，中药知识产权保护也同时综合了对传统知识进行保护的知识产权类型以及现代产业所具有的现代知识产权保护类型。与一般领域的知识产权保护主要集中于现代知识产权保护或者非遗保护不同，中药属于比较少有的能够接受几乎所有普通知识产权保护类型，并且还具备自身独有的知识产权保护类型的领域。中药知识产权保护涵盖了其他领域所没有的众多知识产权保护类型，不仅充分体现了中药知识产权保护形式上的多元性和复杂性特征，也表明了现代社会对知识产权保护促进中药现代化发展的高度重视。① 具体来说，当前中药知识产权保护的主要类型包括以下方面。

一、现代知识产权保护体系

现代知识产权保护体系是以市场经济为基础，激励现代社会的市场主体充分利用相应的知识产权制度设定的权利，从而有效提升自身市场竞争力的多种制度性措施的有机组合。② 因此，现代知识产权保护体系是对所有现代产业普遍适用的知识产权保护方式。中药所具有的现代产业属性，使其理所当然获得了现代知识产权制度体系的相应保护。事实上，只要中药符合现代知识产权保护制度的法律规定，即可以获得相应的知识产权保护。因此，现代知识产权保护体系主要由一系列相关法律规定的知识产权保护制度所构成，主要包括专利权、商标权、著作权、商业秘密、地理标志等。具体来说，中药的现代知识产权保护体系主要包括以下内容：

---

① 李鲲：《我国中医药知识产权与传统知识的行政保护现状与分析》，《中国中医基础医学杂志》2010年第11期。
② 郑英隆：《市场经济与知识产权》，《经济科学》1993年第5期。

第二章　中药知识产权保护的类型及体系构建的基本原则

（一）工业产权保护

根据《保护工业产权的巴黎公约》的相关定义，工业产权即指与市场主体从事工商业经营活动密切相关的知识产权。一般来说，工业产权主要包括赋予权利人享有一定时期专有权利的专利权和商标权。我国工业产权保护的主要法律为《专利法》和《商标法》。根据相关法律的规定，获得工业产权保护的主体为一般主体，亦即任何符合《专利法》和《商标法》规定的经营主体均可以按照相关法律的规定获得相应的专利权和商标权保护。对于中药来说，只要相关中药企业进行了符合《专利法》规定的中药相关技术创新，即可以获得相应的专利权保护；只要相关中药企业的商标符合注册商标的要求，即可以通过商标注册取得注册商标权的保护；或者在未注册的条件下，符合驰名商标的标准获得驰名商标的特别保护。工业产权中的专利权直接关系到中药产业的技术创新，[①]而商标权则与中药企业品牌战略的实施密切相关。[②]因此，在现代知识产权保护体系中，工业产权保护是对中药产业的现代化发展最为重要，也是最受关注的知识产权保护方式。

（二）版权保护

版权是对具有独创性表达的作品提供的创设性权利保护。根据《保

[①] 孔祥生：《中药产业知识产权保护问题研究》，《中国药房》2013年第11期。
[②] 李振飞等：《中药企业国际化知识产权协同分析——以津村株式会社和北京同仁堂为例》，《情报杂志》2015年第7期。

护文学艺术作品的伯尔尼公约》，成员国应当为符合独创性标准的作品提供作者权利及与作者权利相关的权利保护。我国现行的《著作权法》同样规定了对创作的作品，包括文学艺术作品和科学作品，提供包括著作权及相关权利的版权保护。在可以有形复制的前提下，著作权获得的核心标准是独创性。① 假如与中药相关的表达符合独创性标准，如与中药相关的处方、论文及说明书等达到了作品要求的独创性标准，即可以获得相应的版权保护。对于中药来说，绝大多数处方和理论著作等均已经超出了著作权保护期限，在现代社会难以得到积极的版权财产权利保护。但是在精神权利保护领域，所有的中药传统处方，包括经方、验方、秘方以及中药著作等，均可以得到相应的消极的被动保护。即在使用这些传统处方或中药著作的内容，或以这些传统处方或中药著作为基础进行演绎式创作时，必须标注相关传统处方或著作的来源，否则即构成侵权。

（三）商业秘密保护

在缺乏现代知识产权保护制度的传统社会，以"祖传秘方"形式传承的中药处方和炮制工艺广泛存在。进入现代社会以后，只要相应的中药处方和炮制工艺没有进入公共领域，并且确实具有相应的治疗价值，持有人采取了必要的保密措施，即可以获得《反不正当竞争法》及相关法律规定的商业秘密保护。由于中药的传承性与现代专利保护要求的创

---

① 姜颖：《作品独创性判定标准的比较研究》，《知识产权》2004年第3期。

新性存在的明显差异,对于未进入公共领域的中药处方和炮制工艺来说,通过商业秘密保护较专利保护更加具有现实意义。另外,由于某些特殊类型的中药所具有的保护人民生命健康以及对于国民经济发展所具有的重要意义,根据《中医药法》第四十三条第三款,符合国家秘密规定的"中药处方组成"和"生产工艺"实行国家秘密保护,[①]从而使其获得较一般的商业秘密更加严格的保护。

(四)地理标志保护

地理标志保护,主要指对其性能、质量和生产工艺与特定地域相联系的商品,通过向相关部门申请包含地域名称的商标或专门的地理标志,便于消费者辨别相关商品的产地以及与相关产地相结合的其他信息的保护方式。[②]典型的如"涪陵榨菜""西湖龙井""烟台苹果"等。由于具有地理标志的商品在性能和质量上得到相关管理制度的法律保障,因此成为相关产品提升自己的市场信誉及市场竞争力的重要方式。

由于中药对于生物遗传资源的高度依赖,尤其是对于植物药材的高度依赖,而生物尤其是植物一般都具有特定的生长区域,从而使很多特殊类型的药材往往同相应的生长区域紧密联系在一起。比较典型的如"东北人参""宁夏枸杞""云南田七"等。对于很多中药来说,相关药材一旦脱离了特定的地理联系,则意味着其药性达不到要求或者质量得

[①] 王艳翚:《中医药技术秘密保护路径分析——商业秘密制度与国家秘密制度的选择》,《河北法学》2016年第3期。

[②] 王笑冰:《关联性要素与地理标志法的构造》,《法学研究》2015年第3期。

不到有效的保证。因此通过地理标志对符合条件的中药进行保护，是促进中药品牌建设和产业发展的重要措施。

二、非物质文化遗产的保护

中国作为具有悠久历史文化传统的世界性大国，包括中药在内的非物质文化遗产对于人类历史的发展有着非常关键的重要意义。当前我国是拥有世界非物质文化遗产项目最多的国家，[①] 不仅积极参与联合国为主导的非物质文化遗产保护制度体系，而且制定了非物质文化遗产保护的基础性法律《中华人民共和国非物质文化遗产保护法》。中药作为中华民族优秀文化传承中的核心组成部分，自然也成为非物质文化遗产保护的重中之重。包括王老吉凉茶在内的知名传统中药均被纳入世界级和国家级非物质文化遗产名录，受到非物质文化遗产保护制度的严密保护。具体来说，根据《非物质文化遗产法》的相关规定，符合条件的中药可以获得以下方面的非物质文化遗产保护。

（一）对代表性传承人的资助性保护

对于符合非物质文化遗产保护规定的中药，为了保证其顺利传承，根据《非物质文化遗产法》第三十条的规定，县级以上政府部门应当为代表性传承人提供包括传承场所、传承资金、参加各种社

[①] 李合胜、易萱：《我国非物质文化遗产保护的困境及出路——基于"广昌孟戏"的田野考察》，《江西社会科学》2017年第6期。

会公益性活动，及其他开展传承、传播活动的资助和支持，从而使代表性传承人获得传承和传播相关中药非物质文化遗产必要的场地、资金和社会关系、社会环境等。对代表性传承人的资助性保护，可以有效保证相关中药传统知识通过代表性传承人得到有效的传承和传播，[①] 从而使相关中药的传承能够在专门的传承人推动下得到良好的保护。

（二）促进传播的宣传、研究和整理措施

在对代表性传承人进行资助性保护的基础上，相关政府部门以及图书馆、高校、研究所等与非物质文化遗产的传承和传播相关的单位，有义务通过各种途径对中药非物质文化遗产进行必要的宣传、研究和整理，促进中药等非物质文化遗产在公众中传播，并通过相关资料的整理和研究，对中药相关非物质文化遗产获得更加深入和具体的理论和实践认知，使相关中药非物质文化遗产的传承能够通过政府积极的传播和研究措施得到有效的保护。

（三）鼓励社会性的传播和利用

为了充分利用社会资源补充纯粹的国家行政保护对中药在内的非物质文化遗产传承和传播保护的不足，并通过市场经济的作用促进相关非物质文化遗产的传承和发扬，非物质文化遗产保护还鼓励社会性的传播

---

① 娜仁图雅、吴大华：《我国非物质文化遗产传承人法律保护研究》，《贵州民族研究》2017年第9期。

和利用。即鼓励民间社会组织和人员对非物质文化遗产进行资助和保护，并通过市场经济的运作，积极开发相关非物质文化遗产所具有的经济价值，使包括中药在内的非物质文化遗产能够通过市场经济的推动获得更好的传播和发展。

三、特别权利保护制度

由于中药所具有的传统知识属性，从而与现代知识产权保护存在一定程度的不兼容；由于中药所具有的现代产业属性，非物质文化遗产保护也不适合多数中药的知识产权保护。因此，构建专门为中药的特殊性量身定做的特别权利保护制度，成为很多专家学者和相关立法机关的必然选择。就当前来说，为了使中药获得更好的知识产权保护，已经产生了一系列相应的特别权利保护制度，其中最重要的包括中药品种权保护以及《中医药法》规定的相关特别权利保护制度。

（一）中药品种权的特别保护

由于中药的传统知识属性，相关中药产品很难获得专利等现代知识产权的专属权利保护，从而使中药的发展面临着专有权利缺乏的不利处境。为了解决这一问题，国家专门创设了中药品种权。中药品种权是中药专属的知识产权。由于中药品种权保护的法律依据为国务院发布的《中药品种保护条例》，不属于全国人大及其常委会颁布的正式法律，因此中药品种权保护不同于其他类型的知识产权保护，属于专门的知识产权行政保护类型。①中药品种权的行政管理部门仅接受中药生产单位的品种保护申请,在其获得相关保护权期间其他未获得保护权的厂家不得进行相关中药的生产。

(二)《中医药法》规定的特别保护措施

《中医药法》是专门为促进中医药的传承和发展而制定的法律,其中对中药的知识产权保护成为相关条款规定的重要内容。除了促进对中药的现代知识产权保护和非物质文化遗产保护的制度性规定外,《中医药法》还规定了一系列中药知识产权保护的特别权利制度,这些特别权利制度主要包括第二十三条对道地中药材、第二十五条对药用野生动植物遗传资源、第二十七条对中药饮片传统炮制技术和工艺等规定的特殊保护,第四十三条第二款规定的知情同意利益分享制度以及第四十三条第三款规定的国家秘密保护制度等。

第二节 不同中药知识产权保护类型的优缺点分析

中药所具有的三种知识产权保护类型分别对应其现代产业属性和传

---

① 李慧、宋晓亭:《药品创新与可及视角下中药品种保护制度的完善——以欧美药品试验数据保护制度为借鉴》,《中国软科学》2021年第11期。

统知识属性以及受国家特殊保护产业的属性。[①] 具体来讲，三种知识产权保护类型对中药产业的传承和发展各有优势和不足，并在实现中药的传承和发展两大根本目标上有着相应的侧重。对于中药知识产权的体系构建来说，必须对不同中药知识产权保护类型的优缺点进行深入而具体的分析，才能为具体中药知识产权保护的类型选择和组合以及相应的策略转换等，提供必要的权衡和决策依据，促进中药传承和发展两大目标最大程度实现。

一、现代知识产权保护所具有的优缺点

现代知识产权保护的存在基础是市场经济，由于现代社会的市场经济属性，现代知识产权保护对于中药的市场化和现代化有着无可替代的优势。然而，现代知识产权保护着眼于一般性质的市场经济客体，对于同时具备传统知识和现代产业属性的中药来说，现代知识产权制度固然对其现代化发展有着毋庸置疑的正面促进作用，但对于其作为传统知识的传承保护，能够起到的作用则几乎可以忽略不计。具体来说，现代知识产权保护所具有的优缺点主要包括以下内容。

（一）现代知识产权保护的侧重点和优势

现代知识产权保护存在的基础是市场经济，对于中药来说，相关侧

[①] 陈和芳：《中药知识产权保护的经济学研究：以广州市中药产业为例》，哈尔滨工业大学出版社 2016 年版，第 164 页。

第二章 中药知识产权保护的类型及体系构建的基本原则

重点毫无疑问是促进中药市场竞争力的增加和其现代化发展，从而对于中药产业的市场化和现代化具有关键性的重要意义。如专利权能够有效促进中药在已有技术基础上的创新，假如是中药配伍方面的创新，可以由此获得相应的中药发明专利；假如是剂型创新，则可以得到实用新型专利的保护。另外，假如在处方以及相关研究方面发表了创新性作品，则可以获得相应的版权保护；中药经营者对采用的商标进行注册并使用，则可以获得相应的商标权保护。[①] 因此，现代知识产权保护的优势，在于能够有效促进中药产业的创新性发展，进而为中药的可持续性发展提供必要的技术创新基础，使中药真正成长为在医药市场上具有优势竞争力的现代化产业。

（二）现代知识产权保护的不足

然而，现代知识产权保护制度并没有对中药传统知识的特征进行相应的特别规定，从而不利于中药传统文化的保持和发扬，尤其对于处于市场弱势地位，但对于中药产业有着特殊重要性的某些中药文化和品种来说，现代知识产权体系对其几乎没有任何实质性的保护作用。一方面，由于中药的传统知识特征，其很难在相关中药产品方面获得突破性的技术创新，而进步程度不大的发明或者实用新型专利，并不能使相关中药产品获得较高程度的保护，对于提升中药产业的市场竞争力能起到的作用相对较弱；另一方面，多数中药由于其传承性特征，与专利制度

---

① 李哲：《浅议中药知识产权保护的现状与对策》，《中医杂志》2010年第6期。

要求的创新性特征完全相悖,因此难以得到以专利制度为核心的现代知识产权制度的保护。[1] 因此,很多对人民生命健康或者对中药文化传承有着特殊重要意义的中药处方或者工艺等,完全得不到现代知识产权制度的有效保护,现代知识产权保护对于中药文化和中药传统知识传承的促进作用基本上可以忽略不计。

二、非物质文化遗产保护所具有的优缺点

中药作为中国传统知识核心组成部分的属性,使其在特定条件下可以得到非物质文化遗产的保护。非物质文化遗产保护相对于现代知识产权保护来说,并不以市场经济为特征,而是根据政府规范性文件设定的标准,对相关传统知识的重要性进行鉴别,并对符合相关标准且对人类社会的进步与发展有着重要意义的传统知识进行的行政保护。[2] 正是因为非物质文化遗产保护的非市场经济性以及以行政保护为主的特征,使非物质文化遗产保护较现代知识产权保护更加适合中药传承的需要,而对中药市场化和现代化的促进效果不大。

(一)非物质文化遗产保护的目的和优势

由于中药的传统知识特征,很多中药因为得不到现代知识产权保护

---

[1] 孔祥生:《中药产业知识产权保护问题研究》,《中国药房》2013 年第 11 期。
[2] 余慧华、曾艳:《我国地方非物质文化遗产行政保护研究——以天津时调为例》,《法学杂志》2014 年第 4 期。

以及其他方面的原因而难以在现代市场经济条件下生存。非物质文化遗产保护的目的即在于对可能在现代社会消亡，但是又对人类的进步与发展有着特殊重要意义的人类传统文化进行抢救性整理和保护。[①] 因此，对于不适应现代市场经济发展，但是对于保护人民生命健康和传统文化又有着重要意义的特殊类型中药，可以作为非物质文化遗产使其传承得到很好的保护，并为其后续的利用提供必要的物质和知识基础。非物质文化遗产类型的知识产权保护，对于中药来说其主要优势在于促进中药相关的文化和传承保护，使其不至于因为市场经济的原因而消亡，进而对人类社会的发展造成相应的重大损失。

（二）非物质文化遗产保护的不足

由于非物质文化遗产更加侧重于对传统知识的固定性保存，而且以最低限度的保存为出发点，其固然对被保护对象的持续存在有着重要的意义，但并不利于被保护对象的产业化和现代化。对于中药来说，由于其本身即为现代医药产业的主要组成部分，非物质文化遗产保护固然对某些存在生存危机的中药文化和产业具有一定的保护意义，但整体上来说并不适合中药产业的现代化发展，对提升中药产业整体的市场竞争力不具有明显的促进作用。事实上，由于中药对于保护人民生命健康所具有的低成本和安全可靠等特征，在现代产业发展方面有着非常明显的竞争力优势，从而使其具有了非常鲜明的现代产

[①] 李荣启：《论非物质文化遗产抢救性保护》，《中国文化研究》2015年第3期。

业属性。对于多数具有市场竞争优势的中药品种来说，并不存在相应的传承消亡的危险，从而并不符合非物质文化遗产保护的条件，或者非物质文化遗产保护对其现代化发展并不能起到有效的推动作用。因此，非物质文化遗产保护对促进中药产业整体现代化发展的作用相对有限。

三、特别权利保护制度的优势和不足

从理论上来讲，由于特别权利保护制度是为中药量身定做的制度，因此应当最为符合中药传承与发展的需要。然而，在特别权利保护制度的立法实践中，由于对中药传承与发展两种不同的目标在具体情况下进行科学权衡非常困难，而且相关特别权利保护制度的具体规定不能与已有的现代知识产权保护和非物质文化遗产保护制度体系产生较大的差异，事实上存在的特别权利制度虽然在中药知识产权保护方面具有非常明显的优势，但其所具有的不足同样需要得到人们的充分关注。

（一）中药品种权的目的和弊端

1. 中药品种权设置的目的

中药品种权的法律依据，是作为行政法规而存在的《中药品种保护条例》，根据《中药品种保护条例》第一条的规定，其立法目的在于"提高中药品种的质量，保护中药生产企业的合法权益，促进中药事业的发

第二章　中药知识产权保护的类型及体系构建的基本原则

展"。① 因此，设置中药品种权的直接目的，在于弥补中药难以通过专利等现代知识产权制度获得有效的专有权利保护，进而实质性提升产业竞争力的不足。

2. 中药品种权存在的弊端

中药品种权的设置初衷是为了促进中药产业的现代化发展。然而，由于《中药品种保护条例》在具体设置上的不科学，导致其很难达到促进中药产业整体市场竞争力提升，进而实现现代化发展的目的。一方面，中药品种权事实上是一种不利于公平竞争的行政干预手段。这一特别权利保护虽然为中药产业独有的知识产权保护类型，但由于其仅针对相关中药企业自身的生产能力和质量保证能力进行审核，更加类似于某种类型的生产资格准入标准。然而，这一标准自身又对已经获得中药品种权的企业赋予一定年限的垄断生产权，对其他没有获得相关中药品种权，但同样具备相应的生产能力和质量保证能力的企业明显不公平。因此，作为一种不利于公平竞争的行政性垄断权利，中药品种权虽然能够使获得相关权利的中药企业通过垄断获得相对于其他企业的市场竞争优势，但由于其不公平的授权标准，导致市场配置效率较低，从整体上不利于中药产业市场竞争力的提升。另一方面，中药品种权的获得并不要求任何创新性的技术成果，因此对于中药产业的创新性发展不具激励意义。由于中药品种权不仅不能促进中药产业的创新，而且人为排除没有获得品种保护企业的准入权，对于中药产业的现代化很难起到应有的积

---

① 莫怩、林立：《完善中药品种保护制度的若干思考》，《广西社会科学》2005年第12期。

极作用，使之成为当前备受诟病的中药知识产权保护类型。

（二）其他特别权利保护制度的优势与不足

2017年出台的《中医药法》，其中第二十三条对道地中药材、第二十五条对药用野生动植物遗传资源、第二十七条对中药饮片传统炮制技术和工艺等规定的特殊保护，第四十三条第二款规定的知情同意利益分享制度以及第四十三条第三款规定的国家秘密保护制度等，同样是针对现代知识产权保护和非物质文化遗产保护对于中药的传承和发展所存在的不足而设计的特别权利制度。这些制度固然有其促进中药传承与发展的价值，但同样有着与其相伴的明显缺陷。首先，对于道地药材保护来说，其优势在于通过对道地药材的质量进行严格控制，保证相关中药原材料的性能和质量。然而，由于相关药材的生产者绝大多数为小规模的农民家庭，即使制定再严格的道地药材的质量控制标准，也不能从根本上解决农民本身对于所生产药材的质量控制能力不足的问题，从而导致其对于相关道地药材的市场竞争力提升的效果并不明显。其次，对中药饮片传统炮制技术和工艺的特殊保护，确实对中药饮片的性能和质量能够起到很好的保证作用，但却在很大程度上阻碍了对相关中药饮片炮制技术和工艺的现代化创新，即使能够在一定程度上促进对中药饮片传统炮制技术和工艺的传承保护，但却不利于其现代化发展。再次，知情同意和利益分享制度的实施确实能够在一定程度上保证相关中药传统知识持有人的利益，从而有利于相关中药传统知识传承的保护。然而，一方面，由于信息不对称的影响，相关传统知识持有人很难获得适当的利益分享份额，从而大大影响这一制度对中药传统知识传承保护的效果；另一方面，由于中药传统知识持有人的难以确定，这一制度增加了相关中药传统知识利用的成本，降低了相关中药传统知识被商业性利用的可能性，进而会对相关中药的市场化和现代化产生相应的不利影响。最后，国家秘密保护制度对于特殊类型中药的传承保护和市场竞争力的提升有着良好的效果。但是由于国家秘密保护昂贵的实施成本，其保护范围非常狭窄，对整体中药知识产权保护的影响不大，对中药知识产权保护整体目标实现的作用非常有限。

第三节 中药知识产权保护体系构建的基本原则

中药不仅是我国传统文化的核心组成部分，更重要的是它同时也是我国现代医药产业的主要组成部分，不仅是现代社会人们生命健康的有效保障，也是我国医药产业现代化，并进军国际市场的具有天然优势的特色产业。[1] 因此，对于中药的知识产权保护，首先应当立足于中药产业的现代化发展，并以此为构建相应中药知识产权保护制度体系的主要目标，其次应当有利于中药优秀文化传统的传承和发扬。以此为据，现代中药知识产权保护，应当以能够充分促进中药现代化发

---

[1] 张庆：《论中药产业比较优势向竞争优势的跨越》，《软科学》2007年第3期。

展的现代知识产权保护为主，以促进中药文化传承的非物质文化遗产保护为辅，逐渐清理和完善中药特别权利保护。具体来讲，中药知识产权保护体系构建的基本原则应当包括以下三方面。

一、以最大程度保护人民生命健康为根本

（一）最大限度实现人民根本利益是制度设计的根本目的

现代法律制度体系的设计，必须以最大限度实现人民的根本利益为根本目的。对于中药知识产权保护的体系构建来说，其应当实现的人民根本利益即为有效保障人民的生命健康。也就是说，虽然中药知识产权保护的目的具有传承保护和现代化发展的双重性，但其根本目的依然只能是最大程度保护人民的生命健康。①

（二）中药知识产权保护的双重目标均必须服从根本目标

之所以需要对中药设置进行传承保护和现代化发展的双重目标，是因为这两个目标的实现均对最大程度保护人民生命健康这一根本目标的实现不可或缺。一方面，只有实现中药的传承保护，才能使能够最大程度保护人民生命健康的相关中药理论、处方、炮制技术和工艺等得到有效传承和保护，使其在新的历史时代继续发挥其已经经过历史验证的保

---

① 张伯礼：《新时代中医药传承发展的机遇与挑战》，《中国药理学与毒理学杂志》2019年第9期。

护人民生命健康的作用；另一方面，只有实现中药的现代化发展，才能使能够最大程度保护人民生命健康的中药通过市场运作，为广大消费者低成本便捷地获取，从而充分发挥保护人民生命健康的作用。并且，只有通过中药的现代化，才能使中药在新的历史时期通过激烈的市场竞争不断创新和发展，使中药获得历久弥新的生命力，更好地实现保护人民生命健康的根本目标。

二、以中药传承保护为基础

（一）中药传承是中药保护人民生命健康的基础

由于中药的传统知识特征，要使中药最大程度发挥保护人民生命健康的作用，就必须以中药传承保护为基础。[1] 尤其对于中药传承至关重要的相关中药理论以及具有不可替代性质的特殊炮制工艺和技术等，必须通过相应的知识产权保护方式，使其能够世代传承，在新的历史时期继续发挥其应有的保护人民生命健康的作用。

（二）中药传承是中药产业现代化的基础

中药产业之所以相对于现代西药产业具有低成本和安全可靠的明显市场竞争优势，在于中药产业发展所秉持的相应中药传承。事实上，当

---

[1] 刘长秋：《我国中药知识产权保护的问题与对策》，《中华中医药杂志》2019 年第 11 期。

前所有的中药产品，本质上均来源于相关中药理论、中药著作以及中药治疗长期实践中的相关中药传承。中药传承是中药产业现代化的基础，脱离了中药传承妄谈中药的现代化，只会使中药产业的发展陷入既缺乏必要的理论和经验传承支撑，又不清楚未来发展方向的困局。因此，中药传承作为中药产业现代化基础的重要意义，使中药产业的现代化发展离不开中药传承的保护。中药知识产权保护体系的构建，也必须以中药传承的保护为基础。

三、以中药现代化发展为导向

对于中药的传承保护和现代化发展两大目标来说，虽然传承保护是基础，但是仅仅进行传承保护只能使相关中药的传统知识能够最低限度存在，而不能最大限度实现保护人民生命健康这一根本目标。只有通过中药的现代化发展，才能使中药在新的历史时期获得强大的生命力，[①]进而更好地为保护人民生命健康这一根本目的实现服务。因此，从立足未来的角度，在中药传承保护的基础上，还必须坚持以中药现代化发展为导向的原则，才能对中药知识产权保护体系进行科学构建。

（一）中药现代化是中药最大限度保护人民生命健康的根本保证

中药充分发挥其对人民生命健康保护的功能，必须使需要相关中药

---

① 肖小河：《论中药和中药现代化的新内涵及其意义》，《中国中药杂志》2003 年第 3 期。

第二章　中药知识产权保护的类型及体系构建的基本原则

的人民能够实际获得相应的中药产品，亦即保证人民对相关中药的可获得性。而通过中药的现代化发展，能够使具有庞大市场需求的中药产品获得必要的市场驱动，进而在市场竞争的环境下实现相关中药产品的规模化生产，并通过便捷的销售渠道使其抵达需要的消费者。事实上，在现代社会以市场经济为基础的条件下，只有通过中药现代化发展过程中产生的相关中药企业的激烈市场竞争，才能有效降低相关中药产品的生产成本和销售价格，并以最有利于消费者获取的方式进行销售，从而使需要相关中药保护自身生命健康的消费者能够及时有效低成本地获得相应的中药产品，进而最大限度实现中药保护人民生命健康的根本目标。①正是因为现代化发展是中药最大限度保护人民生命健康的根本保证，以中药现代化发展为导向的原则是中药知识产权保护体系构建的必然选择。

（二）中药现代化是中药可持续发展的前提

中药的可持续发展，在于满足广大人民生命健康对药物需求的程度不断提高。然而，仅仅维持中药的现有传承，随着现代社会的高速发展和西药的不断创新，其能够满足人民生命健康对药物需求的程度必然不断下降，最终在激烈的市场竞争下走向消亡。因此，要实现中药的可持续发展，必须充分考虑西药的市场竞争，通过不断进行相应的管理创新和技术创新等现代化发展，保持和提升中药相对于西药的市场竞争优势，使其在激烈的市场竞争中不断发展壮大。正是因为中药现代化是中

---

① 肖小河：《中医药科学发展：新时代，新策略》，《中国中药杂志》2019年第18期。

药可持续发展的前提,要使中药在未来发展中继续发挥保护人民生命健康的作用,就必须坚持以中药现代化发展为导向的原则,使中药通过现代化创新获得不断前进的动力。

(三)中药现代化是中药传承保护的有效保障

中药传承保护之所以在现代社会受到人们的高度重视,根本原因在于中药对于保护人民生命健康所具有的重要意义。在中药不能通过现代化发展获得持久生命力,而是在市场竞争中不断衰落乃至消亡的情况下,中药传承就会变成没人关心和重视的死的传承,或者对人类进步与发展无效的传承,从而最终必然在历史发展中被无情淘汰,相关中药传承保护也必然因为得不到社会的重视而名存实亡,乃至最终消失在历史的长河中。而中药产业的现代化发展,一方面能够使现代社会的公众充分认识到中药对于保护人民生命健康乃至人类进步与发展不可或缺的重要价值,使人们对于中药的传承产生足够的注意力,并在更好地保护人民生命健康的目标驱动下获得足够的支持相应中药传承的社会资源;另一方面,中药的现代化发展能够为相关企业主体带来良好的经济效益。[1] 为了使自身在激烈的市场竞争中保持必要的市场优势,中药企业必然会将产业发展带来的部分利益用来保护其获得相应市场竞争优势的中药传承,进而为中药的传承保护提供必要的市场基础。

---

[1] 丁树栋、管恩兰:《浅议中医药现代化发展》,《第十六届中国中西医结合学会大肠肛门病专业委员会学术会议论文集》(2013)。

第三章　中药的专利保护

专利保护是现代知识产权保护的核心制度。事实上，现代社会一般所说的保护知识产权就是保护创新，很大程度是因为专利权对于现代产业创新所具有的显著激励作用而言。在现代知识产权体系中，由于中药产业的现代属性，且中药产品本身并不属于版权作品，对中药产业的现代化起到实质性促进作用的知识产权保护主要是专利保护和商标权保护。而商标权保护的主要作用在于保证消费者对于相关商品来源的区分性，而不是促进技术创新或管理创新。因此，对于中药产业的现代化发展，尤其是其创新性发展来说，专利保护有着至关重要的意义。

中药要取得专利保护，首先必须符合《专利法》对专利权获取的相关规定。然而，中药作为传统医药的某些天然特性决定了其难以受到专利权等现代知识产权的保护。[1] 对于一般传承性的中药来说，由于其本身属于已经进入公共领域的现有技术，与专利权所要求的创新性完全相悖。另外，在权利主体方面，包括专利权在内的现代知识产权保护要求主体的确定性，从而保证相关主体能够承担法律规定的义务并享受相应的权

---

[1] 参见曾莳、刘作凌:《论传统医药的知识产权保护》,《法学杂志》2011年第10期。

利，而中药作为传统知识，由于传播的年代久远，而且路径复杂，掌握相关知识的人数往往是不确定的，或者确定的难度极大。因此，作为传统知识领域的中药很难获得相应的专利保护。虽然当前已经有部分中药企业主体通过自身的创新性努力，取得了部分符合《专利法》要求的中药相关专利，但由于中药创新能力和创新意识的不足，相关专利不仅在技术进步方面程度低，而且绝对数量少，并且很难阻止他人对相关专利的剽窃行为。

总体上来说，中药的专利保护对于中药产业的现代化创新发展至关重要，但因为中药的传统知识属性，能够获得的中药专利保护相对较弱。为了保证中药未来的可持续发展，有必要针对当前中药专利保护的不足，设计相应的中药专利保护策略，使中药专利保护真正成为促进中药现代化创新发展的重要激励机制，保证中药能够为人民生命健康的有效保障作出更大更好的贡献。以下即从专利保护的基本要求出发，指出中药专利保护面临的困境，并对中药专利保护的现状进行审视，在找出中药专利存在问题的基础上，提出相应的中药专利保护的可行性策略。

第一节　中药实施专利保护的困难与可能性分析

中药作为传统知识所具有的世代传承和主体不确定的特征，使其很难获得现代专利制度的保护。例如，专利制度无法保护中医的诊断和治疗方法，其无法涵盖已为公众所知悉的中医药已有技术等。[①] 然而，中药同时具有现代产业属性，中药产业的市场竞争，决定了中药必须在传统知识的基础上实行创新性发展策略。由于专利保护针对所有产业的创新，中药通过相应的技术创新，在传统知识的基础上获得相应的技术进步，仍然可以获得相应的专利保护。因此，由于中药的传统知识属性，在一定程度上造成了中药专利保护的困难，但只要相关中药产业的主体能够进行相应的技术创新，依然有获得现代专利保护的可能。

一、专利和专利保护

（一）专利的概念

专利（patent）从字面上讲，是指专有的利益和权利。专利一词的英文来源于拉丁语 Litterae patentes，意为公开的信件或公共文献，是中世纪的君主用来颁布某种特权的证明，后来指英国国王亲自签署的独占权利证书。专利是世界上最大的技术信息源，据实证统计分析，专利包含了世界科技信息的 90%—95%。

专利在使用的过程中，通常有三种不同的意义。

首先，专利权的简称，指专利权人对发明创造享有的专利权，即国家依法在一定时期内授予发明创造者或者其权利继受者独占使用其发明

---

① 参见郭斯伦等：《中医药知识产权保护的路径选择》，《医学与哲学》2013 年第 5 期。

创造的权利，这里强调的是权利。专利权是一种专有权，这种权利具有独占的排他性。非专利权人要想使用他人的专利技术，必须依法征得专利权人的授权或许可。

其次，指受到专利法保护的发明创造，即专利技术，是受国家认可并在公开的基础上进行法律保护的专有技术[①]。"专利"在这里具体指的是技术方法——受国家法律保护的技术或者方案。专利是受法律规范保护的发明创造，它是指一项发明创造向国家审批机关提出专利申请，经依法审查合格后向专利申请人授予的该国内规定的时间内对该项发明创造享有的专有权，并需要定时缴纳年费来维持这种国家的保护状态。

最后，指专利局颁发的确认申请人对其发明创造享有的专利权的专利证书或指记载发明创造内容的专利文献，指的是具体的物质文件。

（二）专利促进创新的运作机制

专利的两个最基本的特征就是"独占"与"公开"，以"公开"换取"独占"是专利制度最基本的核心，这分别代表了权利与义务的两面。"独占"是指法律授予技术发明人在一段时间内享有排他性的独占权利；"公开"是指技术发明人作为对法律授予其独占权的回报而将其技术公之于众，使社会公众可以通过正常渠道获得有关专利信息。从经济分析的角度，这同样是社会同技术发明人之间的一种利益交换或

---

① 专有技术，一般是指享有专有权的技术。本书采用的是更广的概念，包括专利技术和技术秘密。某些不属于专利和技术秘密的专业技术，只有在某些技术服务合同中才有意义。

者是利益权衡，即以赋予技术发明人专利权享有的独占利益以换取其所掌握的技术对社会的公开，从而一方面使技术发明人获得足够的利益以激励其继续从事技术创新，另一方面使相应的发明创造能为公众知悉，使基于其之上的新的发明创造成为可能，促进科学技术的发展和产品的更新换代[①]。据世界知识产权组织（World Intellectual Property Organization，WIPO）的有关统计资料表明，全世界每年90%—95%的发明创造成果都可以在专利文献中查到，其中约有70%的发明成果从未在其他非专利文献上发表过，科研工作中经常查阅专利文献，不仅可以提高科研项目的研究起点和水平，而且还可以节约60%左右的研究时间和40%左右的研究经费。

（三）专利保护

专利保护是指法律对获得专利的发明创造提供的相应保护。专利持有人享有受法律保护的在规定的时间内对该项发明创造的专有权。这种权利具有独占的排他性。非专利权人要想使用他人的专利技术，必须依法征得专利权人的同意或许可。

一个国家依照其专利法授予的专利权，仅在该国法律的管辖的范围内有效，对其他国家没有任何约束力，外国对其专利权不承担保护的义务，如果一项发明创造只在我国取得专利权，那么专利权人只在我国享有独占权或专有权。

[①] 参见张清奎：《谈谈中国对药品的知识产权保护》，《知识产权》2002年第2期。

专利权的法律保护具有时间性，中国的发明专利权期限为二十年，实用新型专利权和外观设计专利权期限为十年，均自申请日起计算。

（四）获得专利权保护的条件

授予专利权的发明和实用新型，应当具备新颖性、创造性和实用性。

新颖性，是指该发明或者实用新型不属于现有技术，也没有任何单位或者个人就同样的发明或者实用新型在申请日以前向国务院专利行政部门提出过申请，并记载在申请日以后公布的专利申请文件或者公告的专利文件中。

创造性，是指与现有技术相比，该发明具有突出的实质性特点和显著的进步，该实用新型具有实质性特点和进步。

实用性，其判断标准是《专利法》的相关规定。"实用性，是指该发明或者实用新型能够制造或者使用，并且能够产生积极效果。"这里的实用性，是指发明创造能够在工农业及其他行业的生产中大量制造，并且应用在工农业生产上和人民生活中，同时产生积极效果。这里必须指出的是，专利法并不要求其发明或者实用新型在申请专利之前已经经过生产实践，而是分析和推断在工农业及其他行业的生产中可以实现。

二、中药专利保护面临的困难

中药所具有的传统知识属性，使其与促进现代产业技术创新为目标的专利保护之间存在一定程度的不兼容,从而导致了作为传统知识存在的中药不可能获得现代专利权的保护。另外,同样由于中药的传统知识属性,相关药物的配伍和工艺等,均是经历了几代甚至十几代几十代人的努力实践而产生的智力劳动成果。在中药作为现代产业发展的短短几十年内,要使相关中药企业在已有的悠久历史形成的传统知识的基础上获得较大的技术突破,其难度可想而知。正是因为上述因素的存在,使中药专利保护面临着一系列亟待克服的困难。

(一)作为传统知识的中药与专利保护要求之间存在的差异

作为世代传承的中药,其本质上与促进技术创新的专利权保护的要求之间存在较大的差异,从而使其直接以传统知识的身份获得专利保护根本不可能。

1.权利主体确定性上的差异

对于现代法律制度来说,由于需要相应的权利主体同时承担法律规定的义务,因此具有非常明确的权利主体确定性要求。现代专利保护作为法律创设的技术创新激励机制,同样要求在权利主体明确的前提下,才能赋予相应的权利主体以专利保护。然而,作为传统知识的中药,往往已经传承了几代十几代甚至几十代人,在中药漫长的传播过程中,获得或者持有相关中药传统知识的主体已经很难确定,假如一定要确定的话,也面临着很多难以克服的现实困难。因此,即使法律允许对作为传统知识的中药授予专利保护,但也会因为权利主体的难以确定而困难重重。

2. 创新性要求的差异

对于传统知识属性的中药来说，由于其所具有的世代传承性，即使在相关中药产生的时期具有创新性，但是经过漫长的历史传承之后，多数均已经进入公共知识领域，从而难以符合现代专利保护所要求的不属于现有技术的创新性要求。而对于少数一直没有进入公共知识领域的中药传承，如以"祖传秘方"形式存在的中药，虽然从理论上可以通过创新性审核从而获得专利保护，但也面临着舍弃悠久历史上形成的行之有效的商业秘密传承，而将其直接对社会公开的艰难抉择。由于将"祖传秘方"通过申请专利保护而公开并不能给相应的传承人带来更多的利益，反而会导致相关秘密被公开的不利后果，事实上几乎不存在将"祖传秘方"申请专利权的案例。正是因为创新性要求方面传统知识属性的中药很难达到现代专利保护要求的标准，从根本上决定了中药很难获得专利保护。

3. 保护期限上的困境

对于专利保护来说，相应的权利保护期限为法定的20年或10年，随后相关技术即成为进入公共领域任何人均可以不经过许可而免费使用的公共技术。然而，作为传统知识的中药，其存在动则以数百上千年计算。对于很多中药来说，相关知识的持有人通过商业秘密的方式事实上已经获得了永久性的保护。在这种情况下，假如符合条件的此类中药持有人申请相应的专利保护，必然面临着舍弃事实上的永久保护而选择期限保护的不利后果，从而使此类中药持有人不会申请专利保护。

第三章 中药的专利保护

（二）作为现代产业的中药在传统知识基础上创新面临的挑战

在作为传统知识的中药难以获得专利保护的同时，作为现代产业重要组成部分的中药，虽然对获得相应的专利保护具有创新性发展上的需求，但要获得现代专利保护，则必须在现有中药传统知识的基础上进行相应的技术创新。由于在传统知识基础上进行创新的难度较大，从而使作为现代产业的中药同样面临着难以获得专利保护的问题。

1. 作为传统知识的中药具有悠久的历史

中药的传统知识属性，决定了现代中药产业赖以存在和发展的相关中药产品和工艺，往往是经历了数百上千年的发展而形成的成熟的知识体系。事实上，从中药的整体发展来看，其中经历了若干个发展阶段，而每一发展阶段都经历了几百年的漫长积累和创新过程。现代中药产业要在具有深厚历史底蕴的中药传统知识基础上进行具有实质意义上的技术创新，就必须在一定程度上超越中药几千年来发展所形成的非常成熟的技术体系，从而大幅增加了在中药传统知识上进行实质意义上的技术创新的难度。因此，作为传统知识的中药所具有的悠久历史，不仅为中药产业的发展提供了非常成熟的知识体系，也极大地增加了在此基础上进一步作出技术创新，进而获得现代专利权保护的难度。

2. 现代中药产业较为薄弱的创新能力

与作为传统知识的中药具有悠久的历史相反，作为现代产业的中药发展时间相当短暂。即使从西医在中国大规模传播的 20 世纪初开始计算，也不过只有百年左右的历史。对于中国绝大多数的中药企业来说，其建立时间均在1949年新中国成立乃至1978年改革开放之后，因此真正发展的时间只有短短的几十年。中药企业在短短几十年时间里，通过作为传统知识的中药所具有的低成本和安全可靠的特征，获得了在市场上基本能够与西药分庭抗礼的地位，但这并不表示现代中药产业已经具有了较强的创新能力。[①]事实上，由于中药企业一般成立的时间较短，在继承中药传统知识的基础上实现已有中药的现代化已经难能可贵，几乎不可能同时作出超过具有几千年悠久历史的中药传统知识的实质技术创新。因此，现代中药产业较为薄弱的创新能力与中药传统知识悠久历史导致的超高创新难度相结合，决定了作为现代产业的中药很难获得现代专利保护。

三、中药获得专利保护的可能性

中药作为传统知识的特殊性，使其很难获得现代专利的保护，但这并不意味着中药不能获得现代专利的保护。而中药同时作为现代产业的属性，使中药的现代化发展，必须充分利用建立在市场经济基础上的专利保护，通过促进技术创新实现自身市场竞争力的不断提升。事实上，由于专利保护对所有现代产业的开放性和普适性，现代产业属性的中药已经具备了获得专利保护的可能性。正是由于这种可能性的存在，已经有一定数量的中药企业通过技术创新，获得了相应的中药专利，并成为

---

① 参见杜晓娟等：《中药产业法律体系构建对中药高质量发展作用研究》，《中国食品药品监管》2021年第10期。

其现代化过程中的重要助力。

（一）中药作为现代化产业对创新性发展的需要

中药要实现现代化发展，必须充分利用现有的知识产权保护体系，尽可能提升市场竞争力，通过市场竞争优势的获得持续发展壮大。现代专利权保护制度是市场经济条件下促进技术创新的主要制度，通过专利权保护的充分实施，现代产业不仅在技术创新方面获得了必要的经济激励，而且还因为专利权保护的存在，使拥有相关专利的企业能够在市场竞争过程中树立良好的技术创新形象，从而为企业品牌战略的实施提供了良好的技术声誉基础。正是因为专利权保护所具有的促进技术创新和品牌建设的双重功能，对于中药作为现代化产业增强自身市场竞争力具有无可替代的作用。因此中药作为现代产业对创新性发展的需要，决定了中药企业必然充分关注现代专利权保护，并在传统知识基础上积极进行相应的技术创新，从而使中药获得现代专利权保护成为可能。

（二）中药在传统知识基础上进一步技术创新的可能

中药是中国传统知识的核心组成部分。由于传统知识的悠久历史积累，大大提高了中药在此基础上进一步产生实质性技术创新的难度。但这并不意味着中药在传统知识基础上无法进行技术创新。事实上，正是因为中药传统知识的悠久历史积累，使中药形成了庞大的产品体系和技术体系，在无法对中药整体上形成实质性技术创新和突破的情况下，并不妨碍在中药的某一具体部分进行相应的技术创新。尤其在不需要对中药产品进行实质性技术创新，或者对创新要求相对较低的部分，如对中药配伍的等同性配方调整，使之更符合现代药物原材料获取和现代医药学的相关标准，更容易进行大规模的现代化制造；对中药的剂型进行调整，如将传统的汤剂改变为丸剂或者胶囊剂，使之更方便工业化生产和消费者服用等。因此，中药的传统知识属性虽然在某些方面提高了技术创新的门槛，但换一个角度，同样在其他方面为中药技术创新提供了众多的机会。正是因为中药在传统知识基础上进一步技术创新具有诸多可能性，现代中药企业只要充分利用这些可能性，即能够通过相应的技术创新获得现代专利权的保护，进而促进自身市场竞争力的提升。

第二节　中药专利权保护在实践中待完善之处

从中药专利权保护是否需要权利主体的主动行为才能获得的角度，其可以分为积极的中药专利保护和消极的中药专利保护。积极的中药专利保护指的是相关中药持有人通过积极的技术创新获得中药专利，进而获得相应的中药专利权保护。消极的中药专利保护指的是相关中药传统知识的持有人有权利禁止其他人在未获得其许可的情况下利用相关中药传统知识申请并获得专利的行为。由于中药所具有的传统知识和现代产业的双重属性，积极的中药专利保护有利于中药的现代化发展，消极的中药专利保护则对防止剽窃和传承保护有着非常重要的意义。

第三章 中药的专利保护

从积极的中药专利保护的角度，中药所具有的传统知识和现代产业的双重属性，虽然给中药获得现代专利权保护带来了一系列困难，但也为中药利用专利权保护促进现代化发展提供了可能。正是考虑到专利权保护对中药提升市场竞争力和可持续发展的关键性意义，中药产业近年来加大了中药专利权申请方面的力度，不少技术领先的中药企业获得了一系列的中药相关的专利，从而使中药专利权保护成为促进中药产业迅速增长的重要因素。然而，从整体上来看，由于中药作为传统知识的特殊性，在专利权保护方面整体比较薄弱，专利创新的程度较低，专利权保护对中药产业现代化发展应有的促进作用并没有得到充分的发挥。从消极的中药专利保护的角度，由于中药传统知识持有人对于专利消极保护缺乏应有的理念，出现了大量的中药资源被剽窃，甚至被外国企业无偿利用申请专利的情况，不仅导致中药资源的流失，而且在很大程度上使中药传统知识得不到应有的资源支持，对其传承产生了相当程度的损害。

一、积极的中药专利保护待完善之处

积极的中药专利保护存在的问题涉及众多方面，其中待完善之处主要表现在以下三个方面：

（一）中药创新主体的专利保护理念缺乏

由于中药的传统知识特征，在传统中药相关的理论和哲学思想中，并不存在专利保护的现代知识产权保护理念，从而导致很多具有创新能力的主体不愿意通过专利保护促进中药的技术创新。国家知识产权局曾通过调查问卷抽样调查，显示有近65%的中医药企业认为在国内申请专利并不必要，有大约70%则认为到国外申请专利也无必要。[①]此外，由于中药的主要创新研发力量集中在高校、医院和研究所，企业的相关研发力量薄弱，而高校、医院和研究所并不是以营利为主要目的的现代市场主体，其对技术创新的主要激励方式是通过发布论文等研究成果的产生而不是专利决定创新者的具体待遇和职称晋升，因此很多创新主体经常将相关中药创新成果优先在核心期刊上发表，从而丧失了申请专利的机会，导致相关中药专利权保护的不足。具体来说，中药创新主体的专利保护理念缺乏主要体现在以下两方面。

1.专利保护与传统中药的公益理念相悖

专利权保护存在的基础是市场机制，其之所以能够对技术创新起到良好的激励作用，是在于通过给予相关权利主体一段时期的专有利益保护，从而有效补偿其对社会所作出的技术公开的贡献。因此，专利权对技术创新的激励基于利益的基础之上，专利保护的直接目的是使相关技术创新主体获得足够的利益。然而，对于多数具有中药技术创新能力的主体来说，中药传统知识与中华传统哲学和伦理道德有着密切联系，一般秉持医者仁心和悬壶济世的传统公益理念，认为进行中药相关的研究和创新的主要目的在于更好地保护人民的生命健康，

[①] 参见李哲：《浅议中药知识产权保护的现状与对策》，《中医杂志》2010年第6期。

而不是获得更多的利益。以利益为目的的中药技术创新会在很大程度上歪曲中药的根本目的,影响中药公益理念的充分实现,因此不愿意将中药技术创新与以利益相联系的专利权保护相联系,而是坚持将中药相关研究成果和技术创新通过无偿公开进行充分传播,进而最大限度发挥相关中药对人民生命健康的保障作用。正是因为专利保护与传统中药的公益理念相悖[①],很多中药方面的专家明确表示,申请专利在很大程度上不利于其保持正确的中医公益理念,从而不愿意以专利权获得为目的进行相应的中药技术创新,导致很多本来可以获得专利权保护的技术创新因为相关持有人不愿意申请而不能得到专利权保护。

2. 中药专利申请激励机制不足

随着现代市场经济的确立,在很大程度上促进了相关中药创新主体对以市场经济为基础的专利权保护的重视。尤其是作为市场主体的中药企业,由于中药专利对其市场竞争力具有明显提升作用,对于中药专利保护更加重视。然而,由于中药创新的特殊性,具备中药技术创新能力的主体绝大多数并不属于中药企业的成员,而集中在不以营利为目标的高校、大型医院,以及医药研究所等事业单位中。对于这些非营利性质的单位来说,促进中药技术创新的主要激励因素并不是专利的申请和获得,而是相关研究成果,尤其是核心期刊上发表的论文的数量和质量,并以此决定相关创新人员的职称,以及与此相关的待遇和地位。因此,对于多数具有中药创新能力的主体来说,其获得相应的中药创新成果的

---

① 刘兴、顾海英:《论知识产权许可中的平行进口问题及对我国立法启示》,《科学管理研究》2009 年第 1 期。

第一选择，是将其整理成论文发表，而不是申请相关专利。由于论文发表后相关技术即成为现有技术，导致后续的专利申请不能，从而使本来可以获得专利保护的中药创新不能获得相应的中药专利保护。正是因为中药专利申请激励机制的不足，导致很多中药创新最终不能获得相应的中药专利保护。①

（二）中药专利的技术创新程度不高

中药的传统知识属性，使短期内获得较大程度的技术突破具有极高的难度。为了在现代市场经济的激烈竞争下获得必要的市场优势，很多中药企业已经开始了积极的中药技术创新的努力，并获得了数量不菲的相应中药专利。然而，正是因为对传统知识性质的中药进行实质性技术创新和突破的难度较高，已有的中药专利存在非常明显的技术创新程度不高的问题。这一问题主要表现在多数中药专利为对已有中药配伍的等同或近似性调整的产品发明专利，②或者将相关生产工艺现代化的方法发明专利，甚至还包括部分仅仅对相关剂型进行改进，如将丸剂改成胶囊剂从而使之更便于生产和服用的实用新型专利。这些专利的共有特征是对中药本身的发展和进步并没有实质性的突破，尤其对于最为关键的药用效果方面并没有明显的进步。正是因为相关

---

① 参见王艳翚、宋晓亭：《中药标准化策略与商业秘密保护制度的协调研究》，《中国药房》2017年第13期。
② 参见贺骁勇、彭荣：《我国中药企业知识产权保护与发展战略研究》，《西北农林科技大学学报（社会科学版）》2009年第4期。

中药专利的技术创新程度低下,导致相关专利权保护能够起到的促进市场竞争力提升的作用不大,对于中药现代化发展的整体促进作用不明显。

(三)中药专利的保护程度不高

中药专利的创新程度不高,必然导致具体保护实践中的中药专利的保护程度不高。[①] 因为相关中药专利的技术创新仅仅在已有传统知识的基础上进行幅度较小的变动,在相关专利具有一定市场价值的情况下,其他主体通过对已有专利幅度不大的调整,即可以声称其产品或者生产工艺,乃至剂型等的技术改良,是基于相关中药的传统知识而不是对相关专利的模仿,从而能够非常有效地规避可能出现的中药专利侵权指控。正是因为中药专利的保护程度不高,相关企业可以低成本地避开相关专利而获得同样的市场效果,中药专利权保护对中药产业市场竞争力的提升相当有限,对中药现代化发展不能起到较大的促进作用。

二、消极的中药专利保护待完善之处

中药所具有的传统知识属性,使中药整体上具备了逻辑自洽的理论体系和非常完备的产品体系,也为现代中药产业的发展提供了良好的理

[①] 王荣霞、陈龙飞:《实施专利战略提升中药企业竞争力》,《中国发明与专利》2010年第2期。

论和产品基础。正是因为中药传统知识所具有的无法估量的巨大市场价值，对中药传统知识的剽窃也成为很多以营利为目的的制药企业尤其是外国企业获得相应的药品专利并提升其市场竞争力的重要手段。然而，这种对中药传统知识的剽窃并没有给予中药传统知识的持有人以必要的利益分享，从而使其缺乏必要的资源和激励对相关中药传统知识进行最低限度的传承性保护，极大地损害了被剽窃中药传统知识持有人的正当利益和相关中药传统知识的有效传承。因此，有必要通过消极的中药专利保护的方式，对相关中药传统知识剽窃的行为进行有效遏制。然而，由于中国传统文化中缺乏相应的专利消极保护理念，导致了当前消极的中药专利保护中一系列问题的存在。

（一）中药传统知识传承人普遍缺乏防剽窃意识

当前对专利申请是否属于现有技术的审查，主要包括形式审查和实质审查两种形式。形式审查主要检索已经公知的技术文献和数据库，具有低成本和便捷性等显著优势，而实质审查则需要花费大量的时间对其是否公用进行调查。在调查能力和资源均有限的情况下，专利行政部门很可能因为信息不充分而对已经属于现有技术的不符合专利保护条件的技术授予相应的专利。对于中药相关专利申请，现有技术审查主要通过检索中药相关技术数据库的形式审查，以及对相关中药知识持有人进行的实质性调查。[①] 然而，由于当前并没有建立完整的中药现有技术数据

---

① 秦天宝、董晋瑜：《趋利与避害：传统知识产业化的法律保障》，《学术研究》2020 年第 7 期。

库，很多已经存在传承的中药技术并没有进入相应的中药专利形式审查的检索系统；而对相关中药知识持有人的调查，也可能因为相关行政部门缺乏对相关持有人的了解而没有对其进行应有的实质性调查。正是因为当前中药传统知识数据库的不完整以及实质性调查可能存在的调查信息不完整，为剽窃中药传统知识获得中药专利提供了可能。为了防止这些可能的审查漏洞的出现，《专利法》规定了审查过程中的公告异议程序。然而，由于多数中药传统知识传承人缺乏必要的防剽窃意识，在某些别有用心的制药公司利用剽窃的方式获取到相关传统知识并以此为基础申请专利并公告之后，相关中药传统知识传承人可能根本就没有注意到相关公告，从而丧失了提出异议的机会，导致其正当利益受到以剽窃为基础的中药专利的侵害。

（二）相关法律缺乏对基于中药传统知识专利的专门规定

以剽窃为基础的不正当的中药专利之所以会存在，不仅因为相关中药传统知识持有人缺乏防剽窃意识，从而为相关主体实施剽窃行为提供了可能性，还因为当前相关法律缺乏对于基于中药传统知识专利的专门规定，使相关主体的剽窃行为很难被发现，而且即使被发现也不会产生任何法律上的不利后果，在某种程度上对相关剽窃行为起到了纵容的作用。一方面，根据现行《专利法》的相关规定，并没有要求基于中药传统知识的相关专利申请披露技术创新的基础技术来源，从而使相关审查部门很难根据相应的专利申请文件确定应当进行实质性调查的对象和范围，大大增加了基于中药传统知识剽窃的专利申请被发现的难度和成本；另一方面，对于已经被发现剽窃的专利申请，即使相关中药传统知识的持有人对相关专利申请提出异议，或者在相关专利权获得后提起专利无效的申请，根据《专利法》的相关规定，也只产生相关专利审查不通过，或者专利宣告无效的法律后果，相关剽窃行为人并不需要承担任何其他法律上的不利后果。正是因为相关法律缺乏对基于中药传统知识专利的专门规定，导致基于中药传统知识剽窃行为的专利申请不仅可能取得申请成功后的巨大利益，而且不用承担任何被发现后产生不利后果的成本，从而使相关剽窃行为屡禁不止，对中药传统知识持有人的正当利益和传承保护造成了严重的损害。

（三）没有建立必要的保护中药传统知识传承人利益的法律机制

即使对于通过正当手段取得相应的中药传统知识持有人的同意，进而对相关中药传统知识进行商业性技术创新，并取得相关中药专利的主体来说，由于当前并不存在必要的保护中药传统知识传承人利益的法律机制，尽管相关中药传统知识对于获得专利的技术创新作出了重要的乃至主要的贡献，也可以不用对相关中药传统知识的持有人支付任何费用。这种法律机制的缺乏导致的负面后果是显而易见的。一方面，由于持有人的利益得不到法律的有效保护，会大大降低其配合基于相关传统知识的技术创新的意愿，从而不利于中药技术创新和专利保护的取得；另一方面，由于持有人得不到基于相关中药传统知识应有的利益，会大大降低其传承相关中药传统知识的能力和意愿，从而不利于相关中药传统知识的传承。

第三节　促进中药专利权保护的相关策略

中药专利权保护对于中药的创新性发展有着非常关键的重要意义，即使中药的传统知识属性使中药获得现代专利权保护困难重重，但是也必须努力进行技术创新，通过专利权的获得提升中药产业的市场竞争力，进而实现其可持续现代化发展。因此，针对中药专利权保护在现实中存在的相关问题，有必要采取相应的策略措施，保证中药专利保护对中药现代化发展所具有促进作用充分实现。

一、对积极的中药专利保护需要采取的措施

对积极的中药专利权保护进行完善的目的，在于通过相应措施的采取，使相关中药创新主体能够充分利用中药传统知识的优势，通过技术创新获得相应的中药专利，进而通过专利权保护促进中药产业的现代化发展。具体来说，针对积极的中药专利保护在现实中存在的问题，有必要通过以下措施予以有效解决。

（一）以产学研融合的方式促进中药专利意识的现代化

相关中药创新主体之所以缺乏必要的专利权保护理念，关键因素在于相关技术创新同市场经济之间缺乏密切的联系，中药专利的获取对于

相关中药创新主体的利益相关度不高，从而导致其不关心相关技术创新的专利转化，导致中药技术创新没有得到充分的专利权保护。因此，有必要采取以产学研融合的方式促进中药专利意识的现代化，通过市场经济的推动改变不利于中药专利权保护的传统理念。

1. 通过与企业的密切合作确立中药技术创新的市场理念

之所以存在部分中药技术创新主体依然固守传统的悬壶济世理念，而不在乎专利权保护背后的经济利益的原因，在于相关中药技术创新主体缺乏与中药产业现代化的主体，即中药企业的密切合作，从而使其看不到通过专利权保护获得的经济利益，看不到只有在经济利益的驱动下才能有效促进相应的技术创新在社会上的推广，进而使相关中药更好地服务于人民生命健康公益的目标顺利实现。因此，有必要在当前产学研融合的基础上，进一步加强相关技术创新主体与中药企业之间的密切合作，使相关单位的利益与中药企业之间的利益紧密相连，使其意识到基于市场经济的现代专利权保护对于中药传统理念实现的现实积极意义。进而改变其对于中药专利权保护的负面态度，确立中药技术创新的市场理念，加快相关主体中药创新的专利转化，使中药技术创新得到现代专利权的充分保护。

2. 将中药专利作为相关人员激励机制的主要标准

正是因为中药技术创新进行专利转化对于中药产业现代化的重要性，有必要改变当前主要的中药科研创新主体，如高校、医院和研究所的创新成果评价体系，改变传统上主要以论文作为相关人员职称晋升主要标准的做法，将中药专利作为相关人员激励机制的主要标准。在相关人员职称评审，以及待遇确定和晋升过程中，均将获得的中药专利的数量和质量作为主要评价指标，从而有效改变相关创新主体在激励机制上重论文轻专利的不正确做法，通过实际的利益导向加强相关创新主体对中药研究成果的专利转化意识，使可以获得专利保护的中药技术创新尽可能获得相应的专利保护。

（二）构建专门的中药技术创新专利审查标准

中药技术创新程度降低是中药具有传统知识的特殊性必然导致的问题，这并不意味着相应的中药创新专利不重要或者相关创新不应当获得专利保护。事实上，在中药作为传统知识从而形成的远超普通技术创新门槛的形势下，任何能够达到《专利法》规定的专利授予标准的中药技术创新都应当受到高度的重视。与此同时，为了使中药获得不弱于其他产业领域的专利保护，可以针对中药的特殊性，在保证符合专利相关法律规定的前提下，对其创新程度采用更加符合中药具体情况的评价审查标准。亦即通过构建专门的中药技术创新专利审查标准的方式，尽可能使符合条件的中药技术创新获得现代专利权的充分保护。

（三）构建专利侵权鉴定专家委员会

对于因为中药专利创新程度普遍较低而导致的专利权保护程度较低的问题，有必要针对存在专利侵权嫌疑的相关行为导致的专利纠纷，在行政保护或者司法保护的过程中，构建相应的专利侵权鉴定专家委员会，对相关行为存在"搭便车"的可能性进行评估，对在形式上不符合专利侵权但事实上存在"搭便车"效应的相关行为，综合运用《专利法》和《反不正当竞争法》，结合中药产业和市场竞争的实际情况，对涉嫌侵权行为进行客观鉴定，防止因为侵权行为导致的权利人利益损害和不公平竞争。

二、对消极的中药专利保护需要采取的措施

对于不能获得或者没有获得专利权保护的中药传统知识来说，专利消极保护是保护持有人正当权益和促进中药传承保护的必然选择。具体来说，针对当前消极的中药专利保护存在的问题，有必要通过以下措施予以有效解决。

（一）通过普查的方式完善中药现有技术资料信息库

之所以存在剽窃中药传统知识并且最终获得专利授权的可能，重要原因之一在于对相关中药专利申请进行形式审查的过程中，由于中药现有技术数据库的不完整，不能及时发现相关技术属于已有的中药传统知识。因此，有必要通过普查的方式完善中药现有技术资料信息库。一方面，只有通过普查的方式，才能将中药现有技术进行全面挖掘和整理，杜绝没有被发现的中药传统知识的存在；另一方面，将基于普查信息构建的中药现有技术资料信息库作为对中药专利形式审查的标准数据库，可以使来源于现有中药传统知识的专利申请被及时发现，并要求按照相关标准进一步提供其技术获得以及申请专利正当性的相关资料，从而有

效防止因为剽窃而产生的中药专利申请通过法律规定的必要形式审查。

（二）规定基于传统知识专利申请的披露技术来源制度

对于在申请中表明或者通过形式审查检索发现相关专利申请涉及的中药技术创新基于现有中药传统知识的情况，应当规定相应的披露技术来源制度，即要求申请人进一步说明相关中药传统知识的来源。并由专利行政管理部门根据申请人提供的技术来源资料，在常规的实质性调查之外，重点对作为技术来源的中药传统知识的持有人进行更为深入的实质性调查。根据对中药传统知识持有人进行实质性调查的具体结果，对相关专利申请进行不同的处理。首先，对于进行了正确披露，并且通过正当手段获取并获得了相关持有人书面同意的专利申请，在其他方面符合法律条件规定下，予以审查通过并授权。其次，对于进行了正确披露，但是没有获得相关持有人书面同意的专利申请，要求其补全持有人书面同意的文件，否则予以驳回。最后，对于没有正确披露，或者经过调查采取了剽窃等不正当手段获得相应的中药传统知识的申请人，驳回申请，并且将相关资料转交相应的行政管理部门，对申请人的不正当行为依法进行严厉处罚。

（三）落实《中医药法》规定的告知同意和利益分享制度

为了切实保证中药传统知识持有人的利益进而促进相关中药传承的保护，有必要通过落实《中医药法》规定的告知同意和利益分享制度的方式，防止利用相关中药传统知识进而获利的市场主体不正当的"搭便车"行为。具体来说，应当在《专利法》中明确规定，对于利用传统知识进行的技术创新，在申请专利的过程中不仅需要履行披露技术来源的义务，而且需要进一步提供作为技术来源的传统知识持有人的书面同意文件，以及与此相关的利益分享协议。专利行政管理部门在受理基于中药传统知识的相关专利申请时，还需要对相应的利益分享协议进行利益分配比例的实质性审查，对于明显不符合公平原则的协议，按照相关文件不合格的规定要求重新提供，如果申请人拒绝重新提供的，则直接驳回相应的专利申请。

第四章 中药的商标权保护

商标权保护的主要作用在于区分商品和服务的来源，因此获得商标权保护的根本要求是相关商标的可区分性。对于消费者来说，良好的商标可区分性可以大幅度降低检索具有特定属性和功能，以及市场定位的商品和服务需要的时间，从而大大增加获得符合其实际需要的商品和服务的机会，并通过节约相应的检索时间而降低购买的实际成本。对于企业来说，良好的商标可区分性，可以使其在消费者心目中树立稳定且良好的品牌形象，从而有效提升市场竞争力并获得相应的差异化优势。因此，商标权对于基于市场经济的现代产业的发展，有着非常明显的正面促进作用。[1] 对于作为现代化产业的中药来说，要实现在激烈的市场竞争中的可持续发展，同样离不开对商标权保护的充分利用。[2]

与中药的专利权保护不同，中药的商标权保护并不涉及对中药技

---

[1] 参见李明德：《商标注册在商标保护中的地位与作用》，《知识产权》2014年第5期。
[2] 参见张玉敏：《论使用在商标制度构建中的作用——写在商标法第三次修改之际》，《知识产权》2011年第9期。

术创新的要求，从而并不会因为中药的传统知识属性而产生不兼容的问题。尤其是集体商标和证明商标，持有人可以为开放性的集体组织，从而不会因为中药传统知识持有人的不确定性而导致商标权保护不能。因此，在中药商标权保护方面，并不存在同普通商标权保护相比的，类似于中药专利保护相对于普通专利保护的劣势。与之相反，因为中药传统知识具有的悠久传承的特点，相当部分的中药品牌经历了上百年甚至几百年的历史发展，已经在消费者群体中树立了良好的形象，从而为其获得充分的商标权保护，进而树立良好的品牌形象，提供了非常优越的条件，反而相较于非传统知识的产业在商标权保护和品牌建设方面具有自身的独特优势[1]。

事实上，正是因为商标权保护对中药的传统知识和现代化产业双重属性的完美兼容，而且相对于普通商标权保护拥有悠久历史传承而产生的良好品牌形象的优势，中药产业在发展过程中非常重视商标权保护以及相应的品牌建设，并产生了一大批中药驰名商标及与之相对应的名优中药品牌企业，成为中药成长为现代社会主要药品类型的重要制度性保障[2]。以下即从商标和商标权的理论概述开始，分别对中药商标权保护的现状、问题，以及完善对策进行分析和论证，并对特殊形式的中华老字号中药商标权保护进行重点介绍和分析。

---

[1] 《老字号博物馆，打开记忆的窗口（讲述·老字号新生态）》，《人民日报》2021年4月2日第6版。

[2] 《请留住中药"老字号"》，《人民日报》2017年3月17日第19版。

第四章　中药的商标权保护

第一节　商标和商标权

在对中药商标权保护进行分析之前，有必要对商标和商标权的概念及其相关作用做一简单概述。

一、商标的概念和作用

根据《中华人民共和国商标法》（以下简称《商标法》）第八条的规定，"任何能够将自然人、法人或者其他组织的商品与他人的商品区别开的标志，包括文字、图形、字母、数字、三维标志、颜色组合和声音等，以及上述要素的组合，均可以作为商标申请注册。"根据这一法律规定，可以对商标进行如下定义：商标是商品的生产者、经营者在其生产、制造、加工、拣选或者经销的商品上或者服务的提供者在其提供的服务上采用的，用于区别商品或服务来源的，由文字、图形、字母、数字、三维标志、声音、颜色组合，或上述要素的组合，具有显著特征的标志，是现代经济的产物。就商业领域而言，文字、图形、字母、数字、三维标志、声音和颜色组合，以及上述要素的组合，均可作为商标申请注册。经国家核准注册的商标为"注册商标"，受法律保护。商标通过确保商标注册人享有用以标明商品或服务，或者许可他人使用以获取报酬的专用权，而使商标注册人受到保护。根据《商标法》第三条规定，经商标局核准注册的商标，包括商品商标、服务商标和集体商标、证明商标,商标注册人享有商标专用权,受法律保护;如果是驰名商标,则会获得跨类别的商标专用权法律保护。

商标的作用比较单纯,顾名思义,就是对商品或服务进行标记,是用来区别一个经营者的商品或服务和其他经营者的商品或服务的一种手段。对于制造业和服务业空前发达,相同商品或服务领域都存在多个相同或相似竞争对手的现代社会,商标的作用不仅可以方便消费者迅速识别相关商品或服务的来源,而且也是商品或服务的信誉保证,因此对商标的拥有者有着非常重要的经济价值。尤其是对某些驰名商标而言,其经济价值更是难以估量。[①]

二、商标权的概念和作用

(一)商标权的含义和特征

商标权是商标专用权的简称,是指商标主管机关依法授予商标所有人享有其注册商标受国家法律保护的专有权利。商标注册人拥有依法支配其注册商标并禁止他人侵害的权利,包括商标注册人对其注册商标的排他使用权、收益权、处分权、续展权和禁止他人侵害的权利。我国商标权的获得必须履行商标注册程序,而且实行申请在先原则。作为现代知识产权体系中的主要组成部分,商标权拥有以下特征:

---

① 参见李阁霞:《论商标与商誉》,知识产权出版社2014年版,第16页。

第四章　中药的商标权保护

1. 独占性

独占性又称专有性或垄断性,是指商标注册人对其注册商标享有独占使用权。[①] 赋予注册商标所有人独占使用权的基本目的,是为了通过注册建立特定商标与特定商品的固定联系,从而保证消费者能够避免混淆并能接受到准确无误的商品来源信息。[②] 换句话说,在商业中未经许可的所有使用,都将构成对商标专用权的侵害。这种专用权表现为三个方面:

(1)商标注册人有权依据《商标法》的相关规定,将其注册商标使用在其核准使用的商品、商品包装上或者服务、服务设施上,任何他人不得干涉;

(2)商标注册人有权禁止任何其他人未经其许可擅自在同一种或类似商品上使用与其注册商标相同或者近似的商标;

(3)商标注册人有权许可他人使用自己的注册商标,也可以将自己的注册商标转让给他人,这种许可或转让要符合法律规定并履行一定的法律手续。

2. 时效性

时效性指商标专用权的有效期限。[③] 在有效期限之内,商标专用权受法律保护,超过有效期限不进行续展手续,就不再受到法律的保护。各国的商标法,一般都规定了对商标专用权的保护期限,有的国家规定

[①] 参见连尧斌:《商标权的特性及其要求》,《山西财经大学学报》2010年第2期。
[②] 参见汤小夫:《商标法上混淆可能性比较研究》,对外经济贸易大学出版社2012年版,第117页。
[③] 参见汤小夫:《商标法上混淆可能性比较研究》,对外经济贸易大学出版社2012年版,第117页。

的长些，有的国家规定的短些，多则二十年，少则七年，大多数是十年。我国商标法规定的商标专用权的有效期为十年。2019年《商标法》第四十条规定：注册商标有效期满，需要继续使用的，应当在期满前十二个月内办理续展手续，在此期间未能办理的，可以给予六个月的宽展期。每次续展注册的有效期为十年。期满未办理续展手续的，注销其注册商标。商标局应对续展注册的商标予以公告。

3.地域性

地域性指商标专用权的保护受地域范围的限制。① 注册商标专用权仅在商标注册国享受法律保护，非注册国没有保护的义务。在我国注册的商标要在其他国家获得商标专用权并受到法律保护，就必须分别在这些国家进行注册，或者通过《马德里协定》等国际知识产权条约在协定的成员国申请领土延伸。

4.财产性

商标专用权是一种无形财产权，具有财产性。商标专用权的客体是智力成果，它凝聚着权利人的心血和劳动。智力成果不同于有形的物质财富，它虽然需要借助一定的载体表现，但载体本身并无太大的经济价值，体现巨大经济价值的只能是载体所蕴含的智力成果。② 比如"可口可乐"商标、"全聚德"商标等，其商标的载体：可乐、烤鸭等不是具有昂贵价值的东西，但其商标本身却具有极高的经济价值，"可口可乐"

---

① 参见汤小夫：《商标法上混淆可能性比较研究》，对外经济贸易大学出版社2012年版，第117页。

② 参见郭之祥：《商标与企业竞争行为》，山东大学出版社2009年版，第108页。

商标经评估,其当前市场价值达到七百多亿美元,而"全聚德"作为中国的民族品牌,2005年的评估价值为106.34亿元人民币。通过商标价值评估,这些商标可以作为无形资产成为企业出资额的一部分。①

5. 类别性

类别性是指国家知识产权局商标局依照商标注册申请人提交的《商标注册申请书》中核定的类别和商品(服务)项目名称进行审查和核准。②注册商标的保护范围仅限于所核准的类别和项目,以世界知识产权组织提供的《商标注册商品和服务国际分类》为基础,国家商标局制定的《类似商品和服务区分表》将商品和服务总共分为45个类别,在相同或近似的类别及商品(服务)项目中只允许一个商标权利人拥有相同或近似的商标,在不相同和近似的类别中允许不同权利人享有相同或近似的商标。

(二)商标权的作用

商标是产业活动中的一种识别标志,所以商标权的作用主要在于维护产业活动中的秩序,与专利权的作用主要在于促进产业的创新发展不同。

根据《商标法》第三十九条和第四十条的规定,商标权有效期10年,自核准注册之日起计算,期满前6个月内申请续展③,在此期间内未能

---

① 参见郭之祥:《商标与企业竞争行为》,山东大学出版社2009年版,第108页。
② 参见胡骋:《规范商标类别确认——基于限制商标权隐形扩张的考量》,《同济大学学报(社会科学版)》2022年3期。
③ 商标续展是指注册商标所有人在商标注册有效期满十年前的一段时间内,依法办理一定的手续,延长其注册商标有效期的制度。

申请的，可再给予6个月的宽展期①。续展可无限重复进行，每次续展注册的有效期为10年。自该商标上一届有效期满次日起计算。期满未办理续展手续的，注销其注册商标。在商标的有效期内，商标持有人享有排他性的对其相应的独占使用的权利。

商标权是一种无形资产，具有经济价值，可以依法转让或许可他人使用相应的注册商标。根据我国商标法的规定，商标可以转让，可许可他人使用。转让注册商标时转让人和受让人应当签订转让协议，并共同向商标局提出申请。在转让商标权时，应当按照《企业商标管理若干规定》的要求，委托商标评估机构进行商标评估，依照该评估价值处理债务抵偿事宜，而且，要及时向商标局申请办理商标转让手续。另外，依据《民法典》等相关法律规定，商标权还可以用于质押融资、股东出资等用途。

第二节　中药商标权保护的现状审视

正是因为商标权保护对于中药市场化和现代化所具有的重要意义，充分利用商标权保护促进中药产业的发展，已经成为现代中药市场主体的共识。在以商标为核心的品牌战略下，中药不仅成为现代社会与西药

---

① 宽展期，是指对注册商标有效期限届满前一定期间内未能提出续展注册申请的，法律赋予的允许商标权人自注册商标有效期限届满后进行续展注册申请的一定期间。

并立的制药行业的两大主体之一，而且出现了一系列名闻遐迩的中药品牌，产生了"北有同仁堂，南有白云山"的盛况，对于中药产业的现代化发展起到了特殊重要的促进作用。

一、中药商标权保护的具体现状

中药作为传统知识的悠久历史，不仅为中药的现代化发展提供了完整的理论体系和齐全的产品线，而且因为不同地域和生产者在中药的品种、性能和质量等方面各具特色，为中药产业充分利用商标权保护，实施相应的品牌战略提供了优越的条件。与中药作为当前在国内制药市场上占据三分之一比例的几千亿元产值的产业规模相适应，中药商标权保护在具体实践中呈现出发展良好的态势。

（一）中药名优品牌明显增多

中药产业几千亿元的年产值，造就了一系列闻名中外的中药品牌。其中典型代表的如北方北京同仁堂拥有的"同仁堂"商标，以及南方广药集团拥有的"白云山"商标。[①] 其中"同仁堂"商标因为所具有的悠久历史，被评为中华老字号，而广药集团因为实行多元品牌战略，在核心商标"白云山"之外，现有注册商标1020个，其中较为有名的包括"王老吉""陈李济""中一""抗之霸""潘高寿""天心""何济公"等

---

① 参见张艳艳、罗爱静：《我国中药商标保护的现状调查与对策研究》，《中医药管理杂志》2008年第12期。

中国驰名商标8件,"奇星""心字牌""潘高寿""山字牌""明兴""王老吉""何济公"等广东省著名商标23件,"群星""BYS"等广州市著名商标30件,是广州著名商标的"大户"。此外,闻名中外的中药品牌还包括"云南白药""马应龙""片仔癀""九芝堂""三金""东阿阿胶""天士力"等。其中云南白药于2010年首次入选《福布斯》"2010中国品牌价值排行榜",名列第30位;2012年,云南白药荣获国家科技进步一等奖;[①]2014年,云南白药获中国工业大奖;[②]2015年,云南白药获评"中国金商标奖";[③]2018年3月26日,云南白药以品牌价值36.21亿美元,位列"BrandZ™2018最具价值中国品牌100强"排行榜第28位;2018年5月9日,云南白药以品牌价值315.23亿元,位列"2018中国品牌价值评价信息发布暨第二届中国品牌发展论坛"第49位;2018年5月31日,云南白药以品牌价值78.38亿元,位列《2018中国最佳品牌排行榜》第28位。2018年7月10日,云南白药以营业收入243.1亿元位列《财富》中国500强排行榜第304位;2018年10月11日,云南白药位列《福布斯》发布2018年全球最佳雇主榜单第427位;[④]2018年12月21日,胡润研究院与汇桔网联合发布《汇桔网·2018胡润品牌榜》,云南白药以品牌价值315亿元,位列医疗健康业第1位,总榜单第42

---

① 《云南白药获国家科技进步一等奖》,中国日报网2013年2月4日。
② 《云南白药获中国工业大奖》,云南白药门户网2014年5月19日。
③ 《云南白药积极推进转型升级,促进健康产业发展》,中国日报网2016年6月23日。
④ 《云南白药名列2018年度多个品牌价值排行榜》,云南省人民政府国有资产监督管理委员会网站,http://gzw.yn.gov.cn/yngzw/xwzx/2019-02/18/content_c2b51e29e38b404483657a362563369a.shtml。

位；2021年10月，入选《2021胡润中国最具历史文化底蕴品牌榜》第22位。2022年8月，入选《2022中国品牌500强》榜单，位列215位。

正是在这一大批名优中药品牌的带动下，中药发展成为制药行业具有相当竞争力优势的现代化产业。

（二）中华老字号众多

由于中药悠久的传承历史，为中药通过中华老字号的方式，获得特殊形式的商标保护奠定了基础。如"同仁堂"本身即为国家最知名的中华老字号之一，作为中国第一个驰名商标，品牌优势得天独厚。"同仁堂"依据《马德里协定》和《巴黎公约》等向有关国际组织提交了商标保护申请，在世界50多个国家和地区办理了注册登记手续，是第一个在台湾地区注册的大陆商标。2006年12月，同仁堂被商务部认定为首批中华老字号。广药集团的"白云山"因为年限不够，没有进入中华老字号的行列，但集团旗下却拥有中华老字号企业12家，包括"陈李济""王老吉""敬修堂""中一""潘高寿""明兴""星群""何济公""采芝林""奇星""光华"和"健民连锁"等。这些中药中华老字号均为相关企业的注册商标，并成为国家级或者省市级的著名商标，为中药产业的发展壮大提供了良好的特殊商标权保护。

（三）品牌价值持续提升

经过几十年的发展，中药已经形成了一系列以名优品牌为代表的产业军团，并拥有了可以与其他现代化产业相媲美且持续上升的品牌价值。其中比较知名的中药品牌均获得了良好的价值评估，如2010年，广药集团旗下"王老吉"品牌价值评估为1080亿元，成为当年中国最有价值品牌；陈李济药厂获得"全球最长寿药厂"的吉尼斯纪录；2012年，"白云山"品牌价值评估为280亿元，"抗之霸"2008年首次品牌评估为21.03亿元。2021年胡润研究院发布的《2020胡润品牌榜》，同仁堂以80亿元人民币品牌价值排名中国最有价值品牌第166位。2021年7月1日，英国品牌评估机构"品牌金融"（Brand Finance）发布"全球医疗保健品牌"价值榜（Healthcare2021），云南白药（000538）入选"全球制药品牌价值25强"（Top 25 most valuable pharma brands）榜单。

（四）获得多项荣誉和奖励

为了促进中药现代产业的品牌建设，相关政府部门和社会组织还对知名的中药品牌授予相应的荣誉和奖励。如云南白药多次荣获省市级优秀企业称号。"广药"品牌、"白云山"品牌荣获广东省外经贸厅2007-2010年度重点培育和发展广东省出口名牌称号并获颁50万元的自主出口品牌发展专项资金奖励；广药集团（王老吉、白云山、陈李济）荣获2010年度广东省十佳自主品牌称号；广药集团及14家司属企业被列入《2011—2015年广州市实施名牌战略重点培育和扶持发展自主品牌企业指导目录》等。同仁堂集团被国家工业经济联合会和名牌战略推进委员会，推荐为最具冲击世界名牌的16家企业之一；同仁堂被国家商业部门授予"中华老字号"品牌，并荣获"2005CCTV我最喜爱的中国品牌""2004年度中国最具影响力行业十佳品牌""影响北京百姓生活的十大品牌""中国出口名牌企业"等。

二、中药商标权保护对中药现代化产生的促进作用

中药商标权保护之所以能够促进中药的现代化发展，在于相关市场主体以中药商标为依托实施的品牌战略，对其经济效益、市场竞争力提升产生了非常显著的积极作用，为中药成为中国在制药领域具有国际竞争力优势的产业打下了良好的品牌基础。

（一）为商标持有者带来了巨大的经济利益

商标权保护为持有者带来的巨大经济利益，表现最为典型的是广药集团拥有的系列中药名优商标。前述资料显示，仅其旗下的"王老吉""白云山"和"抗之霸"三个品牌，即为广药集团带来了近1400亿元的品牌价值，而这仅仅是广药集团所拥有的品牌的很小一部分。品牌价值不仅体现了该商标给企业带来的巨大经济利益，而且也反映了相关商标持有者在中药市场上强大的竞争实力以及消费者对其很高的认可度。正是因为这些中药驰名商标的广泛存在，为相关中药企业带来了巨大的市场竞争力优势，从而使其在现代市场经济条件下不断发展壮大。①

（二）商标权保护极大地促进了国家中药产业的整体发展

通过对中药商标的成功运作，商标权保护不仅为持有人带来了巨大

---

① 参见王恕等：《加入世界贸易组织与中药商标保护的思考》，《中国药房》2001年第3期。

的经济利益,而且极大地促进了国家中药产业的整体发展。即使 2020 年由于新冠疫情的不利影响,中成药整体销售额下跌,但中药驰名商标旗下的药品仍然保持畅销的态势,当年中成药整体销售额依然突破了 3500 亿元,仅比 2019 年下降了 3 个百分点。中药产业的高速成长,很大程度上得益于其成功的品牌形象战略。而中药产品在市场上的成功,则反映出其深受消费者欢迎,并通过消费者的使用充分实现了保障国民生命健康的根本价值。

(三)中华老字号对中药产业的发展具有特殊的作用

事实上,当前最为著名的中药品牌中,中华老字号在其中占据了压倒性的优势,如"同仁堂""云南白药"等中华老字号,同时也是中药产业中最有价值的品牌;而广药集团则拥有"中华老字号"企业 12 家,包括"陈李济""王老吉""敬修堂""中一""潘高寿""明兴""星群""何济公""采芝林""奇星""光华"和"健民连锁"等,均成为广药集团推行商标权保护战略的主力,对广药集团整体品牌运营战略的成功起到了非常关键的作用。这些中华老字号中最杰出的代表,还成为了中国驰名商标。如"同仁堂""云南白药""王老吉""陈李济""中一""潘高寿""何济公"等均属于中国驰名商标,其他的中华老字号也分别成为所在省市的著名商标。某种程度上,正是以这些中华老字号为核心,才使中药产业的品牌战略取得了巨大的成绩,其对中药产业的发展具有特殊重要的作用。

第四章　中药的商标权保护

第三节　中药商标权保护存在的主要问题

与中药专利权保护存在诸多难以克服的困难，以及中药版权保护对中药传承与发展意义不大相比较，中药商标权保护是现代知识产权体系中对中药产业发展起到了实质性关键促进作用的保护方式，对中药产业的现代发展有着非常重要的意义。然而，现代中药产业虽然已经对中药商标权的发展给予了高度重视，并且采取了一系列措施对中药商标权保护进行品牌战略形式的充分利用。但就整体中药商标权的具体保护情况来看，仍然存在一系列有待改进的问题。

一、中药商标权保护缺乏同品牌战略的密切结合

品牌是一种名称、术语、标记、符号或图案，或是这些要素的相互结合，用以识别某个销售者或销售者群体的产品或服务，并使之与竞争对手的产品和服务相区别。[1] 品牌战略是指企业为了发展而围绕品牌进行的全局性的谋划方略，是以提高其产品的竞争力为核心，围绕企业及其产品的品牌展开的一系列行动、方法和决策。其通过充分利用一切优势和机会、有效地管理或规避劣势和威胁，以发展品牌、完

---

[1] 参见菲利普·科特勒：《营销管理》，上海人民出版社2000年版，第209页。

成使命为目的而制定企业生产经营规划并确定长远发展方向,是企业整体发展战略的重要内容。① 加强品牌战略管理对整个中药产业经济具有重要的现实作用和长远意义:一是提高中药核心竞争力;二是实现中药产业可持续发展;三是有利于中药走向世界。企业的品牌形象,必然以商标作为主要载体,从而在宣传相关商标的过程中,将商标持有人提供的相关产品和服务的信息与商标密切相连,使消费者对该商标品牌形成比较固定的良好认知,从而有效促进相关品牌市场良好声誉的形成,为商标持有人提供相应的品牌竞争力优势。对于中药产业来说,虽然很多厂家通过成功的品牌战略取得了良好的业绩,如"同仁堂"的单一品牌战略,以"同仁堂"为宣传的绝对优势品牌,从而在消费者心目中树立了同仁堂作为优质优价中药生产商的良好声誉;广药集团通过多元品牌战略,塑造具有一定区分性的中药产品系列,形成了集团内部拥有众多驰名商标,共同促进集团发展做强做大的良好态势。但仍然有很多中药企业,尤其是中小中药企业,存在着中药商标权保护缺乏同品牌战略密切结合的问题。具体表现为很多中小中药企业,在对企业进行品牌宣传的过程中,不是以注册商标为核心,而是直接对企业本身的具体情况进行详细介绍,相关商标只是其作为品牌宣传的内容之一,而且往往同时注册了多个商标,在企业的品牌介绍中,每一个商标都不具备突出地位。这种忽视商标在品牌战略中核心地位的做法,必然导致此类企业的品牌宣传效果不彰,甚至出现消

---

① 参见徐柏颐:《中药品牌战略管理思考》,《时珍国医国药》2005年第5期。

费者仅仅记住了相关产品生产企业的名称，而对其商标一无所知的情况，大大削弱了通过商标促进企业品牌宣传的效果。

二、中药商标权保护的可区分性有待提高

商标是消费者用来区分商品和服务来源的商业性标识，可区分性是商标的根本属性。对于中药商标权保护来说，保证相关商标具有良好的区分性，才能使消费者能够快速便捷地从众多同类中药产品中准确地检索到特定中药商家经营的产品并完成相应的消费购买行为。因此，中药商标权保护的可区分性是中药经营者在实施品牌战略的过程中必须高度关注的问题。然而，在现有中药商标权保护的实践中，很多中药商标由于多种原因的存在，出现了可区分性不强的问题。尤其对于某些中药驰名商标，出于"搭便车"的目的，一些中药产品商家往往使用与其非常类似，从而容易导致消费者混淆的商标。其中比较典型的例子如全国著名中药品牌"同仁堂"，在中药市场上出现的除了北京同仁堂外，还有南京同仁堂、天津同仁堂等，而且这些同仁堂在中药市场上均具有较大的知名度，导致消费者往往不知这三个同仁堂到底有什么区别。还有中国最有价值的中药品牌"云南白药"，其主要成份为传统中药云南三七，于是中药市场上出现了一系列诸如"云南中药""云南三七"等品牌，使很多消费者误认为都是"云南白药"，或者是"云南白药"的子品牌。这些容易引发混淆的中药品牌的大量存在，必然导致相关商标权保护的可区分性降低，不仅可能会产生某些企业"搭便车"的不正当竞争行为，

而且对于相关企业树立独有的品牌形象产生了巨大的负面影响，成为中药企业商标权保护中不得不高度重视的问题。

三、同其他类型知识产权保护之间缺乏有效协调

要充分发挥商标权保护对中药产业现代化的促进作用，离不开和其他类型的知识产权保护之间的协调和配合。如通过在品牌建设中加强对获得的产品专利的宣传，或者获得的相关中药非物质文化遗产保护方面的宣传，能够进一步提升消费者对相关商标代表的商品的质量和服务的信任，进而增强相关商标的可区分性，并有效促进以商标为核心载体的品牌战略的实施。少数大型知名中药品牌企业在品牌战略中充分注重中药商标权保护同其他类型的知识产权保护之间的协调，如广药集团在实施品牌战略的过程中，必然将企业获得的专利等技术创新包含在宣传的内容之中，在"王老吉"凉茶被列入国家第一批非物质文化遗产名录后，即在王老吉的商标旁醒目标注国家级非物质文化遗产字样，从而通过专利权保护和非遗保护有效促进了品牌建设和商标权保护。然而，对于多数中药企业来说，并没有相应的商标权保护和其他知识产权保护之间的有效协调机制，在中药产品上使用的商标并没有与其他知识产权保护的相关信息和标识进行有效组合，从而更好地促进品牌形象建设。中药商标权保护同其他类型的知识产权保护之间缺乏有效协调，必然导致中药企业单纯依靠商标在品牌战略实施过程中的效果不彰，进而影响商标权保护促进中药产业现代化效果的充分实现。

第四节　中药商标权保护的具体完善策略

为了更好地发挥中药商标权保护促进中药现代化发展的积极作用，有必要在现有中药商标权保护的基础上，针对当前在具体实践中存在的相关问题，采取有效的措施予以完善。具体来说，中药商标权的完善策略主要包括以下具体内容。

一、推行以核心商标为载体的品牌战略

为了有效克服很多中小中药企业在实施品牌战略的过程中与商标权保护相脱节的问题，充分发挥商标权保护对于品牌战略的基础性作用，有必要通过推行以核心商标为载体的品牌战略的方式予以充分实现。

（一）确立企业品牌战略的核心商标

对于多数中小企业来说，由于所占市场比例非常有限，不宜实行多元商标并行的品牌战略，以免产生消费者对众多品牌均缺少较深印象，使企业品牌战略起不到应有效果的问题。因此，在实施相应的品牌战略的过程中，首先要确立企业的核心商标，并且这一商标应当为单一商标，尽可能避免多商标造成的分散消费者注意力的情况。

（二）围绕核心商标制定相应的品牌战略

企业的品牌战略，顾名思义，应当围绕企业的品牌具体进行。对于中小企业来说，在确定单一性的核心商标之后，为了使这一商标成为企业品牌形象的核心载体，必须围绕核心商标制定相应的品牌战略。因此，中小中药企业的中药品牌宣传，应当尽可能突出相关核心商标的显著性，在宣传的具体设计上有意识地将相关核心商标置于消费者注意力最为集中的位置，从而为加深消费者的品牌印象打下良好的商标显著性基础。

（三）中药品牌形象设计上以核心商标为中心

对于品牌战略最重要的中药品牌形象设计来说，也应当以核心商标为中心。特别是在相关中药商品的外包装上，应当注意始终将核心商标置于最显眼的位置，而不能让相关中药的通用名和图形，或者其他和品牌无关的文字图画等喧宾夺主，影响消费者对于核心商标的注意程度。

二、采用多元商标保护战略提升商标的可区分性

针对部分中药企业注册商标傍名牌"搭便车"，或者与其他中药企业商标存在较为严重的混淆现象，从而造成商标权保护的可区分性降低的问题，有必要通过采用多元商标保护战略的方式提升商标的可区分性。

（一）启用新的可区分性强的商标作为核心商标

为了有效对抗对自身商标的可区分性造成较大干扰的类似商标，最直接和根本的解决方法是启用新的可区分性强的商标作为核心商标。虽然启用新的核心商标从短期来说会导致已有商标的品牌宣传投入和已经形成的附加价值清零，但从长远来说，启用新的商标能够彻底解决类似商标可能对品牌造成的负面影响以及"搭便车"商标的不公平竞争可能造成的市场损失，而且新的核心商标被消费者普遍接受之后，在其他条件不变的情况下，企业总体品牌价值不会因为商标形态的改变而出现较大的波动。因此，对于深受类似商标的混淆困扰，从而导致商标显著性淡化的驰名商标来说，启用新的可区分性强的商标不失为一种有价值的可供选择的终极解决策略。

（二）加大对"搭便车"侵权商标的打击力度

这里的"搭便车"，是指竞争者不正当地利用他人商业标识的商誉和市场影响力为自己谋取交易机会并从中获取利益的行为，是一种违背诚实信用原则的不正当竞争行为。[1] 对于许多老字号中药商标来说，由于传统知识属性的影响，相关商标名称和形象已经深入人心，导致其启动新的核心商标往往代价过高，甚至某种意义上不可能进行。如"云南白药"，一旦放弃这个商标不用而启用其他商标，持有人几乎不可能通

---

[1] 参见周樨平：《商业标识保护中"搭便车"理论的运用——从关键词不正当竞争案件切入》，《法学》2017年第5期。

过后续的商业宣传获得比这一包含历史文化传承的商标更有价值或者价值基本相当的商标。对于此类商标，政府相关部门和中药企业本身应当通过加大对"搭便车"侵权商标的打击力度的方式予以有效保护。也就是说，对于明显存在"搭便车"嫌疑的"傍名牌"商标，由于在事实上确实造成了消费者对相关商标的混淆性认知，即应当由相关行政部门直接予以取缔。驰名中药商标持有人也应当通过提起商标侵权诉讼的方式，禁止相关商家此类"搭便车"的不公平竞争行为，防止相关中药驰名商标因为类似商标的大量存在而产生淡化品牌效应的不利后果。

（三）加大对商标独特性的反淡化宣传

商标淡化是指未经权利人许可，将与驰名商标相同或相似的文字、图形及其组合在其他不相同或不相似的商品或服务上使用，从而减少、削弱该驰名商标的识别性和显著性，损害、玷污其商誉的行为。商标淡化表现为商标弱化、污损、退化。具体而言，弱化是指无权使用人将驰名商标使用在不相同或不相类似的商品上，破坏驰名商标的识别力和显著性，冲淡商标与商品之间的独特联系，最终损害驰名商标的商业价值的行为，弱化是对驰名商标淡化的最常见形式。污损，也称玷污，是指无权使用人将与驰名商标相同或近似的商标用于对驰名商标的信誉产生玷污、丑化、负效应的不相同或不相类似的商品上的行为。退化是指对商标的使用不当，使驰名商标成了商品的通用名称，彻底丧失识别性，不再具有区别功能的行为，退化无疑是淡化中最严重的一种，商标权人彻底失去了自己曾经拥有的商标。为了防止相关中药商标因为区分性的降低而出现的淡化现象,进而不利于中药企业的品牌形象的确立,除了启动强可区分性的新核心商标,以及加大对"搭便车"商标的打击力度之外,还应当高度重视对自身商标独特性的反淡化宣传。[1] 如针对"云南中药"可能产生的对"云南白药"品牌的淡化效应,可以在宣传中强调云南白药在云南中药中的特殊功能和特性以及在云南中药中所拥有的独特文化和地位,使消费者能够在较低注意力下即有效地将"云南白药"和"云南中药"进行有效的区分。

三、将商标权保护作为整体发展战略的有机组成部分

为了充分发挥商标权保护和其他知识产权保护的组合效应,更好地实现知识产权保护对中药产业现代化的促进作用,有必要通过将商标权保护作为中药企业整体发展战略有机组成部分的方式予以有效解决。

(一)成立统一的中药知识产权保护管理机构

为了保证包括商标权保护在内的不同中药知识产权保护方式之间能够形成良好的协调关系,有必要在相关中药企业中成立统一的中药知识产权保护管理机构[2],由这一机构专门负责不同知识产权保护策略的规

---

[1] 参见任燕:《论驰名商标淡化与反淡化措施——再谈我国驰名商标保护的立法完善》,《河北法学》2011年第11期。

[2] 参见孙惠民:《知识产权的管理创新与我国中药业发展》,《科技进步与对策》2003年第14期。

划和实施，以及彼此之间的衔接和协调，从而有效解决不同知识产权保护隶属于不同机构管理从而导致的各自为政，不能进行资源的有效整合，进而导致不能形成整体合力的问题。

（二）设计科学的品牌战略规划流程

为了保证在以商标为核心载体的企业品牌战略规划过程中，能够充分考虑到商标权保护和其他知识产权保护之间的充分协调和配合，有必要设计科学的品牌战略规划流程。相关流程应当明确规定，在进行中药品牌战略规划的过程中，应当在考虑商标权保护策略设计的同时，充分考虑其他知识产权保护类型纳入品牌战略规划的可能性和重要性。[①] 当存在其他能够促进品牌战略实施的知识产权保护类型的情况下，应当设计相应的对商标权保护和其他知识产权保护协调和衔接的科学机制。

第五节　中药的中华老字号保护

中药所具有的传统知识属性，虽然在一定程度上阻碍了现代知识产权制度，如专利权和版权制度的保护，但在商标权保护上却因为悠久的历史传承在消费者群体中形成了良好品牌形象，从而具有非常独特的优

---

① 参见徐柏颐：《中药品牌战略管理思考》，《时珍国医国药》2005年第5期。

势。尤其是国家 21 世纪初开展的中华老字号认定，更是从法律制度上对具有悠久传承和良好市场口碑的中药知名品牌提供了较普通商标更为严格的保护，对具有中华老字号商标的中药企业的品牌建设以及与之相关的市场竞争力的提升，有着非常有力的促进作用。

一、中华老字号及其保护

（一）中华老字号的概念

中华老字号（China Time-honored Brand）是指在长期生产经营中，沿袭和继承了中华民族优秀的文化传统，具有鲜明的地域文化特征和历史痕迹、具有独特工艺和经营特色的产品、技艺或服务，取得社会广泛认同，赢得良好商业信誉的企业名称，以及老字号产品品牌。现行中华老字号保护的法律规范是 2023 年商务部等五部门联合发布的《中华老字号示范创建管理办法》（以下简称《办法》），根据该《办法》，被认定为"中华老字号"的企业将获得由中华人民共和国商务部名义颁发的"中华老字号"牌匾和证书，并获得在法定范围内使用"中华老字号"称谓及相应标志的资格。因此，在法律意义上，中华老字号指根据《办法》的规定，由相关企业申请并经中华人民共

中华老字号

和国商务部认可的一种荣誉称号。

中华老字号是数百年商业和手工业竞争中留下的极品。各自经历了艰苦奋斗的发家史而最终统领一行。其品牌是人们公认的质量的同义语。其历史往往追溯到数百甚至上千年以前。某种程度上，中华老字号是中国传统工商业历史发展的见证，并构成其非常重要的有机组成部分。[①] 因此，中华老字号是中国悠久工商业传统的延续和发展，体现了中国自古以来对商品和服务质量的不懈追求。

（二）中华老字号的保护

对中华老字号的保护，不仅是对中国悠久的工商业传统的尊重，而且通过对这些优良的工商业传统进行充分的商业开发，可以产生对老字号持有企业乃至相关产业发展的良好促进作用。某种程度上，中华老字号是一种独立的知识产权保护方式，其持有人在根据法律获得相应的授权之后，拥有对相应的字号的排他性使用的独占权利。[②] 但是，《办法》只是对中华老字号的行政管理规范，并没有对中华老字号的权利范围和司法救济方式等进行相应的法律规定。在现实中，中华老字号的保护主要采取企业字号保护和品牌保护相结合的方式。通过将相应的中华老字号注册成商标，从而获得商标权的保护是现有法律对老字号最有效的保

---

① 参见张清奎：《传统知识、民间文艺及遗传资源保护模式初探》，《知识产权》2006年第2期。
② 参见王正志等：《中华老字号：认定流程，知识产权保护全程实录》，法律出版社2007年版，第136页。

护方式。当然，要保证中华老字号的竞争力，不能仅仅依靠法律对商标权的保护。中华老字号注册的商标只是相应企业的品牌，而品牌实力是企业品牌字号与竞争实力的结合。拥有品牌，必须同时拥有相应的竞争实力，才能保证品牌实力的强大。只有品牌，即使是老祖宗留下的著名商业字号，缺乏相应的企业竞争力相匹配，最终也会使品牌价值完全丧失。因此，老字号品牌虽然拥有商标权保护的强大品牌效应，但这种效应是其过去辉煌历史的沉淀，要使老字号企业再创辉煌，必须在取得老字号商标权保护的基础之上，锐意进取和创新，在市场经济的激烈竞争中不断发展壮大，保证相应老字号的继续传承和发扬光大。

二、中药中华老字号保护的经济意义

中药属于中国传统知识的主要组成部分，拥有上百乃至几百年历史的老字号众多，目前经国家商务部认可并公布和中医药有关的中华老字号共有41家，如大众所熟知的北京同仁堂、杭州胡庆余堂、武汉马应龙、广州潘高寿等。对中药中华老字号的保护，其经济意义主要体现在以下几方面。

（一）保护与中药中华老字号相关的优良工商业传统

中华老字号传承下来的中药制造的工艺配方乃至相应的商业经营的经验等，都是经过了漫长的历史考验而存留下来的传统文化的精粹，对其进行充分的继承和发扬，不仅能充分发挥中药对人们健康的保障作用，而且对于持有企业自身、整个中药产业乃至国民经济的发展，都有着非常重大的意义。但是，正是因为中药中华老字号具有可观的经济价值，其不可避免地成为其他经营者模仿甚至假冒的主要目标。因此，要保证中华老字号相应传统的继承和发展，就必须对其采取某些特殊的保护措施，比如现有的国家商业部对中药中华老字号的认定，并在其注册为商标的情况下使其受到驰名商标相关规定的保护。中药中华老字号只有在得到相关法律保障的情况下，才能使其优良传承得以完整保存并将附着于其上的良好的市场信誉转化为实在的经济利益，促进老字号企业乃至相应中药产业的发展。

（二）中药中华老字号的保护可以增强国内企业在医药市场的竞争力

客观上说，我国目前在现代医药领域整体上还处于相对落后的状态。除中药以外，相当一部分的医药产品都存在自主知识产权基础薄弱的问题，从而对中国医药行业的整体发展带来极为不利的影响。而中药中华老字号则由于其优良的产品和工艺传承，不存在基础薄弱的不足，因此应当以中药中华老字号为突破口，开发出一系列拥有自主知识产权的疗效良好的中药产品，并配合其本身具有的良好商业信誉，建立中药产业在医药市场的优势地位，增强国内企业在医药市场上的整体竞争力。

（三）为中药中华老字号的持有企业带来巨大的商业利益

无论是对中药中华老字号的相关工商业传统的保护，还是中药中华老字号的发展导致国内企业在医药市场竞争力的增强，其直接受益者都是中药中华老字号的持有企业。通过对中药中华老字号的继承和发展，其强大的品牌效应会给中药中华老字号的持有企业带来巨大的商业利益。几乎所有的中药中华老字号都已经成为行业内的驰名商标，如上述的北京同仁堂、杭州胡庆余堂、武汉马应龙、广州潘高寿等。对中华老字号的认定和商标权保护，在很大程度上促成了这些老字号的拥有者迅速蜕变为中药产业乃至整个医药行业的领导者。

（四）不具有中药品种保护遏制创新的不良作用

与中药品种保护类似，中药中华老字号保护也是针对中药的传统知识属性而实行的权利保护。但与中药品种保护最大的不同，是其仅仅作为一种区分相应的中药产品和服务来源的标志，因此不存在中药品种保护导致的遏制中药创新的问题，也就不存在增加社会创新成本的不利经济影响。

从经济的角度对中药中华老字号保护进行分析，可以发现其不仅能带来保护中药优良的工商业传统的利益，增强国内企业在医药市场上的整体竞争力，并为其持有者带来巨大的商业利益，而且与此同时，并不会带来其他的增加社会成本的不利经济影响。因此，中药中华老字号保护对促进社会总体福利水平提高的作用是显而易见的，对其进行相应的保护从经济的角度是合理的和正当的。

三、中药中华老字号的商标权保护

中药中华老字号在得到国家商业部门认定之后，还必须将其注册成中药商标。只有同商标权保护相结合，才能最大程度地实现中华老字号所具有的经济价值。中华老字号企业应该明白，商标权保护也是对其合法权利进行保护的主要方式。

根据《商标法》第十三条和第十四条的相关规定，中药中华老字号"为公众所熟知"是显而易见的，因此其符合驰名商标保护的要求。中药中华老字号在普通商标权的基础上，能够得到专门针对驰名商标的特别保护。因此充分利用《商标法》对驰名商标保护的相关规定，可以使中药中华老字号所代表的中药传统得到更全面、力度更大的保护。

第五章　中药的版权保护

版权作为现代知识产权保护体系中的一种，与专利权和商标权类似，对所有符合条件的主体开放。因此，对于中药来说，只要相关的文学艺术或者科学作品达到了版权保护的独创性要求，即可以成为版权保护的客体。具体来说，可能得到版权保护的中药作品包括中药专著、中药文献、论文、档案、资料、处方、产品说明书、包装装潢、计算机软件（GAP/GSP/GLP/GCP/GMP等管理软件）、数据库等。

从理论上来讲，中药可以获得《著作权法》规定的所有版权权利类型的保护。然而，由于中药的传统知识属性，相关价值主要体现在相应的中药理论思想和以处方与药剂形式存在的技术方案与产品，而不是相应的中药作品中的表达方式。因此，对于中药产业的现代化来说，中药的版权保护对其能够起到的作用非常有限，从而成为人们常常忽略的中药知识产权保护类型。然而，中药作为传统知识的核心组成部分，在漫长的历史发展过程中留存下来大量的相关中药专著和其他文献。虽然这些中药著作和文献存在的悠久历史使其不可能获得有限期的现代版权的财产权利的积极保护，但却依然存在相应的版权精神权利的消极保护问题。与中药积极版权保护对于现代产业发展的效果甚微相反，中药的版权消极保护对于中药的有效传承，乃至对于中药产业的现代化发展均有着一定程度的促进作用。因此，从包括积极保护和消极保护的整体来看，中药版权保护对于中药的传承和发展所具有的意义不容忽视。对中药版权保护的现状进行分析，从中找出不能充分发挥中药版权保护重要作用的问题，进而提出相应的有效对策，对于中药版权保护的有效实施，乃至中药知识产权保护的整体性认知和构建，有着重要的理论和现实意义。

第一节　版权和版权保护

根据2020年《著作权法》的规定，著作权亦称版权，版权和著作权在法律上只是同一概念的不同表达方式，因此两者可以通用。通过版权保护，可以使创作者和传播者获得对相关作品一定期限的垄断性权利，从而使对相关作品的创作和传播作出贡献的主体能够获得相应的利益回报，进而激励其进一步创作和传播能够满足人们精神文化需要的作品，促进现代社会文学艺术和科学领域的繁荣。

一、版权的概念界定

(一)版权的含义和主要法律

1.版权的含义

根据《著作权法》和相关法律的规定,版权指的是自然人、法人或者其他组织对文学、艺术和科学作品享有的财产权利和精神权利的总称。版权是著作权的传统称呼,两者在法律上完全等同。广义的版权还包括邻接权,我国《著作权法》称之为"与著作权有关的权利"。

2.版权相关的主要法律

(1)《中华人民共和国著作权法》(2020年修订),发布部门:全国人大常委会;立法目的:为保护文学、艺术和科学作品作者的著作权,以及与著作权有关的权益,鼓励有益于社会主义精神文明、物质文明建设的作品的创作和传播,促进社会主义文化和科学事业的发展与繁荣。

(2)《中华人民共和国著作权法实施条例》(2013年修订),发布部门:国务院;立法目的:为实施《著作权法》的具体规定。

(3)《计算机软件保护条例》(2013年修订),发布部门:国务院;立法目的:为了保护计算机软件著作权人的权益,调整计算机软件在开发、传播和使用中发生的利益关系,鼓励计算机软件的开发与应用,促进软件产业和国民经济信息化的发展。

（二）版权的主体

1. 版权主体的含义

著作权的主体（著作权人）是指依照著作权法，对文学、艺术和科学作品享有著作权的自然人、法人或者其他组织。作者在通常语境下指创作作品的自然人，侧重于身份，但作者并非在任何时候都可以成为著作权的主体。法律意义上的作者是依照著作权法规定可以享有著作权的主体。

2. 版权主体的分类

以主体的形态为标准，著作权的主体分为自然人、法人和其他组织。创作是一种事实行为，不论创作者的年龄、智力水平如何，都可以成为著作权的主体。一般而言，自然人是作品的作者，即一般情况下自然人才能成为著作权的主体，但为平衡、保护不同利益方的利益，以及考虑到法人或其他组织在创作作品时付出的组织、物质等支持，法律也允许法人或其他组织成为著作权的原始主体。

以著作权的取得方式为标准，著作权的主体可以分为原始主体（原始著作权人）和继受主体（继受著作权人）。著作权原始主体即作品创作完成时，直接依照著作权法和合同约定即刻对创作的作品享有著作权的主体。继受著作权人即通过继承、受让、受赠等方式获得著作权的主体。原始著作权人与继受著作权人在权利范围、权利保护方式上有所不同。

（三）版权的客体

著作权的客体是作品，作品是指文学、艺术和科学领域内具有独创性并能以一定形式表现的智力成果。法律意义上的作品具有以下条件：

1. 独创性

一方面，独创性中的"独"并非指独一无二，而是指作品系作者独立完成，而非抄袭。假设两件作品先后由不同的作者独立完成，即使他们恰好相同或者实质性相似，均可各自产生著作权。典型如摄影作品，两名摄影师可能先后对同一景点进行拍摄，角度、取景等内容基本一致，但在后拍摄者并未看到过在先拍摄者的作品，系自己独立拍摄，后者同样可以对其摄影作品享有著作权。

另一方面，独创性须满足一定的创造性，体现一定的智力水平和作者的个性化表达。创造性不同于艺术水准，无论是画家还是普通孩童，只要其绘画能够独立按照自己的安排、设计，独特地表现出自己真实情感、思想、观点，都能够成为作品。

2. 以有形形式表达

著作权法保护的是思想的表达而非思想本身，作品应当是智力成果的表达，可供人感知并可以一定形式表现出来。思想是抽象的、无形的，不受法律保护，仅当思想以一定形式得以表现之后，方能够被他人感知，才能成为受法律保护的作品。

（四）版权的内容

著作权的内容是指著作权人依照法律享有的专有权利的总和，根据我国《著作权法》，著作权内容包括著作人身权和著作财产权。

1. 著作人身权

（1）发表权

发表权，即决定作品是否公之于众的权利。发表权只能行使一次，除特殊情况外，仅能由作者行使。

（2）署名权

署名权，即表明作者身份，在作品上署名的权利。它包括作者决定是否署名，署真名、假名、笔名，禁止或允许他人署名等权利。

（3）修改权

修改权，即修改或者授权他人修改作品的权利。

（4）保护作品完整权

保护作品完整权，即保护作品不受歪曲、篡改的权利。

2. 著作财产权

（1）复制权，即以印刷、复印、拓印、录音、录像、翻录、翻拍、数字化等方式将作品制作一份或者多份的权利；

（2）发行权，即以出售或者赠与方式向公众提供作品的原件或者复制件的权利；

（3）出租权，即有偿许可他人临时使用视听作品、计算机软件的原件或者复制件的权利，计算机软件不是出租的主要标的的除外；

（4）展览权，即公开陈列美术作品、摄影作品的原件或者复制件的权利；

（5）表演权，即公开表演作品，以及用各种手段公开播送作品的表演的权利；

（6）放映权，即通过放映机、幻灯机等技术设备公开再现美术、摄影、视听作品等的权利；

（7）广播权，即以有线或者无线方式公开传播或者转播作品，以及通过扩音器或者其他传送符号、声音、图像的类似工具向公众传播广播的作品的权利，但不包括本款第十二项规定的权利；

（8）信息网络传播权，即以有线或者无线方式向公众提供，使公众可以在其选定的时间和地点获得作品的权利；

（9）摄制权，即以摄制视听作品的方法将作品固定在载体上的权利；

（10）改编权，即改变作品，创作出具有独创性的新作品的权利；

（11）翻译权，即将作品从一种语言文字转换成另一种语言文字的权利；

（12）汇编权，即将作品或者作品的片段通过选择或者编排，汇集成新作品的权利；

（13）应当由著作权人享有的其他权利。

3.著作权保护期

根据不同的权利内容，法律给予其不同的保护期限。

（1）著作人身权的保护期

我国《著作权法》规定，作者的署名权、修改权、保护作品完整权的保护期不受时间限制。发表权的保护期为作者终生及其死亡后五十年，截止于作者死亡后第五十年的12月31日；如果是合作作品，截止于最后死亡的作者死亡后第五十年的12月31日。

法人或者非法人组织的作品、著作权（署名权除外）由法人或者非法人组织享有的职务作品，其发表权的保护期为五十年，截止于作品创作完成后第五十年的 12 月 31 日。

视听作品，其发表权的保护期为五十年，截止于作品创作完成后第五十年的 12 月 31 日。

（2）著作财产权的保护期

我国《著作权法》规定，自然人著作财产权的保护期为作者终生及其死亡后五十年，截止于作者死亡后第五十年的 12 月 31 日；如果是合作作品，截止于最后死亡的作者死亡后第五十年的 12 月 31 日。

法人或者非法人组织的作品、著作权（署名权除外）由法人或者非法人组织享有的职务作品的著作财产权的保护期为五十年，截止于作品首次发表后第五十年的 12 月 31 日，但作品自创作完成后五十年内未发表的，不再保护。

视听作品，著作财产权的保护期为五十年，截止于作品首次发表后第五十年的 12 月 31 日，但作品自创作完成后五十年内未发表的，不再保护。

第二节　中药版权保护的现状

由于中药的传统知识属性，其本质上属于理论思想、技术方案以及与此相关的有形中药产品，从而与版权主要保护表达形式的目的存在较大的差异，也意味着传统医药知识本身难以成为著作权保护的客体。① 这也是当前中药的版权保护没有得到中药产业重视的根本原因。中药版权的作品应为与中医药有关的文学、艺术或科学范畴中具备一定独创性同时能够复制的智力劳动成果。② 著作权也保护其演绎作品，具体到中药领域，演绎作品可以是对古籍的翻译、注释、工具书整理等。③ 总体上来讲，当前中药领域在版权保护方面极度缺乏。对中药版权的保护，无论是积极保护还是消极保护，都没有得到有效的关注与投入。④

一、中药版权积极保护的现状

由于中药版权保护涉及到与中药相关的创作，而这种创作一般来说并不能给中药企业带来竞争力上的明显优势，因此在缺乏市场经济驱动的情况下，中药版权的积极保护与中药的现代化发展严重脱节，中药企业基本上放弃了获得版权积极保护的努力，当前中药版权积极保护多数表现为中药理论和临床上的研究成果。具体来说，中药版权积极保护的现状体现为以下两个方面。

---

① 参见陈选：《传统医药知识产权保护方式探究》，《人民论坛》2015年第32期。
② 参见李哲：《浅议中药知识产权保护的现状与对策》，《中医杂志》2010年第6期。
③ 参见宋晓亭：《中医药知识产权保护指南》，知识产权出版社2008年版，第103页。
④ 参见强美英：《中医药版权法律保护及其产业对策初探》，《生产力研究》2009年第10期。

（一）以事业单位的研究成果为主

中药科学作品的创作是一项需要较强中药创新性研究能力和较长时间周期的智力劳动，与中药市场主体普遍缺乏较强的创新科研能力且追求即时的看得见的经济效益和竞争能力上提升的目标存在较大的差异。[1]多数情况下，只有具有较强科研实力，同时又不以盈利为目的的非市场经济主体，如高校、医院和研究单位等，才能完成相关中药方面的科学作品的创作并获得相应的中药版权保护。相关创作的客体主要包括中药相关的专著、论文等。[2]有的学者认为中药领域的著作权的保护范围还包括：文学作品、口述作品、工程设计、产品设计图纸、产品说明书、计算机软件等。[3]然而，由于中药科学作品的创作缺乏市场经济的驱动，相关主体进行创作的主要目的在于获得职称晋升的资格，对其是否获得积极的版权保护并不在意。这就导致了中药科学作品的版权保护存在一定的局限性，对中药的市场化发展乃至中药科学研究的持续深入开展均产生了一定程度的负面影响。[4]

---

[1] 参见何京等：《从中药保护现状看我国的中药知识产权制度》，《国际中医中药杂志》2016年第6期。

[2] 参见米岚、田侃：《我国现行专利制度对中药保护的可行性分析》，《医药导报》2010年第1期。

[3] 参见贺骁勇、彭荣：《我国中药企业知识产权保护与发展战略研究》，《西北农林科技大学学报》2009年第4期。

[4] 参见陈广耀、邓少伟：《年销售额超亿元中药保护品种的现状分析》，《中国药事》2002年第6期。

第五章 中药的版权保护

（二）中药企业几乎不存在实质性的中药版权保护

由于中药作品的创作难以带来即时的经济效益和竞争能力提升，以及自身相关科学作品创作能力的缺乏，多数中药企业无法自主创作符合版权保护要求的作品，从而导致中药企业几乎不存在实质性的中药版权保护。[①] 虽然从理论上来讲，相关中药的说明书，以及包装上的设计和文字内容等，只要符合版权保护的独创性要求，也可以获得相应的版权保护。但是对于市场经济条件下的中药企业来说，为了让消费者能对相关中药产品的性能和作用等一目了然，一般采用较为规范的说明书格式，甚至直接采用官方《药典》[②] 上的说明，因此很难达到版权保护的独创性标准。即使存在少数符合独创性标准的中药说明书，由于其只是中药产品的附属，相关版权保护并不被相关中药企业重视。[③] 另外，对于药品包装上的设计和文字内容，与中药说明书类似，即使其符合版权保护的独创性要求，相关企业也更愿意采用更为熟悉和易于取证的反不正当竞争的方式维权，而不愿意采用更加复杂的版权保护方式维权。

[①] 参见刘丽英：《专利制度下的中药保护》，《电子知识产权》2004年第10期。
[②] 这里所指的《中华人民共和国药典》（简称《药典》）是2015年由中国医药科技出版社出版的辞典图书，是由国家药典委员会创作的。《药典》是药品研制、生产、经营、使用和监督管理等均应遵循的法定依据。所有国家药品标准应当符合中国药典凡例及附录的相关要求。
[③] 参见郭越、汤少梁：《专利保护视角下我国中药保护现状与对策探讨》，《中国卫生事业管理》2016年第7期。

二、中药版权消极保护的现状

《著作权法》规定了即使合理使用他人作品的情况下，也需要尊重作者包括署名权和修改权在内的精神权利。在已有作品基础上进行演绎形成的新的作品，必须尊重原作者的著作权。因此，在中药企业使用中药传统知识相关著作中的内容，尤其是其中的处方时，有义务标注相应的处方或者相关内容的来源。如在六味地黄丸的中药说明书中表述其处方时，按照著作权法的要求应当注明其来源于北宋钱乙所著《小儿药证直诀》[1]，从而通过六味地黄丸的广泛销售使消费者对其处方的悠久历史和相关著作形成清晰的印象。因此，中药版权的消极保护对中药的传承保护和促进中药的品牌形象建设有着一定的积极意义。[2] 然而，由于这种意义主要针对中药整体的传承和整体的产业发展而言，对单独的中药企业来说并不存在实质性的直接利益关系。因此，中药版权的消极保护并没有得到中药企业应有的重视，而且因为缺乏政府的积极推动，中药企业在当前也没有形成相应的中药版权消极保护的意识。有目的的中药版权消极保护尚未出现。[3] 如当前销售的几乎所有品牌的六味地黄丸，在其说明书中均没有对相关处方的来源进行标注，从而事实上使相关中

---

[1] 本书系采人阎孝忠整理名医钱乙的有关儿科著述而成，约成书于宋宣和年间（1119—1125），是现存很早的汉医儿科学著作，在儿科发展史上占有重要地位。

[2] 参见潘红、于金葵：《自主知识产权对我国中药保护的思考》，《中国医药导报》2006年第23期。

[3] 参见吴晶、李欣：《国外天然药物专利政策分析及对我国中药保护的启示》，《中草药》2010年第11期。

药版权得不到应有的消极保护。①

第三节　中药版权保护存在的主要问题

从中药版权保护的现状可以看出，当前中药版权保护存在的根本问题是包括中药企业在内的现代社会整体上对中药版权保护的严重忽视，从而导致无论中药版权的积极保护还是消极保护均处于非常薄弱的状态，不能有效发挥中药版权保护对于中药传承和现代化发展应有的促进作用。②

一、积极保护方面存在的问题

中药版权积极保护的前提是创作出符合《著作权法》规定的作品。由于中药自身的技术产品属性，中药作品的创作并不能给中药经营主体带来市场竞争力的明显提升，因此并没有受到包括经营主体在内的现代社会人们的重视，导致中药版权积极保护整体上非常薄弱。③

---

① 参见梅智胜等：《关于我国现行专利制度对中药保护的思考》，《中国中药杂志》2006 年第 18 期。
② 参见宋玮：《中药保护品种需要更有力的保护》，《中国中医药信息杂志》2000 年第 9 期。
③ 参见张冬：《中药知识产权国际化保护问题的实效方法论应用——以中美对中药保护最佳路径选择为视角》，《河北法学》2012 年第 1 期。

（一）中药企业中药科学作品极度缺乏

由于具备中药版权作品创作能力的主体主要集中在高校、医院和研究所等非市场经济性质的事业单位，而且因为职称评审以及业绩评定的需要，这些单位的相关主体也存在进行中药版权作品创作的必要激励，因此当前存在的中药版权作品的创作主要集中在这些非营利性质的事业单位。而作为市场经济主体的中药企业，则因为相关创作能力不足和缺乏必要的利益激励等原因，很少出现版权作品创作，导致中药科学作品的极度缺乏。① 由于中药版权保护促进中药产业现代化的价值，主要依靠提升中药市场经济主体亦即中药企业的市场竞争力得以实现，在中药企业科学作品极度缺乏的情况下，必然导致中药版权作品与市场经济之间的脱节，难以实现其促进中药产业现代化的功能。②

（二）中药版权保护缺乏必要的规划和投入

之所以出现中药版权作品极度缺乏的情况，关键在于相应的中药企业对中药版权保护缺乏必要的规划和投入。③ 几乎所有的中药企业均意识到商标权保护的重要性并将其纳入到企业发展规划，进行了一定程度的投入。不少中药企业尤其是大型中药企业均意识到中药技术创新的重要性，从而对专利权保护进行了大量投入。然而，对于中药版权保护，

---

① 参见国家药品监督管理局：《〈国家中药保护品种〉公告》，《中国药事》2001 年第 4 期。
② 参见华鹰：《中药专利保护的优势与专利法的完善》，《科技管理研究》2008 年第 7 期。
③ 参见华鹰：《中药知识产权的流失与保护策略》，《中国科技论坛》2008 年第 1 期。

由于看不到其可能对企业市场竞争力提升的明显作用，几乎所有的中药企业均缺乏对中药版权保护的必要规划和投入。如对中药版权的查询、分析、申请和维护方面缺乏投入，没有将中药版权保护纳入到企业的战略规划、市场营销计划，缺乏长期的、系统的规划和管理，缺乏针对侵权行为的监测和维权机制，与其他企业合作共同保护中药版权等措施也明显不足，从而使中药版权积极保护因为得不到企业的重视而处于极端薄弱状态。①

二、消极保护方面存在的问题

中药消极保护虽然能够在一定程度上促进中药传承，并为中药企业的品牌建设产生一定的辅助作用。但整体上来说，仍然因为中药消极保护作用的不确定性，没有受到人们的足够重视，从而处于缺乏制度性保护的状态。②

（一）缺乏有效的消极保护制度

虽然根据当前《著作权法》及相关法律，在利用中药传统知识进行相应的文字和图画等表达的过程中，需要标明所使用的中药技术尤其是处方和理论的出处。由于相关中药理论和处方的历史年代久远且

---

① 参见赵虹等：《知识产权保护视阈下我国中药专利研究现状及发展对策》，《科技管理研究》2021年第12期。
② 参见刘美娟：《我国中药材新品种保护与DUS测试指南研制现状》，《中国现代中药》2021年第9期。

进入公共知识领域已久，能够行使相关版权精神权利的只能是相关政府部门。① 然而，由于当前缺乏相应的制度性规定存在，相关政府部门并没有对中药传统知识的消极版权保护产生足够的重视，从而导致中药版权的消极保护始终处于理论状态，在实践上并没有得到真正落实。② 此外，由于中药传统知识的特殊性质，相关政府部门在对中药版权进行消极保护时存在两方面的挑战。一方面，中药传统知识常常是在民间流传和传承，难以确定权利归属，也难以在法律上保护权利人的利益；③ 另一方面，中药传统知识的保护涉及跨学科的专业知识，需要各个领域的专家共同合作，这对于政府部门的组织和调度能力提出了更高的要求。④

（二）不重视国际范围的版权消极保护

与国内的中药版权消极保护没有得到足够重视相对应，在国际范围内中药的版权消极保护同样没有得到应有的重视。⑤ 尤其是中国周

---

① 参见张韬：《中药知识产权行政保护与法律保护并存的影响》，《世界科学技术——中药现代化》2001年第2期。
② 参见地丽格娜·地里夏提、宋晓亭：《中药品种保护制度与药品试验数据保护制度比较研究——兼论中药品种保护制度的完善》，《贵州师范大学学报（社会科学版）》2022年第2期。
③ 参见袁志明、张永祥：《试析现行知识产权制度对我国中药的保护》，《世界科学技术——中药现代化》2003年第2期。
④ 参见张伟波：《中药专利保护的现状及其研究》，《世界科学技术——中药现代化》2001年第1期。
⑤ 参见吴小璐、肖诗鹰：《我国中药专利保护存在的误区及问题分析》，《中国中药杂志》2004年第6期。

边的很多国家,由于历史上受中华传统文化的影响,是中国之外中药传统知识的主要传播区域,典型的如日本、韩国、越南、马来西亚等。在中药产业现代化的过程中,这些国家充分利用中药传统知识,开发出不少中成药制品,并在国际市场上广泛销售,有的甚至返销到中国本土。然而,这些国家在使用相应的中药传统知识的过程中,在相关说明书和包装文字描述,以及其他介绍性的文字资料中,往往罔顾其技术来源,不标注相关处方和技术出处的中药经典著作的作者和名称,导致不明真相的很多外国消费者以为是那些国家的原创技术,对中药理论和中药产品的世界性传播,以及增强中药的国际市场竞争力,造成了很大的负面影响。[①]

第四节 以消极保护为主的中药版权保护体系的构建

中药版权的积极保护需要大量有分量的中药作品创作,而这种创作对中药企业自身的市场竞争力提升作用并不明显。中药版权的消极保护则能够对于促进中药传承保护,以及提升中药产业整体市场竞争力有着较为明显的效果。因此,在对中药实行版权保护的过程中,应当构建以消极保护为主的中药版权保护体系。

---

① 参见陈焕亮等:《中药资源保护的迫切性与对策》,《中药材》2002年第2期。

一、产学研合作为基础的中药科学作品创新机制

对于当前中药版权作品创作主要集中在非盈利性质的高校、医院和研究所，从而与市场经济相脱节难以起到对中药产业发展有效促进作用的问题，有必要通过构建产学研合作为基础的中药科学作品创新机制的方式予以解决。

（一）通过产学研合作弥补中药企业创新能力的不足

要解决中药企业在中药版权作品创新方面能力不足的问题，有必要通过中药企业与相关高校、医院和研究所互相合作的方式，使相关事业单位研究人员的中药版权作品创作直接同中药企业的实际版权保护需求相联系。一方面，中药企业可以通过与专业领域的研究机构建立密切合作关系，了解最新的中药知识和技术以及前沿的中药研究成果；另一方面，相关事业单位研究人员可以将中药专业知识和技术与实际的版权保护需求相结合，更好地创作中药版权作品。

（二）通过产学研横向合作项目推动中药版权保护

要实现作为产业主体的中药企业与作为中药作品创作主体的高校、医院和研究所之间在市场经济驱动下的有效合作，可以通过产学研横向合作项目的方式进行。一方面，中药企业根据自身发展的需要，对相应的中药版权保护进行科学规划，并将需要完成的版权作品任务列入到

相关规划之中，以横向项目的形式向相关研究单位发布；另一方面，高校、医院和研究所等研究单位在接到相关产学研横向合作项目之后，应当与中药企业积极协调，在真正了解相关版权作品需求的情况下进行相应的创作，完成相关项目要求的作品。通过这种横向项目合作的方式，中药企业解决了自身版权创作能力不足的问题，获得了能够促进自身市场竞争力提升需要的版权作品，而研究单位则获得了相关作品的研究成果，以及相应的项目经费和企业的实践经验，还为中药研究人员提供了更广阔的发展空间和更好的平台，使他们的研究成果有效转化为实际版权作品，实现了双方版权合作上的共赢。

二、披露技术来源为标准的中药消极版权保护制度

由于现代中药产业的技术来源几乎完全是相关中药经典著作和传统处方，因此披露技术来源能够促进广大消费者对于中药理论和传承的认知，从而增加大众对于中药的了解和接受程度，进而从整体上对中药传承和市场竞争力提升有利。因此，在中药消极版权保护制度的构建中，应当以披露技术来源为主要标准。

（一）乌苏里船歌版权维权案带来的启示

1962年，郭颂、汪云才、胡小石到乌苏里江流域的赫哲族聚居区进行采风，收集到了包括《想情郎》等在内的赫哲族民间曲调。在此基础上，郭颂、汪云才、胡小石共同创作完成了《乌苏里船歌》音乐作品。

北辰购物中心销售的刊载《乌苏里船歌》音乐作品的各类出版物上，署名方式均为"作曲：汪云才、郭颂"。四排赫哲族乡政府认为这种未注明《乌苏里船歌》为赫哲族民歌的行为构成侵权，并于2001年向北京市第二中级人民法院提起诉讼，要求郭颂、中央电视台以任何方式再使用《乌苏里船歌》时，应当注明"根据赫哲族民间曲调改编"。

乌苏里船歌版权维权案[①]之所以对当前中药版权保护具有重要的启示意义，在于乌苏里船歌与中药相同的传统知识属性。《乌苏里船歌》在发行和宣传的过程中不标注其作为赫哲族民歌的出处，会使人们误认为该歌曲属于原创歌曲，进而使对这一歌曲具有基础性贡献的赫哲族民歌得不到人们的正确认知，从根本上损害赫哲族民歌的传承和发展。通过这一维权案的判决，后续销售和宣传乌苏里船歌的过程中，必须标注根据赫哲族民间曲调改编。这种强制性的标注要求，必然大大提升赫哲族民歌在公众中的知名度，进而促进其传承保护和现代化利用。与此相类似，当前多数中药企业在使用相关中药经典著作和传统处方内容的过程中，不标注相关内容的出处和来源的行为，必然会在很大程度上损害公众对中药传统知识的认知，进而不利于其保护和传承，也不利于中药整体市场竞争力的提升。因此，有必要充分借鉴乌苏里船歌维权案中法院的判决，通过制度性规定要求相关市场主体在使用中药经典著作和传统处方内容的过程中，披露相关内容出处，亦即其使用的技术来源。通过披露技术来源为标准的中药版权消极保护，扩大中药传统知识的影响

---

① 这是我国《著作权法》颁布后首例民间文艺作品主张权利的诉讼。

力，进而提升中药的整体市场竞争力。

（二）披露技术来源为标准的中药消极版权保护制度的具体内容

正是因为披露技术来源对于中药消极版权保护的重要性，有必要通过在相关法律中进行明确规定的方式，确立披露技术来源为标准的中药消极版权保护制度。

1.规定中药经营者标注技术来源的义务

针对当前多数中药经营者在相关中药制品说明书和包装上不注明相关处方和技术出处的问题，有必要在相关法律中规定中药经营者标注技术来源的义务。首先，中药经营者在相关说明书和外包装，以及其他公开宣传文字资料等涉及到中药制品的内容中，应当履行标注技术来源的义务，在相关文字性描述的醒目位置注明相关中药处方和技术的出处，进而增强消费者对于中药传统知识的认知，增强消费者对于中药的了解和接受程度。其次，在规定经营者的披露义务的同时，还应当明确由哪些机构负责管理和监督中药传统知识的披露工作，例如国家中医药管理局、知识产权局等。再次，应当确定技术来源的认定标准，以确保披露的技术来源真实可信。相关认定标准可以包括历史文献、古籍、传统医书和传统处方等，同时也应考虑到传统中药知识的口口相传等非书面形式。最后，应当加强对中药传统知识技术来源相关资料和数据的管理和维护，定期更新和完善技术来源库，保护中药传统知识的完整性和稳定性。

2.通过双边协议和国际公约的方式推动国际范围的中药版权消极保护

对于国际上中药生产厂家存在的不标注相关中药制品技术来源的行

为，应当以双边协议和国际公约的方式予以有效遏制，通过与其他国家的合作，分享中药版权保护的相关经验和制度，推动国际范围内中药版权消极保护的规范化和标准化，在国际上增强对于中药版权的消极保护。一方面，应当根据版权的国际通行规则，与相关国家进行协商，进而签订相应的双边协议，确立中药传统知识保护和管理的国际法律框架和标准，敦促相关国家关注中药版权的消极保护，制定披露中药技术来源的相关制度性规范；另一方面，应当在国际范围内广泛宣传中药版权消极保护的重要性，建立中药传统知识保护和管理的国际信息交流平台，促进各国之间的信息共享和合作，在形成国际共识的基础上推动相应的国际公约的签订，使披露技术来源标准的中药版权消极保护成为世界范围内的统一规范。

第六章　中药的地理标志保护

根据商标法第十六条的规定，地理标志指的是标示某商品来源于某地区，该商品的特定质量、信誉或者其他特征，主要由该地区的自然因素或者人文因素所决定的标志。通过对地理标志的保护，可以使中药更好地在消费者群体中构建良好的商品质量声誉，进而有效提升市场竞争力。从本质上来讲，地理标志属于一种特殊形式的便于消费者对商品来源进行区分的商标。然而，由于地理标志相对于普通商标所具有的集体性和地域性，其对商品提供者能够产生的市场竞争优势往往覆盖同一地区的所有相关商品的提供者，因此相较于普通的商标权的保护，地理标志的保护对于相关商品提供者市场竞争力的提升具有更为明显的整体促进作用。

由于中药制剂对于植物药材的高度依赖，而植物药材的性能和质量往往同特定的地域水土气候等环境和加工工艺技术等密切相关，因此特定药材的地域性要求是中药文化的特色之一，并在长期的中药生产和适用实践中形成了与此相关的中药材质量的独特标准，并且最终成为具有良好市场口碑的为公众所熟知的地域性中药材。[①]典型的如"东北人参""宁夏枸杞""云南三七"等。正是因为中药药材品质同特殊地域的紧密联系，地理标志的保护对于中药产业的发展来说有着特殊的意义。另外，在中药的悠久历史发展中，还出现了特殊种类的中药在某一地域长期传承，进而形成了以该地域为核心的特殊生产工艺和优良性能质量的中药品种，典型的如"云南白药""东阿阿胶""沙溪凉茶"等中药。正是因为特殊中药材与固定地域在质量和性能，乃至文化和工艺上的稳定联系，以及中药历史发展过程中形成的具有地域性的特色中药品种的广泛存在，中药的地理标志保护同时具有自然禀赋和人文环境两方面的双重优势，对于提升中药的市场声誉和市场竞争力具有特殊重要的意义。

地理标志保护同商标权保护一样，本质上不同于以技术创新为前提的专利保护和以表达方式独创性为基础的版权保护，对传统知识属性的中药不仅不排斥，而且由于其重点关注具有特殊地域性人文特征的商品，较普通商标权保护更为符合具有强大文化底蕴的中药发展的要求。因此，实施中药地理标志产品保护制度，对于中药传承的保护，提高中药地理标志产品的附加值和在国外的知名度，增强中药产业国内国际两个市场的竞争力，促进中药地理标志产品的可持续发展，有着重要的现实和理论意义。以下即通过对地理标志保护的具体描述，对中药地理标志保护的现状及存在的问题进行具体的分析，并据此提出中药地理标志保护的完善性策略。

---

① 参见张雪梅、李祖伦：《道地药材的地理标志保护》，《时珍国医国药》2007年第9期。

第六章 中药的地理标志保护

第一节 地理标志及其保护

一、地理标志保护的概念界定

（一）地理标志的含义

地理标志，又称原产地标志（或名称），《与贸易有关的知识产权协定》（以下简称TRIPS协议）第22条第1款将其定义为：其标志出某商品来源于某成员地域内，或来源于该地域中的地区或某地方，该商品的特定质量、信誉或其他特征主要与该地理来源有关。我国现行《商标法》也增设了地理标志方面的规定，其中第16条第2款规定：前款所称地理标志是指标示某商品来源于某地区，该商品的特定质量、信誉或者其他特征，主要由该地区的自然因素或人文因素所决定的标志。从TRIPS协议和我国《商标法》可以看出，关于地理标志的定义基本上是相同的：地理标志是表明某一种商品来源于特定地域内，或此地理范围内的某一地区，并且该商品的特定品质、信誉或其他特征，主要与该地理来源相关联的标志。[1]

综上所述，地理标志是指标示某商品来源于某地区，该商品的特定质量、信誉或者其他特征，主要由该地区的自然因素或者人文因素所决

---

[1] 参见张玉敏：《我国地理标志法律保护的制度选择》，《知识产权》2005年第1期。

定的标志。其中,自然因素是指原产地的气候、土壤、水质、天然物种等;人文因素是指原产地特有的产品生产工艺、流程、配方等。

(二)地理标志保护

地理标志保护,即指根据法律获得地理标志的产品,国家依照相关法律对地理标志权利人所进行的保护。地理标志保护包括两方面的含义,一是积极的地理标志保护,即地理标志持有人依照法律规定在相关商品上使用地理标志的权利;二是消极的地理标志保护,即禁止不符合法律规定的商品使用地理标志。

地理标志是特定产品来源的标志。它可以是国家名称及不会引起误认的行政区划名称和地区、地域名称。根据《商标法》第十六条第一款的规定,商标中有地理标志或者与地理标志相同或者近似,而其指定使用商品并非来源于该标志所标示的地区,容易导致相关消费者混淆误认的,不得注册;但是,已经善意取得注册的继续有效。世界贸易组织知识产权协议《与贸易有关的知识产权协定》(简称 TRIPS)第二部分第三节则规定了成员对地理标志的保护义务。[①]

二、地理标志的基本特征

地理标志虽然本质上属于一种特殊形式的商标,但相对于普通商

---

① 参见冯寿波:《论地理标志的国际保护——以 TRIPS 协议为视角》,华东政法学院 2007 年博士学位论文,第 13 页。

标，地理标志有着其独有的特征，而这些独有特征也决定了其相对于普通商标权保护具有非常独特的促进市场主体竞争力提升的价值。具体来说，地理标志的基本特征包括以下几方面内容。

（一）地域性

知识产权都具有地域性，只有在一定地域范围内才受到保护，但地理标志的地域性则显得更为强烈，因为地理标志不仅存在国家对其实施保护的地域限制，而且其所有者同样受到地域的限制，只有商品来源地的生产者才能使用该地理标志。

（二）集团性

地理标志可由商品来源地所有的企业、个人共同使用，只要其生产的商品达到了地理标志所代表的产品的品质。因此在同一地区使用同一地理标志的主体不止一个，使得地理标志的所有者具有集团性。

（三）独特性

地理标志作为一种与一定地理区域相联系商业标记，其主要功能在于使消费者能区分来源于某地区的商品与来源于其他地区的同种商品，从而进行比较、挑选，以找到商品的价格与使用价值的最佳切合点，购买到自己想要的商品。

三、地理标志保护的相关法律规定

我国现行法律对地理标志保护并没有专门立法，与其相关的主要法律是《商标法》以及地理标志相关管理部门发布的行政规章。

（一）《商标法》及相关法律中的地理标志保护

现行《商标法》是当前对地理标志保护进行了明确规定的主要法律。相关条款主要包括规定地理标志可以作为集体商标或者证明商标进行注册的第三条，以及对地理标志商标进行专门规定的第十六条。《商标法》第十六条第一款规定了误导公众的地理标志不得注册和禁止使用以及在先善意注册有效的原则；第二款则对商标法中的地理标志进行了明确的定义。

中国地理标志

另外，我国作为《与贸易有关的知识产权保护协议》的参与者，相关地理标志保护的规定则主要表现在以下几方面：禁止以不当方式作产品名称、称谓使用；禁止以不当方式作产品说明使用；禁止以不正当竞争方式使用；禁止不当注册或撤销不当注册等。

（二）国家知识产权总局《地理标志产品保护规定》

为了加强对地理标志的管理，2005年6月7日，国家公布了《地理标

第六章　中药的地理标志保护

志产品保护规定》，于同年 7 月 15 日起施行。这一规定要求相关行政管理部门对符合条件的产品授予相应地理标志的使用权，并设置了相应的行政审查批准和监督管理程序。目前已有很多富有地域特色的产品获得此类地理标志的保护，

中国地理标志

如中药材中著名的东北人参、宁夏枸杞等均已获得地理标志产品保护。

（三）农业农村部《农产品地理标志管理办法》

我国于 2008 年开始施行《农产品地理标志管理办法》，规定符合条件的农产品可以申请地理标志登记，并且只有该农产品申请中规定范围内的企业和个人才能在其产品上使用该地理标志。并对农产品地理标志的使用范围、产品质量、原料品质和生产工艺等规定了行政审查与确认的具体程序。该办法施行后，农

农产品地理标志

业部 2014 年发布了《第一批农产品地理标志登记产品公告》，一共 47 种农产品获得农产品地理标志登记保护，其中包括广西都峤山铁皮石斛和湖北崇阳野桂花蜜等中药材。[①]2018 年发布了《第二批农产品地

---

① 参见郭斯伦、马韶青：《我国道地药材地理标志保护制度的不足与完善》，《国际中医中药杂志》2015 年第 10 期。

143

理标志登记产品公告》,"成安草莓"等73个产品获得农产品地理标志登记和保护,其中包括江西铜鼓黄精、湖北英山天麻等中药材。

第二节 中药地理标志保护的价值逻辑

由于地理标志保护对于中药传承和发展具有重要意义,中药地理标志保护得到了中药产业的高度重视,尤其是一些影响力较大的中药品牌企业,如"云南白药"即充分利用地理标志保护,促进了自身产品形象和市场竞争力的进一步提升。[①] 另外,诸多闻名中外的中药材原产地,也通过地理标志保护大大提升了相关中药材的市场声誉和市场竞争力。[②] 与此同时,对消费者来说,对相关中药产品实行地理标志保护,不仅使其能够更便捷地知悉所标示的中药产品的真实原产地,而且通过中药地理标志持有人对相关产品的质量监控和宣传推广,获得了更加有质量和性能保证的中药产品。[③] 具体来说,中药地理标志保护的价值逻辑主要体现在以下几方面:

---

① 参见董作军、黄文龙:《建立中草药地理标志保护制度的思考》,《中国新药杂志》2009年第6期。
② 参见孙志国等:《四川省道地药材类国家地理标志产品的保护分析》,《西南农业学报》2010年第23期。
③ 参见陈贤春、官坤祥:《"道地药材"的知识产权保护》,《中医药信息》2003年第6期。

第六章　中药的地理标志保护

一、地理标志保护对中药来源的区分价值

地理标志保护存在的前提，是相关商品同特定地域存在的密切联系。因此，地理标志同普通商标一样，具有较强的对中药进行区分的作用。按照《商标法》第十六条对地理标志的规定，禁止使用具有欺骗性的地理标志。因此，地理标志保护下的中药产品，相关生产经营者获得了对地理标志的垄断使用权利，利用地理标志可以直接将相关中药产品同其他类似产品的来源进行区分。由于地理标志所具有的这种产地区分的作用，相关持有人可以通过市场宣传，强化地理标志产品同相关地域自然和人文环境相联系的特殊质量、工艺，以及文化之间的联系，从而有效增强相关中药产品的市场声誉，并形成与同类产品相比较的差异性竞争优势，进而有效促进相应中药的发展。[1]

二、地理标志保护对相应中药质量的保证价值

为了保证地理标志产品与特定的质量和性能，以及文化之间的联系，从而使地理标志产品真正成为优质优价的高附加值产品，相关地理标志行政管理机构以及经营者对地理标志产品规定了严格的申请条件和质量控制标准。[2] 另外，为了保证地理标志产品质量和性能等独

---

[1] 参见张建平、周宇升：《从"浙八味"谈道地药材的地理标志保护问题》，《中国药房》2008年第24期。

[2] 参见孙志国等：《党参道地药材资源的国家地理标志产品保护》，《中草药》2010年第2期。

有特征的稳定性，相关管理机构还会对其进行定期不定期的检查监督。[①]因此，中药地理标志并不仅仅作为相关中药的原产地标识，同时也是相关地域经营者整体对地理标志中药产品的质量保证。中药地理标志产品的持有群体，必然会根据法律的规定和市场竞争的需要，尽可能规范相关中药产品的种植加工技术，制定严格的产品质量标准，以保证地理标志中药产品形成稳定的与特定地域相联系的性能和质量。[②]因此，在地理标志保护下，相关中药质量必然会得到更为规范和严格的保证，从而使中药地理标志产品的优点和特色进一步巩固和发展。[③]

三、地理标志保护对相应中药产品的宣传价值

地理标志保护的取得必须经过一系列严格的认证和评审过程，能够取得地理标志保护表明相应产品获得了地理标志管理部门的官方认可，具有相当大的权威性，从而对相应中药产品有着一定的宣传作用和广告效应。对于国内市场总量非常大的中药行业来说，地理标志保护的宣传作用对相关持有人经济效益提升的促进作用是非

[①] 参见张伟：《发挥国家地理标志保护作用打造湘湖"质量名片"》，《湖南农业科学》2011年第22期。

[②] 参见孙志国等：《武陵山区药材的地理标志与非物质文化遗产》，《中医药导报》2012年第8期。

[③] 参见贵州省知识产权局：《贵州省中药知识产权保护现状与对策》，《世界科学技术——中医药现代化》2005年第2期。

常明显的。中药地理标志保护不仅可以增加消费者对相关中药产品质量的信任，直接提高其市场信誉，促进销售量的增加，而且使消费者能接受较类似产品更高的价格，从而促进相关中药企业经济效益的进一步提升。

四、地理标志保护对中药文化传承的保护价值

地理标志产品往往同相应的文化传承属性相联系，受地理标志保护的中药产品一般都经过了悠久历史的长期考验，其所具有的不同于其他类似产品的质量特色本身即为中药文化传承的结晶，在某种意义上，受地理标志保护的中药之所以具有其独特的质量，就是因为具有相应的独特中药文化传承。[1] 因此，为了保持和强化人们对于中药地理标志产品形成的稳定文化传承印象，中药地理标志持有主体必然采用有效措施保护中药产品相关的文化特征，从而有利于相关中药的文化传承，并使相关文化属性发扬光大。[2]

总之，通过地理标志保护，不仅可以增强相关中药的市场区分性，进而建立相应的差异性竞争优势，而且对其质量稳定有着良好的保障和促进作用，并能够在公众中扩大相关地理标志中药产品的影响力，促进相关中药良好市场声誉的形成。而且，由于中药地理标志产品往往对应

---

[1] 参见岳鸿缘：《中药地理标志保护研究》，吉林大学2011年博士学位论文，第109页。
[2] 参见董作军、黄文龙：《建立中草药地理标志保护制度的思考》，《中国新药杂志》2009年第6期。

着相应的中药文化，能够起到很好的保护中药文化传承的作用。[1] 因此，大力推进中药的地理标志保护，可以充分实现地理标志保护对中药产业发展所具有的一系列价值，进而有效促进中药传承保护和现代化发展的实现。[2]

第三节 中药地理标志保护存在的主要问题

在地理标志保护下，很多中药产品获得了非常可观的经济效益，如"长白山人参""宁夏枸杞"等有名的中药品种，近年来因为地理标志保护的促进作用，无论在价格还是质量上都较获得地理标志保护之前有了很大的进步。[3] 如"长白山人参"，近年来其在网络购物平台的销售价格，始终稳定在100—300元的较高区间，而且由于质量稳定而一直供不应求，为相关经营者带来了良好的经济效益。[4] 中药地理标志保护伴随着的巨大经济利益，使其受到人们的日益关注，受地理标志保护的中药产品的范围不断扩大。然而，在中药地理标志保护受到广泛关注的同时，

---

[1] 参见孙志国等：《江西国家地理标志产品的保护分析》，《江西农业学报》2009年第10期。
[2] 参见宋晓亭：《地理标志制度保护道地药材有利也有弊》，《世界科学技术——中医药现代化》2013年第2期。
[3] 参见孙志国等：《山药类国家地理标志产品的保护与发展对策》，《山东农业科学》2010年第2期。
[4] 参见瞿飞等：《金银花道地药材的地理标志保护研究》，《山东农业科学》2012年第2期。

其依然存在以下一系列不利于中药产业现代化发展的问题。[1]

一、获得地理标志保护的中药产品过少

根据中国地理标志网公布的数据，截至2020年底，国家知识产权局累计批准地理标志产品2391个，核准专用标志使用企业9479家，累计注册地理标志商标6085件。其中仅2020年，即核准使用地理标志专用标志企业1052家，核准注册地理标志商标765件。[2]然而，对于中国幅员广阔的地域来说，几乎每一个县级行政区域都有不少其特有的农业土特产，6000余种的数量远不能反映中国具有地域特色的诸多农业土特产的全貌。作为地理标志保护对象之一的中药同样面临着获得授权产品数量过少的问题。首先，中国开展地理标志保护的时间不长，近年来地理标志保护的重要性才逐渐为中药产业所认识，很多富有地域特色的中药产品经营者尚没有地理标志保护的意识，如广州市有名的凉茶品牌"沙溪凉茶"，就只申请了商标保护，而没有进一步申请地理标志保护。[3]其次，因为地理标志保护大规模开展时间不长，还有相当部分富有地方特色的中药产品仍处于地理标志保护的申请和认证阶段，没有被正式纳入地理标志保

---

[1] 参见张建平、周宇升：《从"浙八味"谈道地药材的地理标志保护问题》，《中国药房》2008年第24期。
[2] 参见地理标志网，资料来源：http://www.zgdlbz.com/NewsView.asp?ID=2405&SortID=10&PID=1。
[3] 参见金安琪：《道地药材的保护模式探究——以地理标志产品保护模式为例》，《中国中药杂志》2019年第3期。

护名单。① 最后，很多与特定地域紧密相联的特色中药，尤其是很多民族药物，都位于经济和交通不发达的地区。由于相应中药的市场化率不高，当地企业和政府部门缺乏足够的意识和经济力量进行相应的地理标志保护的申请和认证，导致获得地理标志保护的中药产品过少。②

二、地理标志保护产品质量参差不齐

地理标志保护之所以能促进具有地域特色的中药产品的保护和发展，根本原因在于相应的中药产品具有其他类似产品所没有的质量特色。③ 多数获得相应地理标志保护的中药持有人，都会珍惜这来之不易的权利，采取严格的监管措施保证相应中药产品的质量，以使其在地理标志保护的基础上发扬光大。④ 然而，一些中药产品在取得地理标志保护之后，出于急功近利的目的，其持有人不顾对相应地理标志可能带来的损害，在很多质量低劣，达不到地理标志保护标准的产品上使用相应地理标志，利用消费者对地理标志保护的信任，牟取不正当的利益。⑤ 这种滥用地理标志保护权利的行为，必然导致地理标志保护产品质量上

---

① 参见孙志国等：《道地药材咸丰白术的国家地理标志产品保护分析》，《时珍国医国药》2010年第10期。
② 参见瞿飞等：《地道粉葛的地理标志知识产权保护的思考》，《江西农业学报》2011年第10期。
③ 参见张雪梅、李祖伦：《道地药材的地理标志保护》，《时珍国医国药》2007年第9期。
④ 参见孙志国等：《甘肃国家地理标志产品的保护现状与发展对策》，《科学·经济·社会》2010年第3期。
⑤ 参见郭斯伦、马韶青：《我国道地药材地理标志保护制度的不足与完善》，《国际中医中药杂志》2015年第10期。

第六章　中药的地理标志保护

的参差不齐，从根本上损害地理标志保护的权威，从而导致地理标志保护起不到应有的作用。①

三、地理标志保护的国际化程度不够

通过地理标志对包括中药在内的具有地域特色的涉农产品进行保护，是目前国际上通行的做法。如原产于法国香槟地区的香槟酒，在20世纪的中国，其几乎成为低度气泡酒的通称。然而，在中国加入WTO之后，香槟行业协会即根据TRIPS协议的规定，要求中国履行将"香槟"作为地理标志保护的义务。2013年5月，中国政府正式承认"香槟"作为专用地理标志的独占使用权利。②然而，中药地理标志保护在国际化方面同发达国家相比，仍然存在较大的差距。③尤其是"中药"本身作为同中国这一地域和文化紧密相连的产品通称，由于中国政府没有将其纳入地理标志保护，目前被很多国外生产的同中国毫无关联的植物药广泛使用，对"中药"的声誉造成了相当程度的损害。④

---

① 参见万仁甫等：《建立中药知识产权三维保护体系的构想》，《江苏中医药》2006年第9期。
② 参见黄礼彬：《试论强化我国地理标志的法律保护——以法国香槟酒行业委员会与商标评审委员会商标争议纠纷为引》，《价值工程》2014年第16期。
③ 参见王笑冰、林秀芹：《中国与欧盟地理标志保护比较研究——以中欧地理标志合作协定谈判为视角》，《厦门大学学报（哲学社会科学版）》2012年第3期。
④ 参见陈朝晖：《论将"中医""中药"申请为地理标志加以保护的可行性》，《中国医药技术经济与管理》2009年第7期。

第四节　中药地理标志保护的完善策略

从中药地理标志保护的问题分析可以看出，中药地理标志保护的重要性虽然已经得到包括中药企业和公众在内的广泛关注，并且在具体实践中取得了长足的发展，并在很大程度上推动了相关中药产品市场竞争力的提升。然而，由于地理标志保护实施的时间不长，很多中药企业仍然没有形成较强的地理标志保护意识，从而导致中药地理标志保护存在绝对数量过少、质量参差不齐以及国际化程度不够等问题。即使是中药产业比较发达的广州市，至今仍然没有真正意义上的地理标志保护中药产品。一些符合地理标志保护要求的中药产品，如"沙溪凉茶"等，虽然已经申请了商标保护，但并没有将其进一步申请地理标志保护。正是因为地理标志保护对于中药传承保护和产业发展所具有的特殊价值，有必要针对当前存在的中药地理标志保护的不足，采取有效的针对性措施予以解决。

一、成立中药地理标志保护促进的专门机构

要改变当前中药地理标志保护绝对数量过少的整体薄弱状态，有必要成立专门的中药地理标志保护促进机构。

（一）成立中药地理标志保护促进专门机构的必要性

之所以出现诸多符合地理标志保护的中药没有获得地理标志保护的状况，关键原因是对中药地理标志保护缺乏必要的宣传和具体的规划，以及必要的激励机制，而成立中药地理标志保护促进的专门机构则能够较好地解决这一问题。一方面，中药地理标志保护专门机构的存在，可以在其职责范围内对中药实行地理标志保护的重要性进行充分宣传，增强中药企业主体对于地理标志保护重要性的认知；另一方面，中药地理标志保护促进专门机构的存在，能够对现有中药获得地理标志保护的可能性进行充分调查，并在此基础上进行获得相应中药地理标志保护的科学规划，同时制定奖惩机制对积极参与中药地理标志保护申请的企业进行有效激励，如对积极参与的企业减免管理费用，赋予更多的表决权等。

（二）相关专门机构的具体职责

为了充分发挥中药地理标志保护促进机构的作用，可以根据地理标志申请的要求，由区域内中药行业协会组织。在没有中药行业协会的地方，也可以由地方政府设立相应的中药地理标志保护促进办公室的方式予以实现。具体来说，相关专门机构的具体职责应当包括以下几方面内容。

首先，负责通过各种宣传渠道，包括通过传统广播电视和报纸等渠道投放广告，在网络上设置专门的宣传网站和公众号以及直接走访中药企业、组织培训班等方式进行中药地理标志重要性和相关知识的宣传。

其次，负责对区域内中药地理标志保护可能性的调查和规划。通过对区域内存在的中药品种和中药企业的普遍调查，寻找可能获得中药地理标志保护的中药品种，并在充分获取相关经营主体的资料和意见的基础上，进行中药地理标志申请的可行性论证和详细的中药地理标志保护的规划。

最后，制定并负责实施相应的中药地理标志保护的管理程序和质量标准。包括使用地理标志的中药企业的资格、使用相关地理标志必须执行的质量标准，以及对相关中药企业使用地理标志情况的检查督促制度和奖惩制度等。

二、优化中药企业的地理标志保护策略

中药企业是地理标志保护的直接受益者，对于促进地理标志保护整体数量的增加以及保证地理标志产品的质量稳定有着直接的责任。因此，优化中药企业的地理标志保护策略，对于中药地理标志保护的推进有着关键性的重要意义。具体来说，中药企业的地理标志保护策略应当包括以下主要方面。

（一）积极申请地理标志产品

对于经营的中药品种有可能获得地理标志保护的企业，应当积极联络区域内的其他相关中药企业形成地理标志保护的共识，并在此基础上

第六章 中药的地理标志保护

积极申请地理标志产品。具体来说，中药企业应当对所经营的中药品种与所在地域之间存在的特定联系，包括自然条件和人文条件方面的联系进行深入分析，发现符合地理标志保护的特色品种，并在此基础上争取相关政府部门或者行业协会牵头与区域内同样符合条件的中药企业进行协商，共同申请相应的中药地理标志产品。

（二）制定严格的地理标志产品质量控制标准

对于拟申请地理标志保护的产品或者已经获得地理标志保护的产品，相关中药企业应当以地理标志保护包含的文化、性能和质量等特征为导向，制定严格的地理标志产品质量控制标准。通过保证相关地理标志产品特征的稳定性，在有效保护相应中药传承的基础上，形成良好的市场声誉和差异化竞争优势。

（三）纳入整体企业品牌战略

为了充分发挥地理标志保护对于企业市场竞争力的促进作用，有必要将地理标志保护纳入企业整体品牌战略。一方面，通过企业品牌战略的要求加强对中药品种地理标志属性的宣传，使消费者充分了解相关中药品种的地理标志产品属性，从而树立良好的市场品牌形象；另一方面，通过中药地理标志保护的充分实现，推进品牌的市场差异化竞争战略的实施，以中药地理标志在消费者群体中的良好市场形象保证品牌战略目标的顺利达成。

三、积极实施中药地理标志的国际化

要充分实现中药的市场化和现代化,即必须使中药走向世界,使其不仅能为中国人民的生命健康保障作出贡献,而且还能够为人类整体的生命健康保障发挥应有的促进功能。然而,中药走向世界,即必然面对国际上更为激烈的市场竞争。为了有效提升中药的国际市场竞争力,积极推进中药地理标志的国际化是中药产业的必然选择。具体来说,相应的中药地理标志国际化措施主要包括以下几个方面。

(一)充分利用国际公约促进中药地理标志的国际化

由于TRIPS协议等国际公约对于地理标志保护的相关规定,很多国际上有名的地理标志产品如香槟酒等均在我国获得了充分的地理标志保护。因此,我国也有必要借鉴这些地理标志保护国际化的经验,对于在国际中药市场上占有相当份额的中药地理标志产品,如"云南白药""东阿阿胶"等,利用国家的力量,要求成员国按照公约规定对其进行有效的地理标志保护,充分利用国际公约促进中药地理标志的国际化。尤其对于中药本身,在可能的情况下应当积极争取相关公约的成员国形成其作为地理标志的共识,有效防止原产地根本不在中国的植物药品种,同样使用"中药"的称谓在国际市场上销售。

(二)在中药主要出口对象国积极申请地理标志商标

虽然按照国际法的一般原则,民事领域的国际公约优先于内国法适

第六章　中药的地理标志保护

用，但事实上，国际公约规定转化为国内保护一般需要通过相应的国内法转换才能得到充分实现，直接通过国际公约促进中药地理标志的国际化经常存在可操作性不强的问题。因此，有必要在中药主要出口对象国积极申请地理标志商标的方式，使中药地理标志直接获得出口对象国的国内法保护，从而有效实现中药地理标志保护的国际化转换。

（三）对中药地理标志维权实行政府支持和补贴

中药地理标志的国际化进程中，往往伴随着侵权行为所在地国家的维权行为。然而，由于国际维权面临的远高于国内同类维权的成本以及很多相关中药企业或者行业协会缺乏必要的国际维权能力，往往会导致被侵权的中药企业和行业协会放弃必要的维权行为，致使中药地理标志被侵权得不到有效的救济，极端情况下甚至会导致相应的中药地理标志国际保护名存实亡。因此，有必要通过对中药地理标志维权实行政府支持和补贴的方式，降低相关地理标志持有主体国际维权的成本，增强持有主体对地理标志中药进行国际维权的能力，在保护持有主体正当权益的基础上有效打击相应的国际侵权行为。

（四）与道地药材保护密切配合

根据 2017 年《中医药法》第二十三条第一款的规定，国家对道地中药材实行特殊保护。第二款规定，道地中药材，是指经过中医临床长期应用优选出来的，产在特定地域，与其他地区所产同种中药材相比，品质和疗效更好，且质量稳定，具有较高知名度的中药材。因此，道地中药材的保护实际上与中药材的地理标志保护存在高度重合，即两者均与特定地域相联系。因此，在中药材的地理标志保护过程中，还应当尽可能使其获得道地药材的保护，反之亦然。只有实现中药材地理标志保护与道地药材特别保护两者之间的密切配合，才能有效整合两者所具有的保护资源，更好地促进我国相关中药材市场竞争力的提升。

第七章 中药的商业秘密保护

　　商业秘密保护，是一种远早于现代知识产权保护的传统权利保护方式，并在现代社会得到了有效的发展和完善。由于商业秘密保护并不对保护客体具有创新性方面的要求，因此也不存在与中药的传统知识属性相悖的问题。事实上，在中药长达数千年的漫长历史发展过程中，商业秘密保护是中药对自身技术和管理创新进行保护的主要方式。诸多中药"祖传秘方"，实际上就是中药通过商业秘密保护流传至今的重要成果。进入现代社会之后，虽然以专利为主的现代知识产权保护方式大行其道，但由于中药传统知识属性与专利权保护的创新性要求存在的较大差异，使具有专利权保护所没有的其他独特优势，而且不排斥中药传统知识属性的商业秘密保护成为了保护中药传统知识持有人乃至中药创新发明人合法权益的主要手段。然而，由于中药商业秘密保护所具有的价值在较长时期并未得到应有的重视，近现代以来，不仅在国内中药商业秘密被非法泄露的事情频频发生，而且由于其他国家对中药传统知识的觊觎和掠夺，很多中药商业秘密被海外企业盗取并无偿使用。典型的如日本汉方药，即在中国中药古文献和中药产品进行研究的基础上，通过对中国中药商业秘密的肆意剽窃，并在此基础上进行改良，一度占领了国际中药市场的绝大部分份额，使相关中药传统知识的持有人乃至中药产业整体蒙受了重大损失。[①]

因此，商业秘密保护对于中药传承和发展来说，既有着其他知识产权保护所没有的独特价值，也由于自身所具有的缺陷，产生了一系列不利于中药传承与发展的问题。以下即通过对中药商业秘密保护的具体分析，指出在具体实践中中药商业秘密保护存在的主要问题，并以中药传承和发展为导向，提出相应的中药商业秘密保护的完善建议。

第一节　中药商业秘密保护概述

从本质上来讲，中药商业秘密保护属于商业秘密保护在中药领域的具体体现，中药商业秘密的概念和特征，也直接来源于商业秘密本身。然而，由于中药相对于其他领域所具有的特殊性，决定了中药商业秘密保护在概念和特征上，有着普通商业秘密保护所没有的独特性。

[①] 参见冯国忠、罗赛男：《从日本汉方药的成功看我国中药产业的发展》，《中国药房》2006年第20期。

第七章 中药的商业秘密保护

一、中药商业秘密的概念与特点

（一）商业秘密的概念和特征

根据我国《反不正当竞争法》，商业秘密是指不为公众所知悉，能为权利人带来经济利益，具有实用性并经权利人采取保密措施的技术信息和经营信息。根据《反不正当竞争法》及相关法律规定，要符合法律保护的条件，相关商业秘密应当具备以下特征[1]：第一，秘密性，即不为公众所知悉，没有被公开；第二，实用价值，能够为其发明人带来实际或者潜在的经济利益和竞争优势；第三，采取了必要的有效保密措施，保证商业秘密在正常情况下不被泄露。

（二）中药商业秘密的概念和特征

作为商业秘密的一种，中药商业秘密的概念可以表述为：在中药领域中，没有为公众知悉，并能够为持有人带来经济利益，具有实用性，并被持有人采取了必要的保密措施的中药处方，及与其相关的生产工艺和技术等。具体来说，中药商业秘密的保护对象可以包括中药配方、秘方、生产和加工工艺、药材培植技术、养殖技术、饮片加工技术、炮制技术等与中药相关的未被公众知悉的技术秘密。[2]对于中药商业秘密来说，除了一般商业秘密所具有的秘密性、实用性和保密性三大特征之外，还具有自身的独有特征。主要包括以下三方面：一是历史传承性，多数商

---

[1] 参见张向群：《浅谈商业秘密的法律保护问题》，《当代法学》2003年第1期。
[2] 参见丁晓玥等：《中药企业的商业秘密保护研究》，《齐鲁药事》2012年第5期。

业秘密并不是由持有人通过技术创新而获得，而是具有世代传承的特征，"祖传秘方"即为这一特征的最好诠释。二是难以模仿性，即使相关中药商业秘密相关的产品已经在市场上广泛传播，其他竞争者也难以通过对相关中药产品的逆向工程的方式进行解析和模仿，从而保证了相关商业秘密保护的长久有效性。三是具有较大的药用价值。多数中药商业秘密的传承均经历了长久的历史考验，只有没有被淘汰，有着较大药用价值的中药商业秘密才能够被传承并以商业秘密的形式留存到现代社会。因此，中药商业秘密一般均具有较大的药用价值，具有明显的保障人民生命健康的功能。其中"云南白药"即为此类中药商业秘密中的佼佼者。

二、中药商业秘密权的知识产权属性

虽然商业秘密保护并不存在如专利权保护、商标权保护、版权保护的专门单项法律制度，但其之所以被公认为现代知识产权体系的重要组成部分，是因为商业秘密保护具有现代知识产权保护的主要特征。作为特殊形式的商业秘密保护，中药商业秘密权同样具有相应的现代知识产权属性。具体来说，中药商业秘密权的知识产权属性主要表现在以下方面。

（一）中药商业秘密权客体的无形性

中药商业秘密权的保护客体并不是中药产品或相关设施和场地等有形财产，而是被采取了保密措施不被公众知悉的能够为持有人带来经济利益的中药处方和技术工艺等，因此中药商业秘密的客体具有现代知识产权客体所具有的无形性。由于现代知识产权所保护的对象包罗万象，一般认为无形性是现代知识产权保护的最本质的特征。中药商业秘密权作为现代知识产权的一种，同样具有明显的无形性特征。

中药商业秘密权所保护的对象多数同中药专利权所保护的对象重合，均为中药发展过程中所产生的人类的智力劳动成果。其中商业秘密权的保护对象是技术和管理成果，而专利是技术创新成果。然而，无论是作为商业秘密的技术和管理成果，还是专利的技术创新成果，两者均具有相同的无形性特征。另外，中药商业秘密权的保护对象虽然包括所有符合商业秘密相关法定要求的中药技术，而中药专利权保护的对象仅包括具有创新性的中药技术，但这并不意味着中药商业秘密因为不具有技术上的创新性而较中药专利技术的技术含量更小或价值更低。事实上，能够经历长久的历史考验而形成的属于中药商业秘密范畴的技术，往往比一般的中药专利技术具有更高的技术含量和更大的实用价值。[①]不然早在漫长的历史传承中被淘汰或模仿。

（二）中药商业秘密权具有专有性

"专有性"亦即排他性，是知识产权作为财产性权利与所有权共同具有的特征。正是因为中药商业秘密的专有性，任何其他人没有得到持有人的许可不允许使用相关商业秘密，即使其通过合法的手段如技术合作获知了相应的商业秘密。典型的如云南白药的配方，作为商业秘密，

---

① 参见唐蕾：《论我国中药研究开发中的商业秘密保护》，中山大学2009年博士学位论文，第68页。

其持有人具有独家使用这一配方并生产云南白药的专有权利，任何其他主体都不得擅自获取或者使用这一配方。然而，对于很多中药商业秘密来说，由于历史传承的原因，其持有主体可能属于复数主体，所有持有主体均具有相关商业秘密的使用权，从而使单个持有主体不能获得相关中药商业秘密的专有权。而且由于持有主体的复数性质，某一个持有主体对相关中药商业秘密的合法公开，即可能导致相关商业秘密的失效。

（三）中药商业秘密权的地域性

中药商业秘密权只有在相关法律对其予以明确规定的情况下才存在。传统上的中药商业秘密保护并不存在现代法律意义的商业秘密权。中药商业秘密权是否存在有赖于相关地域是否具有对商业秘密进行保护的法律规定。我国当前的中药商业秘密权的存在，是因为《反不正当竞争法》及相关法律的规定。而且，不同的国家对商业秘密权的规定也存在较大的差异。因此，中药商业秘密权具有同专利权、商标权、版权等现代知识产权相同的地域性特征。

（四）商业秘密权的时间性

现代知识产权的主要特征之一，是多数知识产权如专利权、版权等所具有的保护期限的法定时间性。[1] 从理论上来讲，并没有法律对商业秘密权的期限进行具体的规定，从而可以实现永久性保护。然而事实

---

[1] 参见程啸：《知识产权法若干基本问题之反思》，《中国人民大学学报》2001年第1期。

上，中药商业秘密权仍然具有典型的时间性特征，即其获得保护的时间是有限的。一方面，中药商业秘密权保护依赖于相关秘密没有被公众知悉，但在中药商业秘密存在的过程中，其他主体为了获得相关商业秘密的经济价值，必然采用逆向工程和重复研发等手段，并以直接公开或申请专利权等方式为公众知悉，进而使其不再成为商业秘密，商业秘密权自然失效。另一方面，中药商业秘密的商业价值，往往具有特定的生命周期，在其满足特定社会需求的作用丧失或者被更新更好的技术所替代的情况下，必然导致其商业价值的丧失，同样会使其不再能作为商业秘密并受到法律的保护。

三、中药商业秘密保护的特点

与专利权保护等知识产权保护相比，中药商业秘密保护有着自身独有的特征，这些特征决定了中药商业秘密具有不同于专利权保护等其他知识产权保护的独特价值。具体来说，中药商业秘密保护的特点主要包括以下部分内容。

（一）保护产生的自动性

与专利权和商标权保护等需要向相关行政管理机关申请并得到授权才能产生不同，商业秘密保护与版权保护一样，只需要其符合法律规定的条件，即可以自动产生。根据《反不正当竞争法》及相关法律的规定，只要相应的中药技术具有秘密性、经济实用性、且权利人采取了保密措施予以保护,即构成商业秘密并受到法律规定的商业秘密保护。商业秘密保护的自动性意味着持有人只需要按照法律规定对相关中药技术采取保密措施,而不需要额外的申请授权程序,从而大大降低了商业秘密保护产生的成本,成为很多对知识产权保护的成本较为敏感的中小中药经营者的最优选择。

(二)保护内容的非公开性

与专利权保护以公开相应的技术创新换取一定期限的专有权利不同,商业秘密专有权的获得,并不以相关技术的公开为前提,而是必须以相关技术没有被公开,亦即不被公众知悉为构成要件。因此,保护内容的非公开性是中药商业秘密保护的另一重要特征。正是因为中药商业秘密保护的非公开性,与很多中药传承不能公开的要求存在高度一致。比如对于很多中药复方来说,配方组成和加工炮制方法等技术秘密信息往往是决定其功效的关键,获得专利权就意味着公开这些技术方案。因此,只有中药商业秘密保护才能使竞争对手难以获得相应的中药配方,进而保持持有人自身独特的中药技术优势。对于很多具有较高价值的中药传承知识保护,商业秘密的非公开性就显得尤为重要。

(三)保护期限的不确定性

《反不正当竞争法》及相关法律并没有规定商业秘密的保护期限。从理论上来讲,只要相关中药技术能够一直符合法律规定的商业秘密保护的相关要求,即能够获得无限期的商业秘密保护。然而,在具体实践中，由于逆向工程、重复研发以及持有人自身放弃等原因的存在，商业秘密的实际保护期限具有典型的不确定性。一般来说，对于具有持久生命力的中药商业秘密，只要持有人能够持续采取良好的保密措施，相关保护期限即可能很长，如云南白药对相关配方采取的商业秘密保护方式已经有一百多年历史，至今依然作为中药商业秘密而持续存在。[①]

第二节 中药商业秘密和专利权保护的比较

中药商业秘密和专利权保护的主要对象均为相应的中药技术，而且两者同时作为现代知识产权保护的重要组成部分而存在。然而，两者在法律构成要件上存在根本的区别，从而不存在某一特定技术同时获得两者保护的可能性。首先，商业秘密要求技术的非公开性，而专利权保护则要求以公开为条件才能获得相应的专有权利；其次，商业秘密不要求技术的创新性，专利权则要求必须为非现有技术的技术创新；最后，商业秘密具有保密措施要求，而专利权只要国家授权即可。因此，相关中药技术的持有人经常会面对在两者之间进行取舍选择的问题，从而有必要对中药商业秘密和专利权保护两者各自的优劣进行详细的比较。

[①] 参见余美琼：《云南白药的现代药理作用及其临床新用途》，《中国民族民间医药杂志》2009年第9期。

一、中药商业秘密保护相对于专利权保护的优势

部分学者认为，作为现代知识产权代表的专利权保护相对于具有浓厚传统色彩的商业秘密保护而言，对权利人的保护更为全面，力度更大。因此，对于理性经济人来说，在能够选择专利权保护的情况下，一般不会选择商业秘密保护。对于中药知识产权保护来说，相关持有人必然会将具有较高技术水平且市场价值较大的相关中药技术优先申请专利，从而使以商业秘密保护的中药技术呈现出技术含量低，市场价值不大等特征。[①] 然而，这些观点与现实中中药经营者的选择存在较大的出入。最典型的例子是作为中国最有价值中药品牌企业的"云南白药"，即主要采取的商业秘密保护而不是专利权保护，而"云南白药"无论从技术含量还是从市场价值来看，绝对都属于中药技术中的佼佼者。因此，很多中药商业秘密的权利人采取了商业秘密的方式保护相关中药技术，并不是受保护的中药技术的技术含量低或者市场价值低，而是因为商业秘密保护能够为中药技术持有人提供相较于专利权保护的更优选择。而且在特定情况下，由于相关中药技术难以达到专利权保护的要求，商业秘密保护甚至成为相关中药技术获得保护的唯一选择。[②] 以下即从中药商业秘密存在的三种情况，分析商业秘密保护相对于专利权保护所具有的相关优势。

[①] 参见金泉源、黄泰康：《中药现代化进程中知识产权问题的研究》，《植物学报》2004年第1期。

[②] 参见岳晨妍等：《中药专利权保护与商业秘密保护策略》，《医药导报》2007年第9期。

（一）无法公开的中药商业秘密

相关中药商业秘密虽然符合获得专利权保护的条件，但因为该商业秘密的性质，一旦按照法律的要求进行公开，即会使相关中药技术丧失应有的商业价值，从而使此类中药商业秘密无法公开，不能获得相应的专利权保护。一般来说，这些中药之所以无法公开进而获得专利权保护，是因为相关中药技术如祖传秘方或复方配方等，一旦公开，其竞争对手即可以通过对相关中药配伍进行细微的调整，在达到与受专利权保护的中药技术同样或类似的效果下，有效避开相应的专利权保护，从而使相关中药技术的持有人不仅因为公开而丧失了继续进行商业秘密保护的可能性，而且专利权又不能为其提供实质性的保护。在这种情况下，相关主体为了维护自身的利益，必然拒绝通过申请专利的方式保护其中药发明或秘方。如著名的云南白药，由于其核心技术即为相关云南白药的配方，一旦将相关技术申请专利，必然面临着需要公开配方的法定要求，而竞争者只需要对其公开的配方进行不影响实质性药效的调整，即可以有效规避专利侵权的可能。因此，为了保护云南白药所具有的商业价值，云南白药集团一直坚决拒绝将详细的配方公之于众，从而也使其无法获得相应的专利权保护。

（二）不可专利的中药商业秘密

权利人拥有的中药技术达不到专利权保护的相关要求，从而不可能获得专利权保护。尤其是作为传统知识的中药生产工艺，因为不符合专利权保护的创新性要求，因此造成专利权保护的实际不能。然而，这并不意味着相关中药技术不具有较高的技术含量和市场价值。事实上，正是因为相关中药技术含量较高，且具有一定的市场价值，从而使竞争对手难以通过逆向工程或重复研发的形式获取，而权利人在商业秘密保护下，可以通过相关中药技术的垄断获得可观的市场回报。在这样的情况下，因为专利法已经将该类技术排除在专利权保护之外，专利权对保护此类中药技术无能为力，但商业秘密权却能为该中药技术提供足够的保护。对于此类中药技术来说，商业秘密保护相对于专利权保护的优势同样是非常明显的。至于该商业秘密是否能被长期保持，要看该中药商业秘密能够给权利人带来的收益和其保守秘密的成本差额，即相关收益大于成本的时候，商业秘密权利人会继续采取措施保护其商业秘密。如果相反，则权利人将会放弃保护该商业秘密，使其进入公共知识领域。

（三）可专利但不经济的中药商业秘密

此类中药商业秘密的权利人拥有可以获得专利的相关中药技术，之所以最终选择中药商业秘密而不是专利权保护，是因为选择专利权保护方式不符合权利人的经济利益。与之前的无法公开和不可专利的中药商业秘密相比，可专利但不经济的中药商业秘密相关的中药技术并不会因为公开而导致商业价值的完全丧失，而且完全能实现获得专利权保护需要的相关条件，从而必须在进行商业秘密保护还是专利权保护之间进行利益权衡，权衡的结果是采取专利权保护的方式不符合权利人的经济利

第七章 中药的商业秘密保护

益。具体来说，可专利但不经济的中药商业秘密之所以存在，主要因为中药商业秘密保护在以下方面的优势。

1. 商业秘密保护维权成本较低

一方面，专利要求公开信息，中药发明的竞争者即有可能根据这些信息侵犯其专利权。作为相关中药专利的权利人，无论是选择通过专利诉讼还是行政保护的方式维权，均需要付出高昂的维权成本；另一方面，在专利诉讼和其他维权方式下，已经获得专利权的中药技术仍然存在被判定无效的风险，而涉嫌侵权的中药技术也存在被采取相应的规避措施而无法证明其侵权的风险，从而进一步增加专利权人的维权成本。而对于商业秘密保护来说，只需要权利人采取严格的保密措施，即能杜绝竞争者利用相关技术信息侵权，或者采取措施规避侵权但是实质性模仿的可能，从而更好地保证自身利益的实现。正是因为商业秘密保护相较于专利权保护的明显维权成本优势，很多中药企业选择商业秘密而不是专利权保护的方式最大限度实现自身商业利益。

2. 商业秘密保护成本较低

对于一些价值不大或生命周期较短的中药技术，采用商业秘密保护的成本相较于专利权保护更低。一方面，对于价值不大的中药技术，利用专利权保护会存在相对其不大的价值过高的固定成本，包括专利申请和专利维持等必须付出的费用。而商业秘密保护则因为其市场价值不大，所以竞争者使用非法手段获取的可能性低，只需要采用较低水平的低成本保密方式即可实现对商业秘密的有效保护；另一方面，对于生命周期较短的中药技术，采用商业秘密保护的成本相较于专利权保护同样更低。因为相关技术只有较短的生命周期，较长的专利权保护期限存在严重的保护过度的问题，而这种专利过度保护仍然需要付出包括专利申请和专利维护等较高的固定费用。而采取商业秘密保护的方式，作为相关中药技术的领先者，拥有相应的先发优势和商标效应的优势，在较短的中药技术生命周期下，竞争者可能根本来不及获得相关技术并形成与作为领先者的权利人同样的市场竞争力，从而使权利人在付出较低的商业秘密保护成本的情况下，即可以在整个生命周期中持续保持相应的竞争优势。因此，对于市场价值较小或者生命周期较短的中药技术来说，采用商业秘密保护较专利权保护具有非常明显的保护成本优势，从而成为中药企业选择商业秘密保护的重要原因。

3.商业秘密保护可以有效增加竞争对手的后续创新成本

因为商业秘密保护和专利权保护在是否公开相关技术上完全相反的要求，商业秘密保护可以有效增加竞争对手的后续创新成本。一方面，因为专利权保护必须公开相关中药技术，竞争者即可以不付出任何前期研发成本而直接基于这些中药专利技术进行后续的技术创新，进而有效降低后续的创新成本；另一方面，因为商业秘密保护对相关技术采取严密的保护措施，即使竞争者意识到相关技术的市场价值，并力图进行后续技术开发，但因为相关中药技术的商业秘密特征，竞争对手不能通过公开渠道，而只能通过逆向工程和重复研发的方式获得相关技术，并在此基础上进行后续创新。由于逆向工程和重复研发相对于直接查阅专利文献要高得多的成本，商业秘密保护可以有效增加竞争对手的后续创新成本，进而有效削弱竞争对手的市场竞争优势。

二、中药商业秘密保护相对于专利权保护的不足

中药商业秘密保护虽然具有相对于中药专利权保护在成本上的显著优势，但专利权作为一种法律创设的现代知识产权制度，之所以能够逐渐替代商业秘密保护而成为现代技术创新的主要保护和激励制度，是因为商业秘密保护与专利权保护相比存在诸多方面的明显不足，从而使中药商业秘密保护并不能完全替代中药专利权保护。具体来说，中药商业秘密保护相对于专利权保护存在以下几方面的问题。

（一）存在资源配置无效率的风险

1. 阻碍技术进步

专利权保护和商业秘密保护最大的不同，是受专利权保护的技术必须公开。虽然专利权人在一定期限内获得了相应技术的垄断权利，但其他人却可以在该专利技术公开的同时获得相关技术的具体内容，从而有利于在此基础上进行后续发明，最大程度促进相关技术创新和进步。而商业秘密保护则对相应中药发明的技术信息采取严格保密措施，其他人无法对此技术进行充分利用，从而对后续中药发明产生严重的阻碍。

2. 重复投资导致资源的浪费

探矿理论认为，专利法将发明予以公开，其目的是警告竞争者发明人享有特权，不必进行重复发明，这样就防止了竞争者重复投资造成的

浪费。①商业秘密则完全不同,因为商业秘密所保护的中药技术并不具备中药专利技术的专有性,其允许重复发明和逆向工程。一旦相应的中药商业秘密被证明拥有一定的商业价值,其竞争者即可能对其进行重复发明和逆向工程,从而在同一技术开发上造成重复投资,对社会资源形成浪费。

(二)对中药发明人的保护不足

商业秘密保护相对于专利权保护来说,作为权利主体的中药发明人并不具备专利权保护的独占权利,法律允许其他竞争者通过重复发明和逆向工程等方式获得商业秘密保护的相应技术。一旦竞争者重复发明或者逆向工程成功,其不仅可以合法使用商业秘密保护的技术,甚至可以通过申请专利的方式取得相应技术的独占权利,反过来限制商业秘密持有人的权利。因此,对于中药商业秘密持有人来说,其始终必须面对重复工程和逆向工程的风险。商业秘密保护虽然从理论上不具备专利权所具有的期限限制,但因为产品周期和技术周期的影响,其实际保护期限不可能无限,甚至有可能在其产品刚上市即被竞争者逆向工程成功,使其商业秘密完全丧失应有的价值。②而且,随着技术的日益进步,竞争者逆向工程的能力会越来越强,权利人通过商业秘密保护其中药发明的

---

① 探矿理论参见埃德蒙得·凯奇1977年发表的《专利制度的性质和功能》一文。参见严永和:《论传统知识的知识产权保护》,法律出版社2006年版,第87—96页。
② 参见魏恒:《药品产业化背景下的中药商业秘密冲突研究》,烟台大学2013年博士学位论文,第72页。

第七章 中药的商业秘密保护

风险也必然越来越大。正是由于商业秘密保护的这一风险的存在，使很多中药发明者放弃商业秘密保护的方式，转而选择专利权保护的方式对相应技术进行保护。

综上可以看出，中药商业秘密保护同中药专利权保护相比，其为中药发明的权利人提供了不同于专利权保护的更灵活的选择，在其无法通过专利进行保护、不能通过专利进行保护或者通过专利进行保护不符合权利人利益时，中药商业秘密保护相对于专利权保护有着独特的优势。然而，作为一种先于现代知识产权保护体系存在的传统权利保护方式，中药商业秘密保护同专利权保护相比存在着资源配置无效率和对中药发明人保护不足的缺陷。因此，必须根据中药发明的具体情况，在中药商业秘密保护和专利权保护两者之间进行选择。

第三节 中药商业秘密保护的完善策略

中药商业秘密保护在专利权保护之外，为不能获得专利权保护或者获得专利权保护不经济的中药技术提供了成本更低也更为灵活的知识产权保护选择。事实上，由于中药的传统知识属性，相对于具有创新性和公开性要求的专利权保护，没有创新性要求且非公开的商业秘密保护制度在很多情况下更加符合中药知识产权保护的需求。国家中医药管理局调查了120家中成药企业，在401种中成药中，61.8%的中成药采取商业秘密进行保护。① 多数中成药企业选择商业秘密保护而不是专利权保护的事实，说明了中药商业秘密保护相对于中药专利权保护所具有的明显优势。

总体上来讲，商业秘密制度能够在很大程度上弥补中药传统知识与专利权保护不兼容的缺陷，从而使商业秘密保护在中药领域相较于专利权保护具有明显的优势。② 首先，商业秘密制度能够覆盖保护几乎所有中药技术资源。比如中药理论传承、中药处方和炮制技术，特殊的生产工艺和文化等，多数均不能获得专利权保护，但都可以由商业秘密制度进行保护。其次，商业秘密保护可以有效防止中药专利侵权的风险。在中药领域，药材加工、制作以及中药饮片的配伍都是与中药药性药效紧密联系的中药生产工艺。如果申请专利进行保护，就需要公开相关技术。然而相关中药技术，尤其是中药配方非常容易复制，进行小幅调整即可能有效规避侵权指控，从而使其不能实际获得相关中药专利保护的风险过大。而通过商业秘密保护则能有效防止这一风险。最后，专利的保护期限虽然为二十年，但因为侵权诉讼存在的实际取证困难，很多被授予专利的中药制配工艺并不能在保护期内得到良好的保护，而商业秘密保护对于保证权利人对于中药制配工艺的专有性更具有可操作性。因此，中药商业秘密保护对于中药的传承与发展，有着专利权等现代知识产权保护制度难以替代的优势。然而，由于中药商业秘密保护依然存在

---

① 参见杨永苹:《我国传统医药知识产权保护的若干问题探讨》，中央民族大学 2007 年博士学位论文，第 112 页。

② 参见王杨杨:《中药的专利和商业秘密联合保护》，烟台大学 2013 年博士学位论文，第 74 页。

相较于专利权保护的诸多不足,还需要采取以下一系列措施对其具体实施策略进行完善。

一、科学权衡中药商业秘密保护的机会成本

要使中药商业秘密保护最大限度促进中药企业市场竞争力的提升,必须在科学权衡中药商业秘密保护机会成本的前提下,最终决定是否选择中药商业秘密保护。

(一)正确判断相关商业秘密被逆向工程或重复研发的可能性

因为专利权对专利技术在保护期限内的绝对保护,商业秘密被逆向工程或重复研发的可能性越大,实行商业秘密保护的机会成本越大。因此,选择是否采取商业秘密保护的方式,相关中药企业必须正确判断相关商业秘密被逆向工程或重复研发的可能性。一般来说,在一定的期限内,相关商业秘密的技术含量越高,被逆向工程或重复研发的可能性越小,相关商业秘密的市场价值越大,被逆向工程或重复研发的可能性越大。因此,对于可专利性的中药,技术含量高且市场价值低的情况下,商业秘密保护是最优选择,技术含量低且市场价值高的情况下,则必须选择专利权保护。技术含量高且市场价值高的情况下,则需要充分考虑中药技术的生命周期和竞争对手的技术能力后,根据具体情况最后确定。技术含量低且市场价值低的情况下,考虑到此类中药技术持有主体对于知识产权保护成本高度敏感,且由于市场价值

低导致竞争对手获取相关技术的兴趣不大，仍然应当选择低成本的商业秘密保护方式。

（二）密切关注竞争者的研发动向

在可专利的前提下，是否选择商业秘密保护，还应当密切关注竞争者的研发动向。如果相关竞争者已经具备了较为雄厚的相关技术研发基础，甚至已经快要通过自身研发获得相关中药技术，则实行商业秘密保护的实际意义不大，应当立即申请专利权保护。如果相关竞争者不具备相关技术研发基础或者研发基础相对薄弱，很难在可预见的时间内研发出相关技术，则选择商业秘密保护更有利于实现中药技术持有人的利益最大化。

二、与专利权保护密切配合

对于中药企业来说，所拥有的可专利性技术往往不止一种，而是拥有一系列互相关联的可专利中药技术。在这种情况下，应当针对相关技术的具体特征，与专利权保护密切配合，形成商业秘密和专利权保护的科学组合，最大限度实现权利人的商业利益。

（一）进行商业秘密保护和专利权保护的统一规划

要实现商业秘密与专利权保护之间的密切配合，首先应当进行商业秘密保护和专利权保护的统一规划。即对所有可专利的技术进行统一管理，防止不同部门之间因为对商业秘密保护与专利权保护的意见不一致而出现不符合中药企业整体利益实现的错误选择。

（二）设置科学的商业秘密和专利权保护的组合策略

在对商业秘密保护和专利权保护进行统一规划的前提下，应当进一步设置科学的商业秘密和专利权保护的组合策略。即充分利用商业秘密和专利权保护的不同特性，针对具体的可专利技术选择最有利于企业整体利益实现的保护模式。比如可以对技术含量高的核心技术进行商业秘密保护，而对周边技术含量较低的技术进行专利保护。在周边技术专利保护期间，竞争对手因为专利权保护的限制，不能绕过相关专利技术进行后续研发。在周边技术专利保护期限达到后，由于核心技术采取商业秘密保护，竞争对手仍然不可能在缺乏核心技术的条件下进行后续技术开发，权利人却可以在核心技术的基础上进一步开发新的周边专利，进而有效延长相关中药技术系列的实际保护期限，实现相关中药企业效益的最大化。

三、充分利用国家秘密保护

（一）国家秘密保护对中药保护的重要性

国家秘密保护是指根据《保守国家秘密法》和《科学技术保密规定》等法律规定，被列入国家秘密技术项目的中药品种。被列入国家秘密技术项目的中药不仅享有国家级别的行政保护，而且还能够因此获得巨大的市场声誉，对于相关中药企业提高自身的市场竞争力具有非常特殊的重要作用。另外，获得国家秘密保护的中药品种必然符合商业秘密保护的法定要求，是一种较商业秘密保护更为严格的技术保密方式。由于能够使中药企业产生市场竞争力方面的巨大优势，获得国家秘密保护成为很多中药企业努力争取的重要目标。

（二）国家秘密保护对商业秘密保护的促进作用

国家秘密保护对商业秘密保护的促进作用主要表现在两方面：一方面，只要获得国家秘密保护，即能够保证相关中药品种符合法定的商业秘密保护条件。因为只要获得国家秘密保护的中药品种，由于其属于国家秘密的性质，肯定不为公众知悉、具有特殊重要的价值，并且被采取了相应的保密措施，从而完全满足商业秘密保护的秘密性、实用性和保密性三大基本特征；另一方面国家秘密保护能够大大降低中药企业的保密成本。因为国家秘密保护属于国家专门部门的行政保护，国家会对相关中药投入大量的行政保护资源予以保守秘密，从而大大降低了企业的保密成本。

第八章　中药的非物质文化遗产保护

非物质文化遗产保护的目的，并不与专利权保护等现代知识产权保护制度侧重促进创新相同，而是历史流传下来的非物质性文化传承的存续。因此，从狭义的知识产权保护的角度，很多人并不认为非物质文化遗产属于知识产权保护的范畴。然而，从广义的角度，非物质文化遗产保护同其他知识产权保护一样，作为被保护客体的非物质文化传承同样属于人类智力劳动成果，[①] 因此将其作为知识产权保护的一部分已经成为当代社会的主流共识。2021年发布的《知识产权强国建设纲要（2021—2035年）》，明确将非遗保护作为知识产权保护中的一种，列入了国家需要重点发展的知识产权保护系列制度之中。

中药作为中华民族传统知识的核心部分，虽然在日常生活中表现为中药制品的有形物质形式而存在，但本身却属于非物质形式的文化知识，属于悠久的历史文化传承的重要组成部分，中药制品只是中药这一传统知识通过生产而具体表现出来的物质形式。因此，根据2011年施

---

① 参见贺学君：《关于非物质文化遗产保护的理论思考》，《江西社会科学》2005年第2期。

行的《中华人民共和国非物质文化遗产法》(以下简称《非物质文化遗产法》)第二条规定,中药作为传统医药被明确列入法律规定的非物质文化遗产保护的范围。

由于非物质文化遗产保护本身即是为包括中药的传统知识专门设计的制度,因此和现代知识产权保护与中药存在一定程度的不兼容情形相反,非物质文化遗产保护与中药具有高度的契合性。对于中药来说,由于非物质文化遗产保护侧重于保存性保护,可以有效促进人们对作为中国传统知识主要组成部分的中药的关注,并对相应的中药知识进行系统的整理和保护,进而有效防止由于现代文明的冲击导致其中有价值的部分逐渐失传。因此,非物质文化遗产保护对中药的传承性保护具有特别重要的意义。

然而,正是因为非物质文化遗产保护的目标侧重于保存性保护,虽然能够在很大程度上促进中药传承,但却与中药的现代产业属性出现了一定程度的差异,并不能充分满足中药现代化发展的需要。然而,这并不等于非物质文化遗产保护对中药现代化没有任何正面作用。事实上,将符合条件的中药列入不同级别非物质文化遗产名录,让其接受法律规定的非物质文化遗产保护,对相关的中药能产生巨大的广告效应,从而有利于相关企业良好品牌形象的树立,促进企业市场竞争力的提升。以下即通过对中药非物质文化遗产保护的现状和存在问题进行分析,提出可行性强的中药非物质文化遗产保护的构建路径,使中药非物质文化遗产保护能够充分发挥其促进中药传承和发展的重要作用。

第八章　中药的非物质文化遗产保护

第一节　中药非物质文化遗产保护概述

非物质文化遗产保护是近年来兴起的，对传统文化知识进行保护的一种形式。中药作为我国传统知识的主要组成部分，必然成为非物质文化遗产保护的主要对象之一。本节将对中药非物质文化遗产保护进行简单概述。

一、中药非物质文化遗产保护的概念

（一）非物质文化遗产的概念

非物质文化遗产（英文名为 intangible cultural heritage），根据联合国教科文组织 2003 年通过的《保护非物质文化遗产公约》定义，是指被各群体、团体、有时为个人所视为其文化遗产的各种实践、表演、表现形式、知识体系和技能及其有关的工具、实物、工艺品和文化场所。各个群体和团体随着其所处环境、与自然界的相互关系和历史条件的变化不断使这种代代相传的非物质文化遗产得到创新，同时使他们自己具有一种认同感和历史感，从而促进了文化多样性和激发人类的创造力。[①]

而根据 2011 年施行的《非物质文化遗产法》第二条的规定，非物

[①] 参见余悦：《非物质文化遗产研究的十年回顾与理性思考》，《江西社会科学》2010 年第 9 期。

质文化遗产是指各族人民世代相传并视为其文化遗产组成部分的各种传统文化表现形式,以及与传统文化表现形式相关的实物和场所。包括:(一)传统口头文学以及作为其载体的语言;(二)传统美术、书法、音乐、舞蹈、戏剧、曲艺和杂技;(三)传统技艺、医药和历法;(四)传统礼仪、节庆等民俗;(五)传统体育和游艺;(六)其他非物质文化遗产。属于非物质文化遗产组成部分的实物和场所,凡属文物的,适用《中华人民共和国文物保护法》的有关规定。

因此,非物质文化遗产是指群体世代相传且被其视为文化遗产的各种传统文化的表现形式以及相关的实物和场所。而"中药作为中华民族具有原创性的医学文化组成部分,蕴含着中国古老的文化基因,具有非物质文化遗产的代表性。"[①]

(二)中药非物质文化遗产保护的概念和意义

中药非物质文化遗产保护,即中药作为非物质文化遗产的主要组成部分之一,按照《非物质文化遗产法》的相关规定,对其采取包括调查、登记、传播、传承等方式进行保存性保护,以促进中华文化的优良中药传统的保存和发展。中药非物质文化遗产保护主要具有以下意义。

1. 挽救民间验方和秘方

中药的很多民间验方和秘方,在中药现代化发展的过程中,由于人们对其价值认识不足,时刻面临着失传的危险。而非物质文化遗产保

[①] 参见诸国本:《传统医药与非物质文化遗产保护》,《中央民族大学学报(自然科学版)》2011年第3期。

护,可以通过调查和登记的方式,使其得到及时保存。

2.提高中药的声誉

非物质文化遗产保护部门通过调查和登记的方式,会定期确定并公布不同级别的非物质文化遗产名录。由于这些名录的权威性,尤其是联合国公布的名录和中国的国家级名录,其在民众中间存在巨大的影响。相关中药知识进入非物质文化遗产名录,会在相当程度上提高中药的声誉,吸引人们对中药的传承和发展进行关注。

3.促进中药产业的发展

非物质文化遗产名录的公布,不仅能提高相关中药的声誉,而且会在此基础上产生巨大的广告效应,使人们增加对相关中药产品的信任和购买欲望,从而刺激其市场销售,促进相关中药产业的发展。

二、中药非物质文化遗产保护的特点

由于保护方式和保护对象的特殊性,中药非物质文化遗产保护主要有以下特点。

(一)保护方式上的行政分级管理模式

非物质文化遗产保护是相关行政部门根据法律的规定,对列入相应非物质文化遗产名录的客体进行的一种行政保护。根据《非物质文化遗产法》第七条以及国务院2005年发布的《关于加强文化遗产保护的通知》的规定,非物质文化遗产保护一共分为国家级、省级、市级和县级四级保护体系,并按照各自的级别制作相应的国家级、省级、市级和县级非物质文化遗产名录,从而形成了非常典型的保护方式上的行政分级管理模式。除此之外,联合国教科文组织根据《保护非物质文化遗产公约》,还会公布《人类非物质文化遗产名录》,并提供公约规定的保护措施。因此,在中药非物质文化遗产的保护方式上,采取的是联合国《保护非物质文化遗产公约》规定的保护方式以及国内《非物质文化遗产法》规定的国家、省、市、县四级保护并存的行政分级管理模式。[①]

(二)保护对象的世代传承性

中药非物质文化遗产保护的对象,同现有的专利权、版权和商标权等知识产权保护的智力劳动成果不同,其保护的是具有悠久历史传承的中药知识,这些中药知识必须具备世代传承的特性。如2006年首次公布的国家级非物质文化遗产名录中包含的王老吉凉茶,自1828年延续至今已有近200年的中药传承历史。世代传承性,意味着接受非物质文化遗产保护的中药不仅具有悠久的历史,其药效和安全性也经受了长期实践的考验,从而使相应的非物质文化遗产保护能够在很大程度上促进相关中药的市场声誉,进而提升相关中药企业的市场竞争力。

(三)侧重于中药知识的保存性保护

对于中药来说,非物质文化遗产保护的目的是保存世代传承的中药

---

① 参见支汉:《论非物质文化遗产的知识产权保护——以盐文化相关的非物质文化遗产为例》,《广西社会科学》2014年第7期。

第八章 中药的非物质文化遗产保护

知识，使其能够在现代社会不断延续。非物质文化遗产保护通过公布非物质文化遗产名录的方式，对相关中药有着良好的广告效应，从而能够促使其快速发展。如 2006 年国家公布的首批非物质文化遗产名录中包含了王老吉凉茶，即在相当程度上促进了王老吉凉茶的飞速发展。但这只是非物质文化遗产保护的附带效应，其根本目的仍然在于中药知识的保存性保护，而不是促进中药产业的发展。因此，中药非物质文化遗产保护虽然对于中药传承保护有着非常显著的促进作用，但对于中药的现代化发展除了一定程度的广告宣传作用外，并不具备其他方面的显著促进作用。这也是中药非物质文化遗产保护对于中药现代化发展存在的最大缺陷和不足。

第二节 中药非物质文化遗产保护的现状

中药有着悠久的发展历史和丰富的传承，符合非物质文化遗产保护条件的中药资源非常丰富。由于《非物质文化遗产法》的颁布，以及现代社会对中药非物质文化遗产保护的高度重视，广大中药企业和各级政府纷纷开展中药非物质文化遗产保护的申请、认定和具体的保护工作，中药非物质文化遗产保护已经取得了相当大的成绩。具体来说，中药非物质文化遗产保护的现状主要包括以下几方面：

一、诸多中药传统文化被纳入到各级非物质文化遗产名录

国家开展实施非物质文化遗产保护以来,中药即被作为非物质文化遗产保护的重要对象而受到人们的广泛关注。通过多年的努力,迄今为止,多数在全国拥有较大影响力的中药均被纳入到各级非物质文化遗产名录中,包括云南白药、同仁堂等闻名全国的中药品牌,相关文化均被纳入国家级非物质文化遗产名录。而广药集团拥有的进入国家级非物质文化遗产名录的中药多达六种,包括王老吉凉茶(拥有国家凉茶非物质遗产第10到15号秘方及术语)、星群夏桑菊、白云山大神口焱清、陈李济传统中药文化、潘高寿传统中药文化以及中一"保滋堂保婴丹制作技艺"等。诸多中药申报进入各级非物质文化遗产名录,在很大程度上通过相关行政保护促进了其传承保护,提升了公众对相关中药的认知和关注程度,为中药的传承和发展奠定了良好的非物质文化遗产保护基础。

二、促进了相关中药企业市场竞争力的提升

对具有悠久历史的中药非物质文化遗产的保护,不仅保证了相应中药传承的延续,而且为相关中药产品的发展提供了良好的促进作用。在非物质文化遗产保护广告效应的促进下,相关中药企业在市场竞争力上均获得了较为明显的提升,尤其对其品牌战略的实施提供了非常重要的支持。如云南白药和同仁堂,均已成为国家最有价值的中药品牌乃至医药品牌。而拥有进入国家级非物质文化遗产名录的六种中药的广药集团,

更是借助非物质文化遗产名录的广告效应，将相关品牌打造成了同类中药产品的领导品牌，其使用的"王老吉""白云山""陈李记""潘高寿""中一"等商标均已成为中国驰名商标。其中广药集团对国家级非物质文化遗产"王老吉凉茶"的保护和发展，更是中药非物质文化遗产保护取得良好效果的典型。王老吉1828年创建于广东鹤山，最开始主营避暑止咳的草药，后来逐渐演变成为既可治病又能降暑的凉茶。新中国成立后，王老吉经过多次改名并于1996年划归广药集团。随后，广药集团经过一系列的努力，成功解决了凉茶的包装，储存和运输问题，创造性的开发出盒装和罐装王老吉凉茶饮料，并开发多种凉茶制品，包括无糖、低糖、含糖、固体型、现调型等，从而使凉茶生产规模和产业基础不断扩大，使王老吉这一"中华老字号"成功的走向全国，走向世界，为中华凉茶文化的传播奠定了坚实的基础。2006年，王老吉凉茶被成功列入国家非物质文化遗产名录，是非遗名录中唯一的凉茶产品。王老吉凉茶不仅拥有悠久的历史传承，在某种意义上成为中华凉茶文化的杰出代表，而且同"王老吉"的品牌战略相结合，成为中国知名度最高、市场占有率领先的凉茶品牌。[①]

三、构建了比较完备的分级行政保护体系

按照联合国《保护非物质文化遗产公约》以及我国《非物质文

[①] 本章有关广药集团的相关数据均来自广州医药集团有限公司企业网站，具体参见 http://www.gpc.com.cn/news/about/gsjj.html。

化遗产法》的相关规定，当前国家建立了国家级、省级、市级和县级四级行政保护体系，为中药非物质文化遗产保护提供了充分的行政支持。

一方面，根据相关法律组建了专门的非物质文化遗产保护机构。相关机构负责非物质文化遗产保护的相关事宜。包括接受相关申请，对申请的审查和认定，公布同级别的非物质文化遗产名录，制定具体的管理制度并实施相应的行政保护行为等。

另一方面，形成了较为完备的非物质文化遗产行政规范体系。相关非物质文化遗产管理的专门机构不仅按照各自的级别制作相应的国家级、省级、市级和县级非物质文化遗产名录，而且根据各自职责和权限的不同，制定了相应级别的非物质文化遗产保护的行政法规、地方性法规和政府规章，以及县市一级的非物质文化遗产保护的规范性管理制度等，从而形成了较为完备的非物质文化遗产保护的行政规范体系。

四、增强了公众对中药文化传承的重视

公布不同级别的非物质文化遗产名录，以及相关政府和公众媒体对非物质文化遗产的宣传，极大地增强了公众对中药文化传承的重视。使人们意识到中药不仅是保护生命健康不可或缺的保障，而且具有悠久的历史文化传承，并作为中华民族优秀传统文化的核心组成部分而存在。这些措施不仅大大提升了中药在现代社会的知名度，也使人们广泛认识到其有效性和安全性，为中药的传承保护以及现代化发展奠定了良好的公众基础。

第八章　中药的非物质文化遗产保护

第三节　中药非物质文化遗产保护存在的主要问题

中药非物质文化遗产保护虽然在近年来日益受到人们的关注，方兴未艾，并且取得了一定成绩，但由于实行的时间不长，仍然存在一系列亟需解决的问题。

一、中药非物质文化遗产保护意识有待加强

虽然国家已经制定了《非物质文化遗产法》，并建立四级行政保护体系，通过各种渠道对中药非物质文化遗产保护进行宣传，相关中药企业也对非物质文化遗产保护促进市场竞争力提升的作用日益重视。但整体上来说中药产业的非物质文化遗产保护意识仍然有待加强。以广州市中药主要经营者广药集团为例，在集团的网页上，仅介绍被纳入国家级非物质文化遗产名录的六种中药，而被纳入省级、市级非物质文化遗产名录的中药完全没有任何介绍。与之相对照，在同一个网页的集团商标的介绍上，则具体列出了国家级、省级、市级驰名商标数十种。这在很大程度上反映出国内中药经营者对待非物质文化遗产保护的态度，即认为非物质文化遗产保护对企业的作用远小于商标保护的作用，只有国家

级的才有点分量，国家级以下的则聊胜于无。[①] 这种对非物质文化遗产保护的意识淡薄，导致包括国内中药行业的领先者如广药集团在内的中药经营者普遍忽视对非物质文化遗产保护的投入和宣传，严重阻碍了中药非物质文化遗产保护工作的展开及其对中药产业发展促进作用的顺利实现。此外，由于中药文化传承本身具有的特性——需要长时间的学习和实践，加之传承方式单一，使得中药文化传承的门槛较高，导致传承人群体的流失和衰退，这无疑也是对中药非物质文化遗产保护意识的严重打击。与此同时，公众对中药文化的了解和认知度不高，通常认为中药只是一种药物，忽略了其中所蕴含的文化价值，这也是中药非物质文化遗产保护意识需要加强的问题之一。

二、中药非物质文化遗产行政保护投入严重不足

长期以来，非物质文化遗产项目都存在"重申请，轻保护"的倾向。[②] 与中药非物质文化遗产保护意识淡薄相适应，中药非物质文化遗产行政保护普遍存在投入严重不足，申报后保护措施落实不力的问题。相关保护标准和目标管理以及收集、整理、调查、建档、展示、人员培养等工作相对薄弱，保护管理资金和人员不足的困难普遍存在。[③] 如上

---

① 参见费安玲：《非物质文化遗产法律保护的基本思考》，《江西社会科学》2006年第5期。
② 参见王媛、胡惠林：《中国非物质文化遗产安全的现状与反思》，《东岳论丛》2012年第3期。
③ 参见王莹莹、杨金生：《对我国传统医药非物质文化遗产保护的思考》，《中医杂志》2011年第11期。

述广药集团在其企业网页上之所以只介绍其被纳入国家级非物质文化遗产名录的六种中药，除了与其非物质文化遗产保护的意识不足有关之外，也同中药非物质文化遗产行政保护投入，尤其是地方政府的投入严重不足有关。[①]截至2015年底，广东省共公布了六批非物质文化遗产名录，其中仅第二、三、四、五批名录中涉及到中药项目，而且均只有一到三项，其加总起来的总数和具体项目都与纳入国家级名录保护的中药项目相差不大。各级政府非物质文化遗产名录反映了中药非物质文化遗产保护的具体投入方向。然而，作为华南中药产业最重要生产基地的广州市，仅有六项中药被纳入国家级保护名录，而省级地方名录居然同国家名录几乎雷同，意味着地方政府在非物质文化遗产保护方面缺乏必要的投入，从而对非国家名录的中药非物质文化遗产理解存在偏差，使很多符合条件的中药非物质文化遗产不能列入相应的地方名录中得到应有的保护。中药非物质文化遗产行政保护投入的严重不足，大大阻碍了其对中药产业发展促进作用的发挥。

三、行政保护对中药现代化发展的忽视

非物质文化遗产保护侧重于对传统文化的行政保护，并在很大程度上解决了包括中药在内的诸多传统文化之前濒临传承断绝的窘境。然而，与中药非遗行政保护主要目的在于保存而不是促进发展的目的相一

---

① 参见王隽、张艳国：《论地方政府在非物质文化遗产保护利用中的角色定位——以江西省域为个案的分析》，《江汉论坛》2013年第10期。

致，其主要重视相关中药文化的传承，保证其在现代工业文明的冲击下能够继续保持其对人类文化具有独特价值的元素。因此，非遗行政保护主要集中在对中药文化传承至关重要的知识整理、相关场所和设施的保护，以及传承主体的资助等方面。非遗行政保护虽然也鼓励相关中药的市场化，但只在相应的文化旅游发展规划方面对其进行宣传，并没有较为有效的系统市场化支持措施。正是因为非遗行政保护对中药市场化和现代化的忽视，导致其对中药现代化发展的作用严重受限，不能充分发挥其促进相关持有主体市场竞争力提升的作用。

四、中药企业未充分发挥非物质文化遗产名录的广告效应

中药非物质文化遗产对中药产业发展的促进作用，主要是通过其被纳入非物质文化遗产名录的广告效应而实现的。如广药集团的王老吉凉茶，其在被纳入国家首批非物质文化遗产名录之后，即通过多种方式宣传这一事实，从而产生了良好的广告效应，有力促进了王老吉凉茶的高速发展。然而，王老吉凉茶对非物质文化遗产保护的广告效应进行利用的情况只是个别现象，广药集团其他被纳入非物质文化遗产保护的中药均没有进行类似王老吉凉茶的对其非物质文化遗产保护进行大力宣传的活动。[①] 由于拥有被列入非物质文化遗产名录的中药经营者没有意识到其具有的巨大广告效应，普通民众几乎不知道这些中药被列入非物质文

---

① 参见冯辽沙：《从广州市文化产业发展看非物质文化遗产保护和发展管理模式》，西北大学2008年博士学位论文，第29页。

化遗产名录的事实。实际上，很少有中药经营者将非物质文化遗产保护纳入其品牌战略中，即使是王老吉凉茶，也仅仅将其被纳入非物质文化遗产国家级名录的事实通过陈列馆和展览会以及相关活动的方式进行宣扬，并没有将其在产品的包装上以及大型促销活动上进行贴近普通消费者的进一步宣传。[①] 在中药市场上几乎找不到将相关中药被纳入非物质文化遗产保护的内容体现在具体产品包装上的例子，从而严重限制了非物质文化遗产名录广告效应的发挥，使其促进中药产业发展的作用难以充分实现。

第四节 中药非物质文化遗产保护的体系构建途径

由于非物质文化遗产保护对于中药传承和现代化所具有的积极意义，充分利用联合国《保护非物质文化遗产公约》和《非物质文化遗产法》对中药非物质文化遗产保护的相关规定，使中药在顺利传承的基础上更好地实现现代化发展，是现代社会和中药经营主体的必然选择。因此，针对中药非物质文化遗产保护在具体实践中存在的不利于中药现代化发展的问题，有必要通过对当前中药非物质文化遗产保护进行体系性构建，充分发挥其对中药传承和现代化的促进作用。

---

① 参见窦晓彤：《非物质文化遗产生产性保护与产业升级——以广东地区项目为例》，中山大学 2010 年博士学位论文，第 102 页。

一、构建中药非物质文化遗产的宣传和教育体系

要有效提升中药产业对非物质文化遗产保护重要性的认识，有必要构建相应的中药非物质文化遗产的宣传和教育体系。具体来说，相关宣传和教育体系应当包括以下部分内容。

（一）行政保护过程中的宣传和教育

传统中药在临床中的有效性是其获得认同的根本，同时政府的宣传与引导也是推动中药非物质文化遗产传承的重要力量。[1] 为中药传统知识的广泛传播营造一个理性、良好的社会环境是十分必要的，而这需要政府的引导作用。[2] 政府相关部门履行自身的非物质文化遗产保护职责的过程中，应当充分利用相应的政府媒体、网站、公众号、视频号以及在报纸和广电传媒上投放公益广告等方式，大力宣传中药非物质文化遗产保护的重要性、必要性以及相关知识，尽可能增加公众对中药非物质文化遗产保护的知悉程度。除了利用公众媒体进行宣传，还可以与相关机构合作开展相关活动。如举办中药非遗文化节、非物质文化遗产展览等，吸引公众关注中药非物质文化遗产，增强公众对中药非物质文化遗产的文化认同感和自豪感。此外，政府还可以制定更多的支持政策，激

---

[1] 参见刘华、王蕾：《数据中的国家级传统医药非物质文化遗产保护问题探析》，《文山学院学报》2022 年第 1 期。

[2] 参见马治国：《中药非物质文化遗产保护中存在的问题解析及机制完善》，《中国科技论坛》2008 年第 1 期。

第八章 中药的非物质文化遗产保护

励更多人参与到中药非遗文化保护的事业中,提升包括政府自身、中药企业和广大消费者在内的人群对中药非物质文化意识的认知和关注程度。

另外,政府相关部门还应当针对中药非物质文化遗产相关的企业和人群等进行普法教育,有条件的情况下可以直接开办相应的培训班,进一步提升相关人群对中药非物质文化遗产保护的认知程度和运用能力。

(二)中药企业自身的宣传和教育

对于持有被纳入不同级别名录的中药非物质文化遗产的相关中药企业来说,为了尽可能利用非物质文化遗产保护提升市场竞争力,有必要在行政保护的基础上开展自身的非物质文化遗产的宣传和教育。具体来说,中药企业自身的宣传和教育可以包括以下部分内容。一是对所有员工进行的普及性宣传和教育。宣传和教育的渠道包括企业自身的宣传栏、相关会议、内部刊物、企业门户网站、企业公众号和微博等;内容主要是一般性的法律规定和相关知识。二是针对与中药非物质文化遗产保护相关的员工进行的专门培训教育。主要对象为专门负责非物质文化遗产保护的员工、进行品牌策划和宣传的员工等;培训教育的方式以开设专门的培训课程为主;培训内容在普及型宣传和教育的基础上,重点加强具体保护方式,非遗保护与品牌建设之间的关系,如何利用非遗保护促进品牌建设等方面的知识。三是可以建立中药文化知识库和中药文化教育基地,培养中药文化传承人和技术人才。探索中药文化与现代科技的结合,创新中药产品,提高相关中药产品的市场影响力、竞争力。

197

（三）公众媒体的广泛宣传

在政府和企业自身的宣传和教育的基础上，还应当充分利用公众媒体在现代社会的影响力，通过公众媒体对中药非物质文化遗产进行广泛宣传。具体来说，一方面，相关行政机关应当经常性地在公众媒体投放非遗保护的公益广告，并在对公众媒体进行评价和监管的过程中通过鼓励性的引导方式增加中药非物质文化遗产宣传内容；另一方面，公众媒体自身也应当担当起引导公众形成良好非物质文化遗产保护意识的责任，在具体宣传过程中通过自律管理有意识地增加中药非物质文化遗产保护相关的内容。

二、制定中药非物质文化遗产行政保护的规划和预算制度

为了有效保证行政保护对非物质文化遗产的投入，有必要通过制定科学的中药非物质文化遗产行政保护的规划和预算制度的方式予以解决。

（一）构建科学的中药非物质文化遗产保护规划制度

地方中药非物质文化遗产名录同国家中药非物质文化遗产名录基本一致，表明地方相关行政部门并没有对非国家名录之外的地方中药的非遗保护产生足够重视。要避免这种不利于中药非物质文化遗产保护的情况发生，有必要构建科学的中药非物质文化遗产保护规划制度。一方面，这一规划制度应当设置地方性的中药非物质文化遗产的主动调查制

度,以及企业申请和实质性审查的程序,从而在全面掌握地方中药非物质文化遗产状况的基础上,更加科学地制定地方中药非物质文化遗产保护规划及相应名录;另一方面,应当建立相关规划的征求意见和公示制度。在相关规划草案或定稿形成之后,通过征求意见和公示的方式,收集和整理中药非物质文化遗产的相关资料和数据,防止应当被纳入规划的中药非物质文化遗产被遗漏,从而有效保证相关规划和名录对中药非物质文化遗产保护的全面性。

(二)构建适当的中药非物质文化遗产保护预算制度

为了使列入非物质文化遗产名录的中药得到实质性保护,需要构建适当的中药非物质文化遗产保护预算制度,通过保证非物质文化遗产行政保护的财政经费的方式,使其能够真正按照相关法律规定展开相应的保护行为,包括对区域内中药非物质文化遗产的主动调查行为,以及对相关中药企业申请的实质性审查行为等。通过提供必要的资金保障,使中药非物质文化遗产行政保护具备实质性开展的可能,进而充分发挥非物质文化遗产保护对中药传承和发展的支持性作用。中药非物质文化遗产保护预算制度应当包括以下几部分内容:首先,要明确保护预算的来源和具体用途,建立保护专项资金,同时制定具体的资金管理办法,确保专款专用;其次,需要明确所保护的具体中药非遗对象,并确定保护的优先顺序;再次,制定相应的保护标准,建立考核评估制度,对保护预算工作进行监督和管理;最后,要对保护预算使用情况进行定期汇报和公示,增强社会监督和透明度。

三、构建同市场化充分结合的行政保护制度

由于行政保护的有限性,以及纯粹的非遗保护对于中药商业价值开发上的忽视,不利于中药的充分传承和可持续发展。因此,有必要构建同市场化充分结合的非遗行政保护制度,通过非遗行政保护带动中药的现代化和市场化。具体来说,同市场化充分结合的非遗行政保护制度应当包括以下两方面内容。

(一)通过非遗行政保护促进相关中药的商业宣传

为了增强人们的非遗保护意识,相关政府部门和媒体合作,制作了包括相关中药主题在内的大量非遗宣传节目。然而,这些节目往往以纪录片或者专门知识介绍的方式播出,而且侧重于对相关中药所具有的传承价值进行介绍。这些介绍虽然在很大程度上有利于普及中药非遗保护知识,但由于忽略了市场推广的重要性,并不能有效促进中药非遗相关产品的商品化。因此,在中药非遗保护相关节目制作和播出的过程中,应当有意识地将中药的商业推广作为重要目的之一,在增强受众的中药非遗保护意识的同时,充分从商业推广的角度对相关中药的市场价值和获得渠道进行宣传,从而通过非遗行政保护的宣传渠道有效推动相关中药产品的市场化。

(二)提高相关中药的市场知名度和消费者的可接触性

在加强被列入非遗名录中药的商业化宣传的同时,非遗行政保护过程中还应当尽可能提高相关中药的知名度和消费者的可接触性。如在相

关政府部门的公共活动场所等人流量较大的位置专门设置相关中药产品的介绍，并将相关产品放在醒目位置进行展示，通过媒体重点报道相关中药产品的新闻，在相关政府部门网页和宣传册的醒目位置投放相关中药产品的广告，在知名社交平台上开设官方账号，发布相关中药的知识、生产过程、文化背景等内容，以吸引更多群众了解和购买相关中药，达到提高相关中药知名度的目的。与此同时，还应当在上述宣传渠道中对获取相关中药产品的方式进行详细的列示，包括线上购买链接和实体店铺或者销售中心的具体地址和联系方式，也可以在线上平台上开设官方商城或合作销售平台，为消费者提供方便的购买方式，以充分促进消费者对相关中药产品的可接触性。

四、构建涵盖非物质文化遗产保护的企业品牌战略

对于中药企业来说，为了充分发挥非物质文化遗产保护对于相关中药产品的广告效应，有必要构建涵盖非物质文化遗产保护的企业品牌战略。具体来说，应当包括以下部分内容。

（一）将非物质文化遗产保护纳入企业品牌战略规划

要使相关中药企业对非物质文化遗产的广告宣传效应产生实质性的重视，必须将非物质文化遗产保护纳入企业品牌战略规划之中。即相关中药企业应将非物质文化遗产保护作为企业品牌战略规划的重要组成部分，并在管理决策、市场推广、产品研发等方面有意识地落实。可以建

立专门的非物质文化遗产品牌推广团队,制定相应的规章制度,开展相关的培训和宣传教育,建立与非物质文化遗产品牌推广相关的研发项目,并积极参与非物质文化遗产保护的相关活动,推动非物质文化遗产保护与企业品牌战略的有机结合。通过明确企业品牌战略规划必须充分考虑并结合非物质文化遗产保护的广告宣传效应,最大程度发挥非物质文化遗产保护对于企业树立良好市场品牌形象的促进作用。

(二)构建非物质文化遗产保护的全方位宣传模式

为了充分发挥非物质文化遗产保护的广告宣传效应,还应构建非物质文化遗产保护的全方位宣传模式。即通过相关中药企业的所有品牌展示渠道,嵌入相应的非物质文化遗产保护内容,通过提高相关消费者对非物质文化遗产保护内容的接触程度和频率,充分发挥非物质文化遗产保护的广告宣传效应。其主要内容有:加强与相关机构的合作,共同推进非遗保护的宣传工作;开展多种形式的宣传活动,如文化展览、主题讲座、文化体验等;高度重视相关中药的商业性广告、说明书、包装、门户网站、公众号和微博等主要品牌宣传媒介中的非物质文化遗产保护内容的嵌入,并给予相关嵌入内容以醒目的位置和方式予以充分展示。

第九章　中药品种保护

中药属于传统知识主要组成部分，这一属性使其不可避免地具有传统知识持有主体的群体性以及获得方式的传承性。而现代知识产权保护体系要求知识产权持有主体的确定性以及保护客体的新颖性和创造性，因此与包括中药在内的传统知识存在兼容性上的难题。[1] 与此同时，由于中药本身所具有的现代产业属性，以专利权为代表的知识产权保护并不完全排斥中药，并在一定的范围内也能对中药的发展起到相应的促进作用。但从目前的状况来看，以专利权为代表的知识产权保护对中药的发展能起到的作用非常有限，而且还存在对中药传统知识的专利剽窃而产生的负面作用。[2] 这种情况产生的根本原因仍然在于以专利权为代表的现代知识产权保护体系在设计上同包括中药在内的传统知识之间存在的不兼容。针对现代知识产权保护体系对中药不兼容的现实情况，中国于1993年开始施行《中药品种保护条例》，并在2018年进行了第一次

---

[1] 参见杨旭杰等：《社会收益视角中中药组合物专利"三性"的价值评析》，《中华中医药杂志》2011年第5期。

[2] 参见华鹰：《中药知识产权的流失与保护策略》，《中国科技论坛》2008年第1期。

修订。这一行政法规根据中药的传统知识属性，为其量身定做了被称为中药品种保护的特别权利制度。

《中药品种保护条例》创制的中药品种保护在很大程度上促进了中药产业的发展，并成为目前中药产业的主要知识产权保护方式。但是，《中药品种保护条例》是根据中药传统知识的属性量身定做的，其关注的是对已有的中药品种的保护，对其过度依赖在某种程度上会阻碍中药的创新和发展。[①] 正是因为中药品种保护与现代知识产权保护和非遗保护等存在的显著差异，使其成为中药知识产权保护体系中具有独特地位的重要组成部分。通过对中药品种保护的产生背景和性质进行深入分析，进而找出其在具体实践中存在的不利于中药产业现代化创新发展的问题所在，并提出可操作性强，且符合中药发展时代趋势的策略建议，对于中药品种保护更好地发挥其应有的促进中药产业发展的作用，有着显著的理论和现实意义。

第一节 《中药品种保护条例》和中药品种保护

1993年开始施行的《中药品种保护条例》，是中国为中药保护建立某种量身定做的特别权利制度的重要尝试。

---

① 参见沈瑜：《对我国中药品种保护现行制度的思考》，《中国药科大学学报》2011年第2期。

第九章 中药品种保护

一、《中药品种保护条例》出台背景

1993年以前的《专利法》，考虑到医药对国民生命健康的重要意义，以及中国在现代医药创新方面远远落后于发达国家的实际状况，包括中药在内的药品发明没有被纳入可以申请专利权保护的范围，从而使中药的发展得不到这一现代知识产权保护体系中最重要的权利保护，导致仿制药流行。另外，根据《中药品种保护条例》实施前的原《药品管理法》，包括中药在内的药品同时实行国家和地方两种不同的标准体系，从而造成两者之间以及各地方标准之间经常性的不一致。尤其是各地的地方标准互相之间差异较大，导致按照这些标准生产的中药产品质量相差较大。以上两种原因相结合，再加上药品行政监督管理机制不健全，整个中药市场出现伪劣商品充斥，低质低价的无序竞争的混乱局面。尤其是针对某些疗效显著，口碑良好的传统中药，这种混乱现象更加严重。如1991年，牛黄解毒片有150多家药品企业，而复方丹参片则有140多家企业生产。[①]

为了规范中药市场，保证中药产品的质量，并在此基础上弥补1993年《专利法》修改之前中药得不到专利权保护的不足，促进中药产业的发展，国务院于1991年将中药品种的保护法规列入国家立法计划，1992年颁布《中药品种保护条例》，1993年1月1日正式实施，并于2018年进行了第一次修订。由《中药品种保护条例》产生的中药品种保护权是我国目前专门针对中药制定的唯一的专项知识产权保护制

---

① 参见李先元：《我国中药知识产权保护制度的研究》，沈阳药科大学2008年博士学位论文，第178页。

度，其在本质上属于行政保护的一种，是我国中药知识产权保护发展过程中的里程碑。

二、中药品种保护的性质

中药品种保护作为目前中国对中药量身定做的权利保护措施，学界对其是否作为知识产权的一种，或者是否应当作为一种独立的知识产权形式存在着一定的争议，这些争议主要集中在以下两方面：

（一）中药品种保护是否为知识产权的一种

以专利权为代表的知识产权最重要的特征是法律赋予其持有人一定时期的独占权，并且能给持有人带来一定的经济价值，从而具有财产性。在中药品种保护的客体拥有与专利保护以及其他现代知识产权保护的客体类似的智力成果属性的基础上，衡量中药品种保护是否为知识产权的主要标准是其是否同时具有独占性和财产性。一些学者认为，根据《中药品种保护条例》，被批准保护的中药品种，在保护期内只能由获得中药品种保护证书的企业生产，因此被赋予了某种事实上的独占权利。而且，其在制度设计上使这种权利具有知识产权中的商业秘密的不公开性。无论是法律赋予的独占权利还是其不公开的特点，都能给持有人带来相应的经济利益。中药品种保护拥有知识产权最重要的独占性和财产性的特征，毫无疑问应当属于知识产权的一种。但是另外有一些学者则认为，虽然只有获得中药品种保护证书的企业才能对相应的中药品种进行

第九章 中药品种保护

生产，但法律并不排斥其他符合条件的企业获得同一保护品种的证书从而获得相应的生产资格，因此中药品种保护并不具备法定的垄断性。而且，中药品种保护权的持有人并不能将此权利进行转让，不符合财产权可交易的特性。因此中药品种保护权利并不具备知识产权的独占性和财产性这两大主要特征，其只是一种对中药的行政保护措施，并不属于现代知识产权的一种。综上所述，笔者认为中药品种保护权利虽然存在某些同其他知识产权不相同的地方，但其归根结底仍然属于知识产权的一种。首先，从立法者的意图来看，其将中药品种保护看作同其他知识产权保护类似的保护措施。如《中药品种保护条例》第二条第二款明确规定，申请专利的中药品种，依照专利法的规定办理，不适用本条例。可见，立法者将中药品种保护权利同属于知识产权的专利权放在类似的位置上。其次，虽然持有同一中药品种保护证书的企业根据法律的规定可以同时有多个，但总体上来讲，具备这一生产资格的企业数量是非常有限的，可以认为这几家共同持有某一中药品种保护权利。事实上包括专利权、商标权等公认的知识产权，这种共同持有的情况相当普遍。从这种意义上讲，可以认为是由这几家企业共同享有相应的独占权利。再次，可转让性虽然是财产的一个普遍特征，但并不是其必要特征，很多财产的可转让性都受到较大的限制，比如土地所有权在中国就禁止自由转让。财产性的必要特征是能使拥有人获得经济利益，而中药品种保护明显具有这一特征。最后，中药品种保护的行政保护特征同其知识产权属性并不矛盾，行政保护只是中药品种保护实现的一种方式。因此，中药品种保护完全具有知识产权的独占性和财产性的特征，属于知识产权的一种。

（二）中药品种保护是否应当作为商业秘密保护的一种

一些学者认为，中药品种保护实质是商业秘密保护的一种。尤其是《中药品种保护条例》中规定的一级保护品种，其处方组成、工艺制法在保护期限内不得对外公开，将其视之为技术秘密，并由《中药品种保护条例》及其他国家有关保密的规定对其提供相应的行政保护。这是将原本由企业掌握的秘密上升为国家秘密，由国家通过行政立法的手段将其纳入国家法律的保护范围。但实际上，《中药品种保护条例》中规定的中药品种保护，其内容最重要的并不是对获得中药品种保护企业的相关技术秘密的保护，而是对相关中药品种事实上的生产垄断权，其保护范围比商业秘密要大得多。因此，商业秘密保护只是中药品种保护具有的特征之一，其本身并不属于商业秘密保护的一种，而是独立的知识产权保护类型。

综上可以看出，中药品种保护从法律上属于一种与专利权等现代知识产权并列的知识产权保护形式，而且与商业秘密保护存在显著差异。因此，中药品种保护虽然属于知识产权保护类型中的一种，但与普通知识产权保护和商业秘密保护均存在较大差异，属于一种通过法律专门创设的根据中药自身特性量身定做的知识产权特别保护制度。具体来说，中药品种保护作为中药知识产权特别保护制度具有以下主要特点：

一是较长的保护期限。与现代知识产权保护中的专利保护期限按类别分别为十年、二十年不同，中药品种保护分别拥有一级保护品种三十年、二十年、十年，二级保护品种七年的保护期限。①虽然二级保护品种比专利权的较短期限十年短，但一级保护品种的最长三十年保护期限却较专利权要长。

二是行政自由裁量权较大。与现代知识产权保护中的专利权、商标权、版权等的获得具有非常明确的标准不同，《中药品种保护条例》虽然在第五条和第六条分别对申请一级保护品种和二级保护品种提出了原则性的要求，但这些要求明显具有过于抽象的性质，从而需要行政部门在审批的过程中自由裁量。而且按照《中药品种保护条例》第九条的申请审批程序，并不是符合法定条件的中药按照法定程序申请即能获得相应权利，而是需要相关行政部门自行决定批准，从而进一步强化了中药品种保护权利获取过程中的行政自由裁量权。较大的行政自由裁量权的存在，虽然有利于相关行政部门根据具体情况灵活处理相关事务，但也大大增加了自由裁量权滥用，损害中药产业整体发展的风险。

三是获得门槛较高。与现代产业中的头部企业如华为每年动辄上万件的专利获取数量相比，中药品种保护获得的门槛无疑要高得多。根据国家药品监督管理局2022年3月12日发布的国家中药品种保护名单，一共只有131个中药品种。正是因为被纳入中药品种保护的中药品种过少，导致中药企业对相关品种保护的竞争过于激烈，能够获得中药品种保护的企业均为大型的中药企业集团，而中小中药企业几乎没有获得进入中药品种保护名单的机会。

---

① 张清奎：《传统知识、民间文艺及遗传资源保护模式初探》，《知识产权》2006年第2期。

四是属于典型的行政保护。与专利权等现代知识产权制度授予权利人相应的权利,在权利被侵害时同时受司法保护和行政保护不同,中药品种保护属于典型的行政保护。中药品种保护由行政机关授权,相关保护措施也由行政机关作出,权利受到侵害时也主要通过行政处罚侵权行为人对权利人加以救济。[①]

作为促进中药产业良性发展,为中药量身定做的知识产权保护措施,中药品种保护已成为国内中药生产企业保护相关中药的主要手段。1993年之前,中国几乎不存在销售过亿的中药生产企业,而据米内网提供的数据,有23个在保护期内的中药保护品种2021上半年在中国公立医疗机构终端销售额超过1亿元,其中17个为独家产品。中药一级保护品种片仔癀在中国城市实体药店终端的销售规模更是持续上涨,2021年单一品种销售额接近10亿元。中药保护品种销售额的高速增长,虽然与国民经济发展的速度密切相关,但毫无疑问,中药品种保护制度在其中起到了非常重要的作用。

第二节　中药品种保护在实践中存在的负面效应

中药品种保护从整体上来讲,无论是从理论还是实践的角度对中药

[①] 参见崔璨等:《从行政保护角度分析我国中药品种保护》,《时珍国医国药》2016年第3期。

第九章 中药品种保护

产业的促进作用都是毫无疑问的，为中国近年来中药产业的高速成长作出了不可或缺的重大贡献。但是，中药品种保护在具体实践中，却由于相关法律规定存在的问题，对中药产业的发展产生了一定的负面效应。具体来说，这些负面效应主要表现在以下方面。

一、过长的保护期

根据《中药品种保护条例》第十二条和第十五条的规定，授予相关中药品种持有人相应权利的期限，一级保护品种分别为三十年、二十年、十年，二级保护品种为七年[1]，而且都可以延期。其法定平均保护期限远长于专利权提供的二十年、十年的保护。这种过长的保护期一方面会因为法定的垄断效应而导致竞争的缺乏，阻碍药品价格的降低，从而降低其总体的社会效益。另一方面，这种过长的保护期直接违反了TRIPS协议关于知识产权最长保护期的规定，对于已经加入WTO的我国来说，违反TRIPS协议可能导致利益受损国家相应的报复，不利于中药产业的国际化发展。最后，中药品种保护超过专利权保护的期限，而且《中药品种保护条例》规定已经进行了专利申请的中药品种不得重复申请中药品种保护，会损害相关主体申请中药专利的积极性，从而对中药专利权保护产生替代作用，阻碍了中药专利权保护促进中药创新功能的发挥，最终对中药的可持续性发展产生相应

---

[1] 崔璨等：《从行政保护角度分析我国中药品种保护》，《时珍国医国药》2016年第3期。

的负面效应。

二、不利于中药产业的可持续发展

近年来中药产业的高速增长表明，中药品种保护对于中药产业的初期发展有着非常明显的促进作用。但是，对于中药产业的可持续发展来讲，中药品种保护却存在明显的负面效应。

（一）对中药创新的损害

创新是任何企业可持续发展的必备要素，[①] 但是中药品种保护并不将创造性和新颖性纳入取得权利的必要条件，进入公有领域的现有技术和非创新药物也可以得到保护，尤其是多个企业都在生产的中药同品种保护问题更多。同品种一般属于公知技术，所有企业都有权无偿使用。这无疑会引导中药企业投机取巧，不愿再花费巨大的人力物力和资金去研究开发新药，相关企业并不需要创造任何智力成果即可以享受中药品种保护的利益。这虽然有利于对于作为传统知识组成部分的中药的保护，但却会使企业忽略对可持续发展更为重要的创新方面的投入。而且，由于其提供比专利权保护更长的保护期限，从而对专利权保护促进创新的功能产生了很强的抑制作用。因此，对中药品种保护的过度依赖必然导致企业创新动力的降低，从而对其可持续发展

---

① 武力超等：《创新及绿色技术创新对企业全要素生产率的影响研究》，《数理统计与管理》2021年第2期。

产生相应的负面效应。

（二）对境外企业的歧视

根据《中药品种保护条例》第二条规定，中药品种保护的权利主体为中国境内生产制造中药品种的企业，而将境外企业排除在这种保护之外。将保护对象限定为"在中国境内生产制造"，这不符合TRIPS协议规定的"不应因发明地点、技术领域以及产品是进口还是本国生产的不同而受到歧视"的"不歧视"原则，以及《巴黎公约》和TRIPS协议规定的国民待遇原则。对境外企业的这种歧视性待遇虽然能在一段时间内对国内企业起到一定的保护作用，但随着企业的发展壮大，国内市场日趋饱和，走出国门是中药企业可持续发展的必然选择。在我国相关法律对境外企业实行歧视的情况下，很容易导致其他国家的对等报复，从而对企业的可持续发展产生不可忽视的负面影响。

（三）与《药品管理法》相冲突

根据《中药品种保护条例》第十八条规定，若某企业申请并获得某个中药品种的《中药品种保护证书》，而正在生产同品种中药的其他企业也必须在6个月之内申请该中药品种的保护，否则将撤销或中止该中药品种的批准文号的效力。这是变相逼迫企业申请中药品种保护或延长保护以维持中药品种的批准文号的效力，有违现代企业自主经营、自我发展的基本原则。药品的批准文号是依据《药品管理法》的要求，经药学和临床相关试验并经新药审评专家委员会审评后获得。仅因为未申请或未延长中药品种保护就撤销该中药品种的批准文号,剥夺《药品管理法》赋予企业的生产和销售的权利,直接同《药品管理法》相冲突。这种强制要求企业申请中药品种保护的条款,不仅违背了《药品管理法》的一般规定,而且增加了不愿意在规定期限内申请中药品种保护的中药生产企业的负担,从而对中药产业的发展产生相应的负面影响。

(四)保护范围狭窄

《中药品种保护条例》在某种意义上将中药品种保护权利作为专利权的一种替代权利,并且规定了比专利权更长的平均保护期限,但是,其对中药的保护范围却远远不及专利权保护,从而使其实际保护力度也同专利权保护存在很大差距。首先,和专利权对产品本身及其制造方法乃至产品外观提供的全方位保护不同,中药品种保护提供的是对中药品种的保护,其保护客体局限于中药品种,而对处方、制造方法、技术和其他中药资源并不提供保护。其次,其他企业只需要绕过相应的受保护的中药品种,在剂型、名称上进行毫无技术含量的改变,即可以申请新的中药品种保护,从而使其实际上的保护力度远不及专利权保护。中药品种保护在保护范围上的缺陷,使其并不能成为与专利权保护相提并论的促进中药技术创新和产业发展的知识产权保护类型。

因此,中药品种保护所具有的保护期限过长、忽视创新、对境外企业实行歧视待遇、与《药品管理法》冲突、保护范围狭窄等缺陷,产生了实际保护作用有限,而且不利于中药产业整体发展的双重负面效应。其对中药产业整体发展的不利影响主要表现在两方面:一方面,已经获得中药品种保护权利的企业获得了对市场的过度垄断,不利于中药产业整体的技术创新与可持续发展;另一方面,对于部分不需要中药品种保护权利的中药企业,这一制度不必要地增加了其维持这一权利存在的成本,削弱了这些企业应有的市场竞争力。

第三节 中药品种保护负面效应的消解策略

中药品种保护某种程度上是针对中药的传统知识属性在新颖性上难以达到现代知识产权保护体系尤其是专利权保护的要求,而为其量身定做的保护制度。然而,通过之前的分析可知,这一制度存在抑制中药创新、不利于中药保护的国际化以及保护力度不足等明显的弱点,从长远来看不利于中药产业的可持续发展。针对这些问题的存在,建议采取以下具体对策。

一、逐步降低中药品种的实际保护期限

中药品种保护法定平均保护期限远长于专利权提供的二十年、十年的保护。这种过长的保护期不仅因为法定的垄断导致资源配置的无效率,而且直接违反了 TRIPS 协议规定的最长保护期限,容易导致贸易伙伴的报复。因此,有必要采取相应措施逐步降低中药品种的实际保护

期限。首先，应当对中药品种权的续期进行严格限制，对于受保护的中药单一品种销售额超过一亿元以上即应无条件地拒绝续期，并且明确规定所有中药品种权保护续期最多不能超过一次。其次，对于中药品种权的保护期，一级保护品种分别降为二十年、十年、七年，二级保护品种降为五年。最后，对于中药品种实际保护期限降低后涉及的某些中药品种尤其是一级中药品种的技术保密的问题，则由《反不正当竞争法》和《保守国家秘密法》等法律来调整。只有逐步降低中药品种的实际保护期限，才能逐步消除目前明显过长的保护期限对中药发展的损害，最大限度增加社会福利水平。

二、逐步削弱直至取消中药品种保护

（一）逐步缩小中药品种保护的范围

中药品种保护的目的是规范中药市场，促进中药产品质量的提高。由于其不需要专利权保护规定的新颖性要求即可以取得事实上的市场垄断，因此广受中药生产厂家欢迎，并成为中药生产厂家用来对中药进行知识产权保护的主要方式。然而，经过中药品种保护三十年的施行，中药产业已经有了非常显著的变化，成长为当前年销售额数千亿元，足以与西药产业分庭抗礼的重要产业部门。很多获得中药品种保护的中药产品年销售额达到数亿甚至数十亿的市场规模，相关厂家无论在市场还是质量保证方面都具备了相当雄厚的实力。在这样的情况下，继续对相关中药产品实行中药品种保护实际上等于通过法律的方式人为制造市场垄断，而且因为这种垄断的取得并不以创新为要件，社会并不能获得激励创新的利益，只会造成总体福利水平降低。因此，建议对中药品种保护设置相应的退出机制，规定获得中药品种保护的单一品种销售额超过亿元之后即取消对其保护，以促进市场竞争，降低中药品种保护被中药企业滥用的风险。

（二）以第三方认证逐步取代中药品种行政审批

中药品种保护之所以会对中药的创新发展产生严重的负面作用，根本原因在于这种保护属于典型的行政保护方式，即由相关行政机关直接授权相应的中药企业对特定中药品种的市场垄断权利，从而产生一定程度的行政垄断的不良效应，排他性地使没有获得相应中药品种权的中药企业不能参与公平竞争。一方面，这种行政保护使海外中药企业不能进入相应市场，在一定程度上同WTO规则中要求的公平待遇原则相冲突，可能引发不必要的国际贸易争端，甚至触发相应的国际贸易报复机制，不利于中药发展的国际化；另一方面，这种行政保护将国内为数众多的中小中药企业排除在外，使相关中药品种的发展因为缺乏中小中药企业的参与而丧失一系列创新机遇。而且因为对中小企业的这种不公平的人为压制，进一步加剧了中小中药企业在中药市场上的不利竞争地位，严重制约了中小中药企业的生存和发展能力，不利于中药市场形成良好的市场竞争氛围，对中药产业的良性发展造成较大的损害。因此，要克服中药品种保护对中药创新发展所具有的严重负面效应，即应当采取相应措施打破当前法律对中药品种保护的行政垄断性规定，通过以第三方认证逐步取代中药品种行政审批的方式，实现中药品种保护对所有中药企业的公平开放，为中药市场良性竞争的实现提供有力的制度性保障。具体来说，为了尽可能减少制度剧烈变动可能带来的对中药产业的损害，以第三方认证逐步取代中药品种行政审批应当分为以下两个实施步骤。

第一步，由中药管理行政部门制定中药品种保护的法定标准，并取消第九条规定中不同级别中药管理行政部门的审查和批准权利，改由省一级行政部门按照法定标准对提出申请的企业进行认证，凡是经过认证符合标准的企业即有权不通过审查批准直接获得相应中药品种保护。为了保证对海外中药企业的公平，应当在国家一级行政部门设立专门负责海外企业认证的组织，负责对所有提出申请的海外中药企业进行中药品种保护授权的认证。

第二步，为了保证中药品种保护认证的公平并提高认证质效，在对所有企业开放实施行政机关中药品种保护认证一段时间后，即应将行政机关代之以符合相应资质的第三方认证机构，通过发挥第三方认证机构所具有的中立性和专业性优势，进一步保证中药品种保护在权利取得上的公平公正。

（三）逐步取消中药品种保护

之所以对中药实行中药品种保护，是因为中药作为传统知识的一种，难以通过现代知识产权保护体系如专利保护促进其技术创新，从而具备自我发展自我进步的能力，因此必须对其制定特别的保护制度如中药品种保护加以扶持。然而，中药产业发展到现在，已经占据了整个

第九章 中药品种保护

医药市场的30%左右，由国家药监局指导编发的中药监管蓝皮书显示，中药产业2021年总营业额达到6919亿元，比上一年增长12.4%。[①] 以上数据表明，我国的中药产业已经具备了相当规模，不再是三十年前需要进行特别保护的弱小产业，基本具备了在现代社会的市场竞争中存活和发展的能力。在这样的情况下，对其继续进行中药品种保护，即有可能使相关企业在不需要进行任何创新的情况下保持其市场垄断和领先地位，从而不利于中药产业的健康发展。因此，建议在缩减保护范围以及减少保护年限的基础上，逐步取消中药品种保护，使中药产业真正直面激烈的市场竞争，并在其中获得良好的自我创新和可持续发展能力。具体来讲，可以延续之上的第三方认证取代行政审批的过程。在行政审批已经由第三方认证体系逐步取代并日益成熟，且无区别对待所有提出申请的海内外不同规模的中药企业的基础上，国家中药管理部门应当择机宣布在某个具体期限之后不再受理新的中药品种保护以及续期的申请，对有关中药技术的创新和保密的问题，分别转由专利法和商业秘密法、国家秘密法等相关法律予以规制。与此同时大力推行优良中药品种质量认证体系，该体系作为一种选择性的中药质量体系认证标准，允许所有中药企业自行决定是否参与认证。对于之前已经通过认证获得中药品种保护的中药企业，相关中药品种保护到期后可以继续申请新的质量认证体系标准认证，并按照新的质量认证体系标准处理后续事宜。

[①] 以上数据参见中国质量新闻网：《〈2021国家中药监管蓝皮书〉发布》，资料来源：https://baijiahao.baidu.com/s?id=1739576913599608912&wfr=spider&for=pc。

第十章　中药知识产权保护体系构建的具体途径

由于中药对于优良文化传承、[①] 人民的生命健康、[②] 培育优势产业，[③] 乃至国民经济的稳定发展[④] 所具有的特殊意义，通过中药知识产权保护促进中药的传承和发扬成为现代社会的必然选择，并由此建立了庞杂的由现代知识产权制度、非物质文化遗产制度和特别权利制度构成的多元化中药知识产权保护制度集合。然而，由于当前对中药知识产权保护的独有特征认识不够深入，中药知识产权保护制度集合虽然已经初具规模，但并没有发挥有效整合的作用，从而不能起到最大程度促进中药传承和发扬的应有作用，对于中药产业的创新与可持续发展造成了一定程度上的制度障碍。因此，有必要在现有中药知识产权保护制度集合的基

[①] 卢蔡、朱必法：《中国传统文化弘扬视阈下的中医药文化传承研究》，《时珍国医国药》2022年第3期。

[②] 黄哲等：《基于全生命周期理念的中药新药监管科学研究》，《中草药》2021年第17期。

[③] 吕文栋等：《全球价值链下构建中国中药产业竞争优势——基于中国青蒿素产业的实证研究》，《管理世界》2005年第4期。

[④] 朱忠福、吴玉宇：《入世对我国中药产业的发展机遇及对策》，《技术经济》2003年第6期。

第十章　中药知识产权保护体系构建的具体途径

础上，充分考虑中药知识产权保护独有的传统知识和现代产业的双重属性，通过科学的构建使其形成有机整合的制度体系，为中药产业的创新性现代化发展保驾护航。

第一节　中药知识产权保护体系的现状

由于中药知识产权保护所具有的传统知识和现代产业的双重属性，[①] 在中药的具体知识产权保护过程中，也相应产生了与这一特征相对应的行政管理部门和法律制度，并且通过多年的宣传和实践，对于中药的传承和发展起到了难以替代的重要促进作用。具体来说，中药知识产权保护体系的现状主要表现为以下几方面。

一、具有较为完整的中药知识产权保护制度行政管理部门

当前中药所具有的传统知识和现代产业的双重属性虽然并没有得到理论界和实务界的深入了解，但由于这种双重属性产生的实际知识产权保护需求却在现有的中药知识产权保护的行政管理实践中得到了充分反映，并且建立了与中药的双重属性相对应的较为完整的中药知识产权保

---

① 陈和芳：《中药知识产权保护的经济学研究：以广州市中药产业为例》，哈尔滨工业大学出版社2016年版，第178页。

护制度行政管理部门。具体来说,当前的中药知识产权保护制度行政管理部门分别对应着中药知识产权保护的三种类型,即现代知识产权保护、非物质文化遗产保护和特别权利保护。

(一)对应现代知识产权保护的国家和地方各级市场监督管理局

国家和地方各级市场监督管理局具体负责实施包括中药在内的现代知识产权市场监管,[①]针对因为现代知识产权保护如专利权、版权,以及商标权等导致的中药相关的知识产权纠纷进行调解和处理,并采取相关措施对中药企业的现代知识产权的获得和利用进行相应的行政监管。

(二)对应非物质文化遗产保护的相应国家行政机关和民间团体

对应非物质文化遗产保护的国家行政机关包括《非物质文化遗产保护法》第七条规定的国务院文化主管部门和县级以上地方人民政府文化主管部门,以及县级以上人民政府等。[②]另外,2006年成立的中国非物质文化遗产保护中心,[③]也承担部分包括中药在内的非物质文化遗产保护工作。2020年成立的中国非物质文化遗产保护协会中医药委员会则作为中药非遗主要民间保护团体,开展相关的非遗保护和推广宣传工作。[④]

[①] 万里鹏、杨静:《市场监管体制下省级知识产权局部门设置与职能配置优化研究》,《中国行政管理》2021年第1期。
[②] 《中华人民共和国非物质文化遗产法》,法律出版社2011年版,第16页。
[③] 水草:《中国非物质文化遗产保护中心揭牌》,《中国社会科学院院报》2006年9月26日。
[④] 参见中国非物质文化遗产保护协会中医药委员会门户网站:http://zyw.ichtcm.com/。

第十章　中药知识产权保护体系构建的具体途径

（三）根据《中医药法》成立的中医药行政管理部门

此类行政管理部门包括隶属于国务院的国家中医药管理局，以及地方各级中医药管理局。中央和地方各级中医药管理局依据《中医药法》和其他相关法律，对中药知识产权实施相应的行政保护和监管，大力推动中药相关知识产权法律规定的实施。中药特别权利保护的相关制度，如中药品种权保护，以及道地中药材、药用野生动植物遗传资源、中药饮片传统炮制技术和工艺保护，以及国家秘密保护等，均由中医药行政管理部门具体负责实施。

二、现代知识产权保护日益受到人们重视

由于现代知识产权保护对于包括创新在内的中药产业的现代化发展所具有的决定性的影响，经过改革开放以来几十年的发展，包括中药企业和相关行政管理部门，乃至学界和公众对于中药现代知识产权保护的重视程度日益增加。尤其在 2019 年底开始的新冠疫情期间，中药在预防和抗击新冠病毒中所表现出的显著功效，[1] 不仅极大地增强了现代社会对于中药的关注程度，而且使中药企业对于自身的发展获得了前所未有的信心，再加上国家相关促进政策的陆续出台，中药现代知识产权保护已经成为公众关注的热点之一。其具体表现在以下两个方面。

---

[1] 蒋成、李顺祥：《中医药产业高质量发展的思考》，《人民论坛》2021 年第 3 期。

（一）国家陆续出台相关法律和政策支持措施

自 2017 年国家出台以弘扬和发展中医药的法律《中医药法》为标志，近年来国家陆续出台了一系列促进中医药传承和发展的相关政策措施，尤其在中央层级连续发布多个文件，支持中药的传承和发展。主要包括 2019 年《中共中央国务院关于促进中医药传承创新发展的意见》(简称《意见》)，[1] 强调促进中医药传承创新发展；2021 年印发的《关于加快中医药特色发展的若干政策措施》，[2] 进一步将《意见》的实施落到实处。另外，2019 年 11 月，中共中央办公厅、国务院办公厅印发的《关于强化知识产权保护的意见》中，也特别提出要加强中医药现代知识产权保护。[3] 同时，国务院还印发了《中医药发展战略规划纲要（2016—2030 年）》，[4] 将中医药发展提升到国家战略高度；《中国的中医药》白皮书第一次发布，向世界展示了中国发展中医药的方针政策和成就。[5] 在地方层面，相关地方立法机关和政府也颁布了一系列促进中药现代知识产权保护的相关法律和政策。典型的如《湖北省中医药条例》[6]《吉林省中医

---

[1] 《中共中央 国务院关于促进中医药传承创新发展的意见》，《中华人民共和国国务院公报》2019 年第 31 期。
[2] 国务院办公厅：《关于加快中医药特色发展的若干政策措施》，《中医杂志》2021 年第 5 期。
[3] 《中共中央办公厅 国务院办公厅印发〈关于强化知识产权保护的意见〉》，《中华人民共和国国务院公报》2019 年第 34 期。
[4] 《国务院关于印发〈中医药发展战略规划纲要（2016—2030 年）〉的通知》，《中华人民共和国国务院公报》2016 年第 8 期。
[5] 《我国首次发布中医药发展白皮书〈中国的中医药〉》，《中医杂志》2017 年第 2 期。
[6] 秦宇龙、毛旭：《〈湖北省中医药条例〉发布》，《中医药管理杂志》2019 年第 16 期。

药发展条例》①等。到2021年为止，多数省级行政区立法机关均发布了省一级的中药现代知识产权保护和促进相关的制度性规范。

（二）现代知识产权保护已经成为中药企业发展的重要保障和助推器

随着中药产业的日益发展壮大，能够促进创新，提升企业品牌形象，进而有效增强中药企业整体市场竞争力的现代知识产权制度受到中药企业的高度重视，并且日益成为中药企业发展的重要保障和助推器。首先，专利保护方面，以当前最有名的北京同仁堂、广州白云山和云南白药等中药企业为例，通过智慧芽专利检索系统可以发现，北京同仁堂名下的中药相关专利高达1715项，其中外观设计24项，实用新型186项，发明1505项；广州白云山1528项，其中外观设计60项，实用新型39项，发明1429项；云南白药2986项，其中外观设计1项，实用新型154项，发明2831项。由于中药在技术创新方面很难达到专利申请的要求，上述中药企业高达一千多项甚至两千多项的专利的存在，有力地证明了当前中药产业对专利技术创新和保护的高度重视。其次，商标保护方面，由于以商标为核心的品牌形象是现代中药企业最重要的无形资产，因此商标保护受到了中药企业的高度重视。如北京同仁堂为了保护自己的商标，即与天津同仁堂进行过多次法律纷争和协商，②不仅有效保护了自身的合

---

① 《吉林省中医药发展条例》，《吉林日报》2020年12月10日第10版。
② 易静、吴忧：《老字号商标纠纷不止 如何传承保护待解》，《第一财经日报》2021年9月6日第9版。

法商标权利,还在公众中确立了较强的商标显著性;而广州白云山则在2006年即被认定为国家驰名商标;[①]云南白药更是将其集团的核心商标,申报为中华老字号而驰名中外。最后,在其他现代知识产权保护方面,商业秘密保护成为现代中药企业最重要的知识产权保护方式之一。云南白药的配方更是根据《保守国家秘密法》《科学技术保密规定》等法律法规,进入绝密级中药制剂的保护范围。与云南白药同样被纳入国家绝密级中药制剂保护范围的是福建漳州片仔癀药业股份有限公司的片仔癀。正是因为现代中药产业众多的高价值专利、商标和商业秘密等现代知识产权保护的存在,中药企业在现代化创新的过程中,日益发展壮大,不仅有效保证和改善了国民的身体健康,而且成为当前药品市场中与西药分庭抗礼的存在。

三、非物质文化遗产保护已经初具规模

由于中药的传统知识属性,其整体即具有非物质文化遗产的特征,因此非物质文化遗产保护必然成为中药知识产权保护的重要组成部分。[②] 实际上,由于非物质文化遗产保护对于中药传承的明显作用,以及通过这一保护产生的品牌效应对于提升中药产业市场竞争力的显著效果,非物质文化遗产保护一直成为各级行政机关以及相应中药企业高度重视的知识产权保护类型。

[①] 《商标评审委员会 2006 年下半年认定 19 件驰名商标》,《中华商标》2006 年第 10 期。
[②] 毛国强、孔令彬:《中医药非物质文化遗产保护与传播研究》,《新闻战线》2021 年第 1 期。

第十章 中药知识产权保护体系构建的具体途径

（一）国家对于中药非遗保护的相关法律

联合国教科文组织 2003 年通过《保护非物质文化遗产公约》，中国于 2004 年加入，其中即规定了包括中药在内的传统知识应当作为非物质文化遗产受到国家的保护。2011 年开始施行的《非物质文化遗产法》第二条，明确将传统医药纳入非物质文化遗产的范畴。2005 年国务院发布的《关于加强文化遗产保护的通知》，进一步对包括中药在内的非物质文化遗产的行政保护方式进行了规定。另外，省一级地方政府也在上述法律的规定下，制定了相应的保护包括中药在内的非物质文化遗产的地方性法规。典型的如 2012 湖北省人大常委会通过的《湖北省非物质文化遗产条例》。[①] 通过上述国际公约和国内法律的施行，当前形成了中药作为非物质文化遗产的国际公约、国内基本法、行政法规和地方性法规四者互相结合的较为完整的中药非遗保护的法律体系，为中药非物质文化遗产保护提供了必要的法律供给和制度保障。

（二）中药非遗的行政保护机制

由于中药非遗往往缺乏明确的权利主体，很难通过民事权利的设置和相应的司法救济使其得到充分的保护，相关法律规定均以国家行政保护作为非遗的主要保护方式。具体来说，在国际公约层面，联合国教科文组织根据《保护非物质文化遗产公约》第四章"在国际一级保护非物

---

① 《〈湖北省非物质文化遗产条例〉12 月 1 日正式实施》，《湖北日报》2012 年 11 月 28 日第 13 版。

质文化遗产"中的规定，明确由缔约国成员选举的"政府间保护非物质文化遗产委员会"（以下简称"委员会"）提名、编辑更新人类非物质文化遗产代表作名录，急需保护的非物质文化遗产名录，保护非物质文化遗产的计划、项目和活动（优秀实践名册）。截至2022年12月，联合国教科文组织非物质文化遗产名录（名册）项目共计677个，涉及140个国家。[1] 其中2018年入选的藏医药浴法，[2] 即涉及多种藏医药的应用。在国内行政保护方面，根据《非物质文化遗产法》第七条以及国务院2005年发布的《关于加强文化遗产保护的通知》的规定，将非物质文化遗产行政保护分为国家级、省级、市级和县级四级，并按照各自的级别发布相应的国家级、省级、市级和县级非物质文化遗产名录，从而形成了非常典型的保护方式上的行政分级管理模式。很多富有特色和效果的中药均被列入了不同级别的非物质文化遗产名录，并得到了相应的行政保护。如北京同仁堂的中医药文化和安宫牛黄丸制作技艺即被列入了国家级非物质文化遗产名录。[3]

（三）中药企业对中药非遗保护的踊跃参与

由于中药非遗保护对于中药传承所具有的明显作用，以及被列入不同级别的非物质文化遗产名录所带来的良好品牌效应，中药非遗保护受

---

[1] 参见中国非物质文化遗产网，资料来源：https://www.ihchina.cn/directory_list。
[2] 《中国"藏医药浴法"正式列入联合国非遗名录》，《中国西藏》2019年第1期。
[3] 参见中国北京同仁堂（集团）有限责任公司门户网站，资料来源：https://www.tongren-tang.com/newsList/60/1.html。

到了中药企业的热烈欢迎，尤其是拥有特色中药传承的中药企业更是踊跃参与不同级别的非物质文化遗产的申请并采取多种方式配合国家行政部门的相关保护措施。典型的如北京同仁堂除申请到包括同仁堂中医药文化和安宫牛黄丸制作技艺等被列入国家级非物质文化遗产名录外，还分别于2019年和2021年申请到壮骨药酒、微丸、手工塑制蜜丸、手工泛制水丸、西黄丸、阿胶、牛黄清心丸等传统制作工艺被纳入区级非物质文化遗产名录。广药集团拥有的进入国家级非物质文化遗产名录的中药多达六种，包括王老吉凉茶（拥有我国凉茶非物质遗产第10到15号秘方及术语）、星群夏桑菊、白云山大神口焱清、陈李济传统中药文化、潘高寿传统中药文化以及中一"保滋堂保婴丹制作技艺"等。其中王老吉凉茶更是被纳入到国家2006年公布的首批国家级非物质文化遗产名录。而云南白药中医药文化也被纳入到国家级非物质文化遗产名录中。为了充分利用相应的中药非遗保护促进中药企业的品牌形象建设，拥有相应被列入各级非遗名录中药的企业，一般都设置了专门的非遗展览室和陈列室，王老吉凉茶更是专门成立了相应的凉茶文化博物馆，与企业的品牌战略紧密结合，大大促进了企业市场竞争力的提升。

四、特别权利制度保护取得了一定成绩

当前存在的专门针对中药采取的特别权利制度，主要是依据2018

年国务院颁布的《中药品种保护条例》确立的中药品种权。[1] 由于中药品种权的持有人可以获得该条例规定的一级或者二级中药品种保护,从而在市场上获得相应的垄断性权利,对于保证持有企业的市场竞争力和盈利水平具有非常明显的作用,因此从出现以来即得到相关中药企业的高度关注。通过国务院颁布的国家中药保护品种,相关受到品种保护的中药在质量保证和企业发展上,均取得了可观的成效。2021年上半年即有23个在保护期的中药品种销售额超过1亿元,中药一级保护品种片仔癀2021年销售额更是接近10亿元。另外,《中医药法》第二十三条对道地中药材、第二十五条对药用野生动植物遗传资源、第二十七条对中药饮片传统炮制技术和工艺等规定的特殊保护,第四十三条第二款规定的知情同意利益分享制度,以及第四十三条第三款规定的国家秘密保护制度等,与中药品种权一起,共同构成了中药特别权利制度体系。

第二节 中药知识产权保护体系存在的主要问题

当前由现代知识产权保护、非物质文化遗产保护和特别权利保护共同构成的中药知识产权保护体系,总体上来说使中药的传承和发展得到了一定的保证,中药产业也在一定程度上得到了良好的发展,并逐渐成

---

[1] 李慧、宋晓亭:《药品创新与可及视角下中药品种保护制度的完善——以欧美药品试验数据保护制度为借鉴》,《中国软科学》2021年第11期。

长为能够与西药产业分庭抗礼的产业部门。然而,由于中药产业与普通产业相比存在的较大差异并没有被当前社会充分认识,在相关中药知识产权保护体系的制度化建设以及具体的保护措施方面,仍然存在很多不利于中药知识产权保护的传承和发扬双重目标充分实现的问题,从而对中药产业的现代化发展带来了一定的困扰。具体来说,当前中药知识产权保护体系存在的问题主要包括以下方面。

一、制度的碎片化现象较为严重

由于中药知识产权保护对于中药传承和发扬的极端重要性,相关制度体系建设已经取得了一定的成绩。然而,中药知识产权保护制度依然存在碎片化现象较为严重的问题,具体表现为中药知识产权保护在制度上分置于不同类型的普适性法律规定中,并且不同的保护措施之间不能有效衔接和配合。具体来说,这种制度碎片化较为严重的问题主要表现在以下两方面。

(一)缺乏专门的中药知识产权保护制度

当前中药知识产权保护虽然已经具备了现代知识产权、非物质文化遗产,以及特别权利制度共同组成的多元制度体系的雏形,但除了《中药品种保护条例》是专门为中药设计的特别权利制度之外,其他的现代知识产权保护和非物质文化遗产保护,中药均只是作为普通的保护客体之一,在符合相关法律规定条件下才能获得相应的知识产权保护。比如专利权保护，只有在中药产品或者工艺流程等，符合专利法规定的新颖性、创造性和实用性三大条件，才能取得相应的专利权并获得专利权保护。[①] 对于非物质文化遗产保护来说，同样只有依据非物质文化遗产保护相关的法律，被政府机关纳入到不同级别的非物质文化遗产名录中，才能获得相应的非遗保护。因此，对于中药知识产权保护来说，虽然依据相关法律能够获得多元法律保护，但由于这些法律针对的保护对象属于一般客体，因此相关规定并不能与中药自身的特性完全契合，从而使中药难以通过这些普通法律获得完整的充分保护，使其具体保护呈现出需要依附于相应普通法律，通过不同类型的知识产权制度进行各不相同保护的碎片化状态，在一定程度上阻碍了中药知识产权保护的实际效能的提升。这种现象最为典型的是现代知识产权保护制度体系中的专利权保护，由于中药所具有的传统知识和现代产业的双重属性，虽然专利权的保护对中药创新发展有着不可或缺的关键性作用，但却由于专利权对于新颖性和创造性的相关规定与中药自身的世代传承的特征存在较大差异，从而很难使具有较大创新意义的中药技术进步获得应有的专利权保护。比如某种具有重大创新意义并获得发明专利权保护的中药配方，由于中药君臣佐使的配伍，侵权者只需要改变佐使的组成，即能在保证基本剽窃相关创新成果的同时又很难被证明构成专利侵权，从而使相关中药创新不能获得专利权的有效保护。

[①] 方相锋等:《关于中药复方申请专利"三性"问题的探讨》，《中国卫生事业管理》2008年第11期。

第十章 中药知识产权保护体系构建的具体途径

（二）中药知识产权保护的规定散见于不同类型的知识产权制度之中

由于中药缺乏专门的知识产权保护制度，相应的中药知识产权保护的相关规定包含在各不相同的法律之中。比如现代知识产权保护和非物质文化遗产保护制度体系中，即存在各种可以适用于中药知识产权保护的相关规定。与此同时，《中医药法》《中药品种保护条例》等，也在具体规定中提出了相应的中药知识产权保护的要求。正是因为中药知识产权保护这种零星的、不成系统的规范存在方式，使中药知识产权保护制度呈现出非常明显的碎片化特征。这种碎片化特征的存在，不仅严重损害了中药知识产权保护制度对具体保护实践指引的确定性，而且会造成整体制度系统性的不足，产生相关制度规范的重复和缺漏，导致不同性质规范间缺乏必要的衔接和协调，从而对整体中药知识产权保护的制度供给效能产生严重的负面影响。

二、对现代知识产权保护的轻视

现代知识产权保护体系对于中药的现代化发展有着至关重要的意义。然而，由于中药所具有的传统知识属性，[①] 使其很难获得以个体创新为基础的以专利权为代表的现代知识产权制度体系的充分保护。而

---

① 王树华、蔡维生：《中药传统知识保护的研究现状及应有改变》，《中国中医基础医学杂志》2017年第10期。

且，因为中药知识产权保护同普通知识产权保护的差异性没有得到社会的充分认识，也缺乏科学的专门为中药知识产权保护设计的现代特别权利制度，从而使中药在以专利为代表的现代知识产权保护体系中得益甚微。[①] 现代知识产权保护对于促进中药企业现代化发展的这种较低的成效，又使现代社会和中药企业对于现代知识产权保护中药的效能产生了疑问，从而导致了在中药领域对现代知识产权轻视的问题。而这种轻视的存在，进一步降低了现代知识产权保护在中药产业发展中的实际存在，从而陷入效能不高导致轻视，由于轻视导致效能更低的恶性循环，严重阻碍了以专利为代表的现代知识产权制度可能发挥的对中药现代化创新发展的促进作用，不利于中药的可持续发展。具体来说，中药领域存在的对现代知识产权保护的轻视主要体现在以下三个方面。

（一）理论研究聚焦于对中药进行有别于现代知识产权的特别权利制度保护

如前所述，当前对于中药知识产权保护的相关研究，学者们致力于阐释中药有别于普通产业的传统知识特征，[②] 而忽略了中药本身同时所具有的现代化产业属性，从而造成了在理论研究上过度聚焦于对中药进行有别于现代知识产权的特别权利制度保护的问题。由于这一问题的存在，一方面，通过理论研究的引导使社会公众形成了中药知识产权保护

[①] 陈和芳、蒋文玉：《中药知识产权保护必要性的经济学探析》，《改革与战略》2015年第10期。
[②] 安宏等：《中医药传统知识保护方法探析》，《时珍国医国药》2022年第10期。

第十章　中药知识产权保护体系构建的具体途径

最重要的是保持传承的印象。为了达到保持传承的目的，学者们认为应当给予相应的持有人以必要的特别权利保护，乃至在立法层面构建特别设计的利益分享和国家资助制度。此类研究固然能够极大地促进中药的良好传承，但却在很大程度上固化了中药的创新可能，不利于中药产业的现代化发展。另一方面，通过理论研究对于中药与现代知识产权保护兼容困难的强调，[1] 容易误导公众形成中药难以创新甚至不能创新的错误印象，从而导致只需要固守传承的不利于中药创新和现代化发展的外在环境，甚至让相关中药企业产生不需要进行技术创新，只需要深挖中药传承即能可持续发展的错觉，严重阻碍了良好的中药创新发展氛围的形成，对中药的现代化发展产生了很大的负面影响。

（二）制度供给领域不重视解决中药专利权保护中的实际问题

正是因为理论研究上对中药与现代知识产权保护不兼容的过度强调，[2] 使制度供给者对现代知识产权促进中药创新性发展的作用形成错误的认识，不去针对性地解决实践中遇到的由于中药的特殊性造成的现代知识产权保护的难题，而是认为中药对现代知识产权保护制度的不适应是中药与现代知识产权保护不兼容造成，从而根本不可能通过现代知识产权保护促进中药的创新发展，因此对中药在现代知识产权保护中实际存在的问题听之任之，造成现代知识产权保护在中药领域的举步维

---

[1] 孔祥生：《中药产业知识产权保护问题研究》，《中国药房》2013年第11期。
[2] 韩成芳：《传统医药知识保护的困境与出路——以印度阿育吠陀为样本的考察》，《知识产权》2021年第7期。

艰。由此可见，这种制度供给领域不重视解决中药现代知识产权保护实际问题的情况，根源于制度供给者对于中药现代知识产权保护作用的错误认识，并且与理论研究领域强调中药与现代知识产权保护不兼容的观点相结合，对中药的现代知识产权保护产生了严重的损害。

（三）中药产业发展过程中专利的过度缺乏

在理论领域和制度供给领域对中药现代知识产权保护不重视的情况下，中药企业自身也对现代知识产权保护可能具有的作用产生了迷茫，多数中药企业在发展过程中不重视中药相关专利的开发，从而造成了中药产业发展过程中专利的过度缺乏。具体来说，这种中药产业发展过程中专利的过度缺乏主要表现在以下两方面。一方面，多数中药企业对自身专利开发的情况不重视。以当前中国中药产业领域最有影响力的三大头部企业，即北京同仁堂、广药集团和云南白药来说，三大企业的门户网站均能搜索到相关企业的中药品种获得非遗保护的情况，但却没有获得相应创新性专利的信息。笔者在2015年的时候尚能通过广药集团的门户网站搜索到该企业的中药专利介绍，但在2023年2月再次搜索，已经找不到相关网页；另一方面，中药企业申请专利数量过少。正是在不重视中药专利开发的思想指导下，相关中药企业缺乏申请专利的动力，从而导致申请专利数量过少的情况。还是以中药产业中的三大头部企业为例，如前所述，北京同仁堂、广州白云山以及云南白药三个头部企业2023年2月拥有的专利数量均在一千多到二千多之间。与之相对照的是，中国通讯行业的头部企业华为一家2019年和2021年专利申请数量均超过一万件,[①]2022年申请专利数量一万五千余件,[②]是北京同仁堂和广州白云山多年累计数量的十倍左右。中药产业发展过程中专利的过度缺乏,必然直接造成相关中药企业技术创新能力的不足,进而严重影响中药产业的市场竞争力和可持续发展能力。

三、非物质文化遗产保护缺乏必要的系统性协调

出于保护和促进对于中国传统文化至关重要的中药文化的目的,根据相关国际公约和法律法规,当前国家对中药进行了不同级别的非物质文化遗产行政保护。非物质文化遗产保护不仅能够有效促进中药的传承,[③]而且还给相关中药品种和中药企业带来了可观的商业声誉,从而促进了中药产业整体市场竞争力的提高。然而,当前中药的非物质文化遗产保护依然停留在非遗行政保护为主的较为初级的阶段,主要着重点在于保护相应的中药传承,从而缺乏与中药现代化发展所需的市场化[④]必要的系统性协调,难以充分发挥其应有的促进中药现代化发展的功能。

---

① 贾丽:《华为近两年专利新申请量每年超1万件 将把专利回报用于研发》,《证券日报》2022年6月9日第A3版。
② 腾讯网:《2022年通信领域专利申请量公布,华为接近中兴OV小米之和》,资料来源:https://new.qq.com/rain/a/20230207A06XSI00。
③ 毛国强、孔令彬:《中医药非物质文化遗产保护与传播研究》,《新闻战线》2021年第1期。
④ 刘胜:《非物质文化遗产可持续发展的"人本化"模式》,《四川大学学报(哲学社会科学版)》2015年第3期。

（一）非物质文化遗产保护的目的是中药传承

非遗行政保护是当前包括中药在内的传统文化获得知识产权保护的主要方式。这种保护在很大程度上解决了为数不少的中药传承由于市场化的冲击，从而濒临传承断绝的窘境。然而，与非遗行政保护主要目的在于保存而不是促进发展的目的相一致，其主要重视中药相关传统文化的传承，保证其在现代工业文明的冲击下能够继续保持其对人类文化具有独特价值的元素。[①] 因此，非遗行政保护主要集中在对中药相关传承至关重要的知识整理、相关场所和设施的保护，以及传承主体的资助等与市场化关系不大的领域。

（二）非物质文化遗产行政保护忽视中药的市场化

非遗行政保护虽然也鼓励被纳入保护的中药市场化，但经常只是在相应的文化旅游发展规划方面对其进行宣传，并没有采取较为有效的系统市场化支持措施，导致很多中药传承依然处于被大众欣赏，但是难以市场化的状态。如 2018 年被纳入联合国非物质文化遗产名录的藏医药浴法，当前最大的对外宣传作用即在于旅游文化体验方面，看不到明显的市场化应用前景。正是因为非遗行政保护对市场化的忽视，导致很多受非遗保护的中药及其文化的生存主要依靠国家资助，缺乏必要的市场发展空间，不利于其市场化和现代化发展。

[①] 曾钰诚：《民族传统中医药法律保护：误区、澄清与展望》，《贵州民族研究》2019 年第 10 期。

四、对特别权利保护的过度强调

正是因为中药所具有的传统知识属性，使其与以专利权为代表的现代知识产权保护体系存在一定程度不兼容的情况，这也导致了理论界及相关制度供给者在具体的学术观点和相关制度方面出现了较为明显的对特别权利保护过度强调的问题。[①] 然而，这种对特别权利保护的过度强调，却可能直接将中药与现代知识产权保护所具有的差异固化甚至扩大化，从而虽然能够给部分中药企业带来短期的局部利益，却会导致直接损害整体中药产业长远的可持续创新和发展能力的不利后果。具体来说，这种对特别权利保护的过度强调导致的问题主要体现在以下两方面。

（一）重视保护优势中药企业的利益

由于特别权利制度专门针对中药所独有的特征而制定，被很多理论学界和实务界人士认为是解决中药知识产权保护过程中与现代知识产权保护难以兼容的理想模式。在这一思路指导下，中国当前构建了以《中药品种保护条例》规定的中药品种权保护制度为主，包括《中医药法》第二十三条对道地中药材、第二十五条对药用野生动植物遗传资源、第二十七条对中药饮片传统炮制技术和工艺等规定的特殊保护，第四十三条第二款规定的知情同意利益分享以及第四十三条第三款规定的国家秘

---

① 梁艳：《传统知识非专有产权保护模式研究——以中医药法为契机》，《甘肃社会科学》2017年第6期。

密保护等制度共同构成的中药特别权利制度体系。然而，无论是中药品种权保护，还是道地中药材、药用野生动植物遗传资源、中药饮片传统炮制技术和工艺，以及国家秘密保护制度等，均是为了保护当前相关中药持有人的利益，而当前持有人一般属于在中药产业中拥有突出优势的企业主体。如前述的北京同仁堂、广州白云山，以及云南白药等企业，在此方面拥有最多的资源，也成为此类特别权利保护制度的最大受益者。而知情同意利益分享制度，虽然立法初衷是为了保护弱势权利持有人利益，[①] 但由于弱势权利持有人一般缺乏足够的维权能力，这一制度能在多大程度上对其起到切实的保护作用，依然需要依靠其他配套制度才能得到有效的保障。因此，整体上来讲，当前为中药量身定做的所谓特别权利保护，事实上主要保护的是优势企业的利益，在某种程度上不仅不利于市场竞争，而且会造成优势企业更大的资源垄断优势，进而降低中药企业通过创新促进发展的积极性，对整体中药产业的现代化发展不利。

（二）行政保护的排他性不利于中小中药企业的创新性发展

由于以中药品种权为主的中药特别权利制度是对获得相应权利的持有人采取法定的行政保护措施，从而必然会因为行政保护的排他性，使难以获得相应特别权利的中小中药企业在市场竞争中陷入更为不利的劣势地位。由于中小中药企业对于产业可持续发展和现代化创新所具有的

---

① 陈庆：《传统知识持有人权利限制规则构建研究——以中医药法为契机》，《河北法学》2022年第2期。

第十章　中药知识产权保护体系构建的具体途径

重要意义，中小中药企业由于中药特别权利的行政保护带来的这种不利状况，必然会使其创新性发展能力受到实质性损害，进而不利于整体中药产业的创新性发展。

第三节　面向未来的中药知识产权保护体系构建的具体途径

中药对于国家保证国民生命健康、发扬民族优秀文化传统、构建特色优势产业，乃至促进国民经济发展等诸多方面的重要作用，尤其是2020年以来对抗新冠疫情之中的优秀表现，[①]使能够有效促进中药传承和现代化发展的中药知识产权保护成为现代社会关注的焦点。然而，当前中药虽然已经获得了现代知识产权、非物质文化遗产以及特别权利制度三方面的有效保护，但因为在具体实践中存在的制度碎片化、现代知识产权保护受到轻视、非物质文化遗产保护缺乏与其他保护的协调，以及过度强调特别权利保护等问题，很大程度上导致了知识产权保护对中药应有的促进传承和现代化发展的功能难以充分发挥，甚至在一定程度上构成了中药产业现代化可持续发展的障碍。因此，有必要以面向未来的中药现代化发展为导向，在兼顾传承和发扬的基础上，针对相关问题

---

① 王圣泉、洪利琴：《中药参与新冠肺炎预防的法律问题初探》，《中华医院管理杂志》2020年第9期。

的存在，从相关制度的具体设计到不同保护类型的组合策略，对中药知识产权保护体系进行完善性科学构建。

一、针对具体问题的体系构建策略

要使中药知识产权保护充分发挥应有的促进中药传承和发展的双重功能，有效解决其现存的亟待解决的问题是对其进行完善性重构的前提和基础。因此，针对中药知识产权保护现存的具体问题，有必要通过以下有效途径进行相应的体系构建。

（一）通过科学的顶层设计实现中药知识产权的体系化建设

要有效解决当前中药知识产权保护制度的碎片化导致的难以得到完善的体系化保护的问题，有必要通过科学的顶层设计实现中药知识产权的体系化建设的方式，构建专门的中药知识产权保护制度，有效解决中药同现代知识产权制度难以兼容的问题，同时制定专门的衔接协调制度，实现不同类型的中药知识产权保护的制度整合，共同构成能够有效促进中药传承和发展的科学知识产权保护体系。

1. 构建专门的中药知识产权保护制度

由于中药的传统知识属性，在很多方面与以专利权为代表的现代知识产权保护体系之间存在不兼容，导致中药不能很好地受到现代知识产权制度的保护。而且由于非物质文化遗产保护着眼于传承而不涉及发展，中药特别权利制度只重视优势企业利益而忽略整体中药发展等问题的存在，当前主要附属于不同类型普通知识产权保护制度的中药知识产权保护制度，其碎片化属性已经不能满足充分促进中药传承和发展双重目的实现的需求。因此，有必要根据中药自身的特征，在现有中药知识产权保护制度集合的基础上，构建专门的中药知识产权保护制度，这一制度可以命名为《中药知识产权保护促进法》。在此制度中应当明确中药知识产权保护的目的在于促进中药的传承和现代化发展，相关知识产权保护的范围包括现代知识产权制度保护、非物质文化遗产保护，以及特别权利制度保护。除此之外，具体文本还应当包括以下三部分内容。

一是专门的中药现代知识产权保护制度。现代知识产权保护制度中，与中药存在实质性不兼容的部分是专利权制度。因此，专门的中药现代知识产权保护制度的相关规定应当聚焦于解决中药与专利权制度的兼容问题。而专利权制度之所以与中药不兼容，主要在于中药作为传统知识在持有主体上的不确定性和世代传承性上与现代专利权制度要求的主体确定性、新颖性和创造性上的不兼容。因此，为了使中药与专利权保护之间完全兼容，就必须解决中药专利的主体、新颖性和创造性的问题。[1]首先，在主体确定方面，建议规定相关中药可以直接确定持有主体的，由相关持有主体作为专利权主体；不能直接确定持有主体的，由相关政府部门作为专利权申请和拥有主体，并由政府指定相应的企业或个人作为权利行使的代理人。其次，在新颖性方面，只要相关中药技术内容没有在国内外公开发表，并且在国内没有公开使用，即使在一定范

---

[1] 陈一孚：《论中药和专利制度之间的兼容性——以中药发明的实用性审查为视角》，《理论与改革》2016年第2期。

围内为特定群体知悉，也可以确认相关中药技术的新颖性，以保证世代传承但没有公开的中药技术能够符合专利的新颖性要求。最后，在创造性方面，只要相关中药技术在已经公知公用的中药技术的基础上有独特的药理作用和实际疗效，并且通过了国家规定的新药批准流程，即可以认定为显著的技术进步，并授予发明专利，以充分适应世代传承下特定中药配伍必然与经典处方存在较多部分重叠和相似，但确实存在较大创造性的情况。

二是专门的中药非物质文化遗产保护制度。由于非物质文化遗产保护的前提是相应的保护对象被纳入到遗产保护名录中，从而意味着多数中药及其相关的文化均会因为没有纳入到不同级别的非遗名录从而得不到有效保护。要解决这一问题，有必要在相关法律中直接规定中药整体作为国家级非物质文化遗产，并争取将中药整体申请加入到联合国教科文组织的联合国非物质文化遗产名录中，使其能够整体上受到非物质文化遗产保护。

三是专门的特别权利制度。当前中药的特别权利制度主要是国务院颁发的《中药品种保护条例》中规定的中药品种保护制度，以及《中医药法》规定的道地中药材、药用野生动植物遗传资源、中药饮片传统炮制技术和工艺，以及国家秘密保护制度和知情同意利益分享制度等。然而，这些特别权利制度要么像中药品种保护在具体权利设置上存在不利于中药整体市场竞争力提升的问题，要么像《中医药法》规定的道地中药材、药用野生动植物遗传资源、中药饮片传统炮制技术和工艺，以及国家秘密保护制度、知情同意利益分享制度等只存在抽象的规定，而缺乏具体的实施规则，从而不具备可操作性。因此，有必要在专门的中药知识产权保护制度中设置特别权利保护制度专章，在其中对中药品种权获取设置销售额上限，即超过一定金额，比如一亿元年销售额的已经获得授权的中药品种，直接取消相应的中药品种保护，从而有效维护良好的公平竞争的市场秩序。对其他的特别权利制度，则需要制定具体的实施细则。比如道地中药材、药用野生动植物遗传资源、中药饮片传统炮制技术和工艺的概念界定和认定标准，相关主体的权利和义务，国家具体的监管程序和优惠政策等；国家秘密保护制度需要结合已有的《保守国家秘密法》和中药自身的特性确定具体内容；知情同意利益分享制度需要明确知情同意的相关主体认定标准，具体程序，利益分享的原则和机制，以及国家相应的监管措施和惩罚措施等。

2. 设置不同中药知识产权保护类型之间的制度衔接规范

为了使中药知识产权保护的不同类型制度之间能够实现资源的充分整合，有必要在制定相关中药知识产权保护专门制度的过程中充分考虑制度间的衔接与协调的问题，使不同类型的中药知识产权保护制度能够形成有机统一整体，最大程度促进中药的传承与发展。具体来说，相应的制度衔接规范应当包括以下部分内容。

一是现代知识产权保护和非遗保护之间的制度性衔接与协调。在相关制度中应当明确规定，中药非遗保护的政府宣传应当同相关企业配合，尽可能与中药现代知识产权保护中的商标保护互相衔接和协调，通过相应中药品种和中药文化的非遗宣传，大力增强相关商标的影响力，促进相关中药企业的品牌建设。

二是现代知识产权保护和特别权利保护制度间的衔接与协调。当政府作为相关中药知识产权权利持有群体的代理人,比如某一中药持有群体的代表取得专利权、商标权或持有相应的商业秘密,则需要明确规定政府在其中需要承担的知情同意利益分享的义务,即需要承担将相关权利授权他人时对相应中药持有群体履行告知同意的程序,并按照规定与相关群体分享利益。其他人在已有道地中药材、药用野生动植物遗传资源、中药饮片传统炮制技术和工艺的基础上进行技术创新获得相应的专利权或技术秘密时,也应当对相关中药持有人履行告知同意利益分享义务。

三是非遗保护和特别权利保护制度间的协调和衔接。非遗保护主要是对中药传承进行的行政保护。中药特别权利保护制度中的道地中药材、药用野生动植物遗传资源、中药饮片传统炮制技术和工艺等,实际上都属于中药非物质文化遗产的重要组成部分。因此,有必要在中药非遗保护的相关规定中,明确中药非物资文化遗产的行政保护应当与道地中药材、药用野生动植物遗传资源、中药饮片传统炮制技术和工艺等特别权利保护相结合,在行政保护中药非物质文化遗产的过程中,重点突出道地中药材、药用野生动植物遗传资源、中药饮片传统炮制技术和工艺的保护,使两种保护的制度资源得以充分整合,加大对道地中药材、药用野生动植物遗传资源、中药饮片传统炮制技术和工艺等的保护力度。

(二)充分考虑中药特殊性的现代知识产权保护体系设计

当前中药之所以不重视以专利权为代表的现代知识产权保护,根本

第十章 中药知识产权保护体系构建的具体途径

原因在于专利权保护制度的普适性,从而没有考虑中药所具有的特殊性,导致专利权为代表的现代知识产权保护制度不能对中药产业发展起到应有的促进创新发展的重要作用。因此,要充分发挥现代知识产权制度尤其是专利权对中药发展的促进作用,即应当在充分考虑中药特殊性的前提下,对中药现代知识产权保护体系进行专门设计。具体来说,这一体系设计应当主要聚焦于对中药创新发展具有关键意义的中药专利权设置,主要包括以下方面内容。

1. 以中药产业现代化为导向的中药专利权保护理论研究机制

当前中药理论研究领域,很多学者只重视中药传统知识特征,从而认为中药本身即与以专利权为主的现代知识产权制度体系不兼容。[①] 这种理念的存在,从根本上造成了中药领域不重视现代知识产权保护的氛围。因此,要使中药专利权保护的重要性为社会和中药企业所认可,必须矫正这种过度强调中药传统知识属性的理念,使中药的现代产业属性得到应有的重视,并以中药产业现代化为导向,建立能够有效促进中药现代化创新的专利权保护理论研究机制。具体来说,在中药知识产权保护研究领域,应当倡导中药的传统知识和现代产业的双重属性。为了实现中药现代产业属性需要的现代化发展,即有必要充分利用专利促进创新的功能,为其持续进步奠定良好的技术创新基础。在中药产业现代化为导向的情况下,中药的传统知识属性与现代知识产权之间存在的不兼容问题,不再是不能跨越的鸿沟,而是可以通过相应的制度性设定予以

---

① 杨昇、崔丽云:《现代中药专利保护的困境》,《大连海事大学学报(社会科学版)》2008年第5期。

解决的现实问题。中药知识产权保护理论研究应当将如何实现中药与现代专利权制度充分耦合为目标，而不再以两者之间的不兼容为理由将中药排除在以专利权为主的现代知识产权保护之外。

2. 以解决中药专利保护难题为导向的制度设计

在制度供给上，也应当遵循理论研究的逻辑，以促进中药的现代化创新发展为目标，通过以解决中药专利权保护难题为导向的制度设计，实现中药与现代知识产权制度的充分兼容。一方面，在具体的中药专利权的审查标准上，实行如前所述的对于不确定的群体性主体的政府代表制度，特定群体知悉不构成否定新颖性的公知情形，以独特的药理作用和实际疗效作为创造性标准等方式，保证具有实质性创新意义的中药能够获得有效的专利权保护。另一方面，在中药专利权的司法保护过程中，对于相应专利侵权的认定，应当充分考虑中药在配方和工艺上的特殊性，适当扩展近似侵权的定义，对与拥有专利权的中药配方和工艺主要成分或者步骤相似，效果相似的涉嫌侵权中药，即可以认定构成侵权，而不是机械地套用普通侵权案件中，A+B+C+D+E 不构成对 A+B+C+D+F 侵权的认定公式。比如中药配方中大部分组成成分存在差异，但只要君臣佐使中的君药和臣药的配方一致或相近，药效大体相似，即可以判定构成实质侵权。

3. 构建中药专利推广和创新转化奖励机制

当前中药产业之所以对相关中药专利权保护不重视，根本原因在于申请中药专利的难度较高，而且即使获得了相应的中药专利，也常常出现质量不高，难以为企业获得可观的利润，甚至出现开发中药专利技术的成本高于收益的情况。① 因此，要有效激励中药企业开发中药专利技术，进而实现中药产业的现代化创新发展，即需要采取有效措施降低中药专利获得的成本，并提升中药专利能够给中药企业带来的经济利益。前述充分考虑中药特征的专利制度设计在很大程度上即为了有效降低中药专利获取成本，而要有效提升中药专利带来的经济利益，则需要通过构建中药专利推广和创新转化奖励机制的方式予以实现。

一是中药专利推广机制。具体包括相关政府部门应当采取的对中药专利获得重要性和必要性的各种宣传、咨询、培训机制等。相关政府部门应当根据实际情况，通过公众渠道进行中药专利相关的各种宣传，并针对特定中药企业进行相应的培训，为有专利技术开发和利用需求的中药企业提供各种技术信息和市场信息以及具体实施方案的咨询服务，使相关中药企业在形成正确的专利权保护理念的基础上，采取有效措施促进中药专利技术的开发和利用。

二是中药专利创新转化奖励机制。具体应当包括以下部分内容。首先要构建中药专利监测机制，由相关政府部门对中药专利的申请和批准情况，以及相关专利的利用情况进行监测，从中找出存在较大市场潜在价值的中药专利。其次是构建中药专利创新转化申报和审查机制。中药专利管理的各级行政部门应当通过课题的形式，要求相关中药企业进行专利创新转化申报，由相关行政部门组织技术专家和市场专家进行审查，从中删选出具有良好市场前景的中药专利项目。最后是构建中药专

---

① 朱雪忠、李艳：《我国中药发明专利质量提升路径——基于专利委托代理视角的实证研究》，《科学学与科学技术管理》2021年第7期。

利创新转化项目奖励机制。相关行政部门应当设立专门的奖励基金,对于通过中药专利监测和专利创新转化申报删选出来的中药专利项目,与相关中药企业签订中药专利创新转化项目奖励合同,对于有效实现相关项目规定的创新转化成果的中药企业,给予相应的专项资金奖励和荣誉奖励,以有效提升中药企业的专利技术收益的方式促进其对于中药专利技术的开发。

(三)与中药市场化充分协调的非物质文化遗产保护

非物质文化遗产保护的根本目的固然在于有效保护相应的文化传承,但要实现相关文化传承的可持续发展,通过市场化开发利用是最为可行的手段。① 因此,中药非物质文化遗产保护不仅要以保护中药传承为主要目标,还需要与中药市场化充分协调,在促进中药传承的同时大力推进中药产业的现代化发展。具体来说,与中药市场化充分协调的非物质文化遗产保护应当包括以下两方面内容。

1.将中药产业的市场化作为非遗保护的主要目标之一

非遗行政保护通过对相关中药传承至关重要的知识整理、相关场所和设施等的修缮,以及传承主体的资助等措施,有效保证了传统中药文化的完整保存。然而,即使不考虑中药的现代化发展,中药传承最为有效的方式也是让其通过市场化获得可持续发展的能力。因此,无论从中药的现代化发展还是中药传承的角度,中药非物质文化遗产保护均应当

---

① 詹原竞等:《浅谈保护濒危中药资源促进中药可持续性发展》,《中草药》2002年第10期。

第十章 中药知识产权保护体系构建的具体途径

打破当前以中药传承为主要目的,而忽视中药市场化的传统理念,将中药产业的市场化作为中药非遗保护的主要目标之一。

2.通过非物质文化遗产行政保护促进中药的市场化

在将中药产业的市场化作为非遗保护主要目标之一的基础上,为了充分利用非物质文化遗产行政保护资源促进相关中药产业的市场化,有必要采取以下具体措施。

一是通过非遗保护促进相关中药的商业宣传。为了增强人们的非遗保护意识,相关政府部门和媒体合作,制作了大量非遗宣传节目。[①] 然而,包括中药非遗宣传的这些节目往往以纪录片或者专门知识介绍的方式播出,而且侧重于对相关非遗所具有的价值和相关特性进行介绍。这些介绍虽然在很大程度上有利于普及非遗保护知识,但由于忽略了市场推广的重要性,并不能有效促进包括中药在内的非遗相关产品的商品化。因此,在非遗保护相关节目制作和播出的过程中,应当有意识地将相关商品的商业推广作为重要目的之一,[②] 在增强受众的非遗保护意识的同时,充分从商业推广的角度对相关产品的市场价值和获得渠道进行宣传,从而通过非遗行政保护的宣传渠道有效推动中药相关产品的市场化。

二是提高相关中药的知名度和消费者的可及性。在加强中药相关产

---

① 李亚娟等:《非遗主体视角下传统技艺类文化遗产地方性话语环境建构研究》,《华中师范大学学报(自然科学版)》2022年第1期。

② 李辉:《现代品牌化管理在非物质文化遗产保护中的运用——以山东为例》,《学术探索》2013年第10期。

品的商业化宣传的同时，还应当充分利用相关政府部门的行政资源，尽可能提高中药的知名度和消费者的可及性。如在相关政府部门的公共活动场所等人流量较大的位置专门设置中药及其相关产品的介绍，并将相关产品放在醒目位置进行展示，通过媒体重点报道与中药相关的新闻，在相关政府部门网页和宣传册的醒目位置投送中药相关产品的广告等，以达到有效提高中药制作工艺知名度的目的。在通过上述行政部门的特有渠道提升中药知名度的同时，还应当在其中对获取相关中药产品的方式进行详细的列示，包括线上链接和实体店铺或者销售中心的具体地址和联系方式等，以充分促进消费者对相关产品的可及性。

（四）对特别权利制度的改良和逐渐消弭

特别权利制度的存在，虽然在一定程度上改善了相关中药企业在市场竞争中的地位，但同样由于相关权利所具有的行政垄断属性，与市场经济要求的公平竞争原则相悖，在保护了获得权利的优势企业利益的同时不正当地损害了其他市场主体的利益，从而不利于中药产业的现代化发展。因此，有必要针对特别权利制度当前存在的问题，对其进行更为符合市场经济公平竞争要求的改良，并将不合理的相关权利制度逐渐淡化并消弭。

1. 构建以第三方质量认证为主的特别权利制度体系

当前存在的中药品种保护、道地中药材、药用野生动植物遗传资源、中药饮片传统炮制技术和工艺以及国家秘密保护制度等，虽然通过赋予相关中药企业特定的专门权利从而有效提升了这些企业的经济效益

第十章　中药知识产权保护体系构建的具体途径

和市场竞争力，但这种行政保护的方式却不可避免地形成了事实上的行政垄断，对没有获得相应权利保护的中药企业不公平，最终不利于中药产业整体的技术创新和可持续发展。为了充分发挥特别权利制度对中药产业发展现代化的积极作用，有必要构建以第三方质量认证为主的特别权利制度体系的方式，在充分保证中立性和权利可获得性的基础上，通过市场化认证的运作方式解决行政垄断带来的负面影响，进而恢复中药市场的公平竞争促进中药产业的可持续发展。

2.第三方质量认证为主的特别权利制度体系的具体内容

第三方质量认证为主的特别权利制度体系具体内容主要包括以下方面：首先，构建相关特别权利认证标准。组织相关中药技术专家、市场专家和质量体系认证专家，共同确定中药品种以及道地中药材、药用野生动植物遗传资源、中药饮片传统炮制技术和工艺的质量认证标准。其次，构建相应的第三方质量认证程序，允许具有相关资质的第三方质量认证机构，以相应的质量认证标准为依据，对所有提交相关申请的中药企业进行相应的质量认证，通过认证的企业即可以获得相应的质量认证证书，并获得相应的法定特别权利保护。相关认证对所有符合条件的中药企业开放，不再限定特定对象。再次，建立中小中药企业认证资助制度，对符合认证条件但是确实难以承担认证成本的中小中药企业，可以向相关政府部门提交认证资助申请，并根据具体情况获得相应的政府资助。最后，对于中药的国家秘密保护制度，由于涉及到保密问题，依然按照原有法律施行，但在程序设计和权利可获得性上应当尽量保证对所有中药企业的公平。

3.特别权利制度的逐渐消弭

在对特别权利制度进行了第三方认证为主的转型后,为了保证中药产业后续的可持续创新性发展,有必要逐渐淡出这种带有行政干预性质的特别权利制度方式,除了中药国家秘密保护外,在第三方质量认证逐渐普及后,即可以废除中药品种保护以及道地中药材、药用野生动植物遗传资源、中药饮片传统炮制技术和工艺保护等,而代之以纯粹的相应第三方质量认证制度,如中药品种认证、道地中药材认证、药用野生动植物遗传资源认证、中药饮片传统炮制技术和工艺认证等,使其作为一种质量认证标志,在市场化运作下切实起到提升中药产业整体竞争力的作用。

二、以中药产业未来发展为导向的体系构建组合策略

通过中药知识产权保护专门制度的构建,以及不同类型中药知识产权保护机制的完善,基本上解决了因为一般知识产权保护的普适性与中药的特殊性之间可能存在的适用困难,并对中药特别权利保护制度进行了必要的完善。然而,这些针对具体知识产权保护过程中产生问题而构建的中药知识产权保护体系属于不同种类中药知识产权保护过程中的类型化解决策略,并没有涉及到如何对这些知识产权保护类型进行优化组合,进而实现中药知识产权保护体系整体效能最大化的问题。因此,要在充分整合不同类型中药知识产权保护措施的基础上,实现中药知识产权保护体系的效能最大化,还必须以中药产业未来发展为导向,通过不

第十章 中药知识产权保护体系构建的具体途径

同类型知识产权保护之间的优化组合策略，进一步完成中药知识产权保护的体系构建。具体来说，以中药产业未来发展的市场竞争力提升为目的，相应的组合策略应当围绕技术创新和品牌建设进行。与此同时，考虑到中药知识产权保护还需要承担文化传承的任务，以及相关文化传承同时具有的对中药产业的品牌宣传作用，还应当将文化传承作为另一个组合策略实现的主要目标。以此为据，相应的以中药产业未来发展为导向的体系构建组合策略主要包括以下方面内容。

（一）以专利权保护为基础的技术组合策略

拥有一定的技术优势是保持企业核心竞争力的主要方式，而技术优势取得的关键是技术创新。[①] 因此，以促进技术创新为主要目标的现代专利权保护应当成为也必然成为现代企业知识产权保护策略的核心选项。对于中药产业来说，要实现中药的现代化创新发展，同样需要以专利保护为基础构建相应的技术组合策略。具体来说，这一组合策略应当整合所有与技术创新有关的相关中药知识产权保护资源，并以专利权保护为核心，实现中药企业技术创新优势的最大化。以专利权保护为基础的技术组合策略应当包括以下几方面内容。

1.专利权保护与商业秘密保护的组合策略

专利权保护与商业秘密保护均是利用技术创新带来的竞争优势，促进企业效益增加的现代知识产权保护方式。然而，由于专利权保护与

---

① 毛明芳：《打造具有核心竞争力的科技创新高地——基于区域创新能力建设的视角》，《湖南社会科学》2021年第1期。

商业秘密保护两者之间的侧重点不同，保护产生的效果也存在较大差异。① 因此，为了最大程度利用企业已有的技术创新优势，通过效益的增加激励进一步的中药技术创新，应当采取科学的专利权保护与商业秘密保护的组合策略。具体来说，相关策略主要包括以下几种类型。一是针对经济价值较高，容易被逆向工程被模仿，而且市场周期较短的中药技术创新，采用保护能力较强的有期限的专利权保护更加符合中药企业自身利益的最大化。二是针对经济价值较高，不容易被逆向工程模仿，而且市场周期较长的中药技术创新，采用严格的商业秘密保护方式，能够最大程度延长技术优势的时间，进而较专利权保护更优。三是针对经济价值较低的技术创新，由于专利权保护的成本较高，采取商业秘密保护方式即可。四是针对多种技术创新的组合，假如组合的经济价值较高，则根据具体情况采取核心技术申请专利，外围技术采用商业秘密保护的方式，或者核心技术采用商业秘密保护，外围技术采用专利权保护的方式，尽可能保证相关技术创新组合整体较强的保护力度和更长的保护期限，最大限度保证中药企业技术优势效能的最大化。假如组合的经济价值较低，考虑到专利权保护较高的成本，整体可采取商业秘密保护即可。

2. 专利权保护与国家秘密保护的组合策略

中药作为中国传统知识中的核心组成部分，② 很多品种和工艺对于

---

① 周人杰、刘莎：《专利与商业秘密法律保护的经济学分析》，《经济纵横》2007年第8期。
② 蒋晓民：《中医药传统知识保护研究》，国家知识产权局条法司：《专利法研究（2006）》，知识产权出版社2007年版，第5页。

第十章　中药知识产权保护体系构建的具体途径

整体国家利益有着较大的影响，从而被纳入到《中医药法》规定的国家秘密保护的范畴。如云南白药的原始配方，即一直属于国家秘密中的最高绝密级别。因此，对于属于一般性质的具有较高价值的中药技术创新，专利权保护应当是首选，但是对于达到云南白药级别的关系国计民生的重大中药创新，则应当通过国家秘密的方式予以保护，实现企业自身利益和国家整体利益的有效整合。而对被列入国家秘密的中药技术创新，并不是说就不需要专利权保护，而是应当以相应的国家秘密为核心，开发一系列的次要专利和外围专利，通过国家秘密保护和专利权保护的有效组合，实现相关中药技术创新优势的最大化，最大程度提升中药企业效益，促进中药产业的现代化发展。

3. 专利权保护与特别权利保护的组合策略

当前存在的特别权利保护，主要包括相关法律确定的中药品种权保护以及道地中药材、药用野生动植物遗传资源、中药饮片传统炮制技术和工艺保护，以及国家秘密保护等。这些特别权利的存在，意味着相关中药企业在此方面拥有一定的技术质量优势。然而，无论是从市场公平竞争还是相关法律规定的角度进行考察，均可以发现特别权利保护对于相应中药企业产生的制度性优势受到了法律规定的期限和条件的限制，并不能以此让相关中药企业获得持久的技术和竞争优势。因此，有必要将专利权保护与特别权利保护进行有效组合。获得特别权利保护的相关中药企业，应当充分利用制度优势所取得的竞争优势，围绕相关特别权利的中药品种和工艺进行相应的技术创新并申请专利保护。即以特别权利保护产生的竞争优势为基础，开发出更多的创新性高价值的专利技术，通过专利权保护维持并扩大自身在中药市场上拥有的技术优势。

4. 其他组合策略

以专利权保护为基础的技术组合策略，并不意味着中药技术创新的所有组合策略中都必须存在专利权保护。事实上，由于中药原材料很多来自于植物，因此促进植物品种培育创新的植物新品种权[1]也能够成为中药技术创新所需要的现代知识产权保护类型之一。以植物新品种权为基础，也能够通过与商业秘密、国家秘密，以及特别权利保护等的组合，产生类似于专利权与这些权利进行组合的效果。另外，商业秘密和国家秘密之间，也能够通过科学的组合方式，最大程度发挥中药企业自身的技术优势，促进企业市场竞争力和企业效益的提升，并激励更多的相关中药技术创新。

（二）以商标权保护为核心的品牌组合策略

在当前专利权保护与中药存在较大的不兼容状况，从而难以在当前中药产业发展中得到足够重视的情况下，现代知识产权保护中的商标权保护却脱颖而出，在中药产业现代化发展中起到了越来越重要的作用。尤其是在当前中药企业施行的品牌战略中，商标更是成为最重要的品牌核心载体，对于中药企业通过提升品牌形象扩大市场影响，进而促进企业效益增长起到了非常关键的作用。前述的国内中药头部企业，如北京

---

[1] 李岚岚等：《植物新品种保护制度：历史演变与经验启示》，《科技管理研究》2022年第19期。

同仁堂、广州白云山，以及云南白药等，虽然其主页上均没有显示相关专利成果的链接，但却均在门户网站首页的醒目位置展示企业的核心商标，并围绕这一核心商标进行整体网页的设计。事实上，由于中药悠久的文化历史传承，[①] 相关品牌文化的影响在民间有着广泛而深厚的积累，在中药专利权保护步履维艰的情况下，中药产业之所以能够在激烈的医药市场竞争中取得明显的优势并且在绝对金额和相对比例上均呈现不断上升的势头，很大程度上即因为中药产业所具有的这种品牌优势。作为品牌文化核心载体的商标，在现代商标权保护的加持下，必然成为现代中药企业品牌战略实施的重中之重。因此，为了尽可能提升中药企业的品牌形象，进而以此增强中药企业的市场竞争力，有必要实行以商标权保护为核心的品牌组合策略。具体来说，这一策略应当充分整合与企业品牌战略密切联系的相关知识产权保护方式，如商标权、地理标志权、中华老字号、非物质文化遗产、特别权利等，实现不同知识产权保护之间的优势互补，最大限度发挥知识产权保护对于企业品牌战略的正面促进作用。由于在这些知识产权保护中，商标权所具有的关键地位，相应的组合策略应当以商标权保护为核心。

1. 商标权与地理标志权的品牌组合策略

商标权和地理标志权之间不仅联系密切，而且通过注册地理标志商标取得的地理标志权直接来源于商标权。由于中药原材料的生长和质量与地域联系密切，很多中药企业的产品特色和品牌文化等均与相

---

① 朱玲、崔蒙：《中医药文化传承与中华传统文化复兴》，《中医杂志》2012 年第 17 期。

新会陈皮商品

应的地理位置有着不可分割的联系，消费者能够根据相应的地理标志信息迅速识别不同的中药生产者。因此，相关中药企业在设计品牌战略的过程中，只有将商标权与地理标志权两者整体考虑，并使两者之间产生可以为消费者识别的联系，才能最为有效地提升自身的品牌形象，进而增强相应的市场竞争力。具体来说，中药企业在相关品牌战略中，应当尽可能挖掘相应的中药品种在质量和特色上与相关地域之间存在的紧密联系，并以这种联系为基础申请相应的地理标志权保护。在获得相关地理标志权保护的基础上，通过各种方式增强消费者对自身地理标志和商标之间密切联系的认识，最有效的方式是直接将地理标志作为商标的核心组成部分，或者将地理标志和企业商标并列使用。典型的如新会陈皮，相关生产厂家在包装上将地理标志和企业商标并列使用。[1]

2. 商标权与中华老字号、非物质文化遗产保护的品牌组合策略

由于中药悠久的历史传承，产生了一系列在民间有着良好声誉的中

---

[1] 宋叶:《陈皮、广陈皮、新会陈皮的考证》，《中药材》2019年第2期。

第十章 中药知识产权保护体系构建的具体途径

药老字号,这些老字号不仅有着长期使用的核心商标,而且还产生了作为支撑老字号核心市场竞争力的相应中药文化、独特的中药品种,以及炮制工艺和经营方式等,并从中诞生了一系列非物质文化遗产。如北京同仁堂和云南白药,其企业字号不仅均被评为中药领域的"中华老字号",而且同仁堂中药文化和云南白药中药文化,以及与之相关的标志性中药品种和炮制工艺等,均被纳入到国家非物质文化遗产名录中。正是因为很多历史悠久的老字号中药企业一般能够同时得到商标权、中华老字号,以及非物质文化遗产的保护,因此有必要将这三种知识产权保护进行有效的资源整合,通过相应的组合策略更好地发挥其应有的促进相关中药企业品牌战略的作用。具体来说,相应的商标权与中华老字号、非物质文化遗产保护的品牌组合策略应当包括以下部分内容。一方面,应当以相应的中华老字号作为相关中药企业品牌策划的根本,并将自身的老字号注册为核心商标,如北京同仁堂的同仁堂商标,云南白药的云南白药商标等,从而实现作为商标权保护载体的商标在形式上与中华老字号的统一,有效强化相应商标的品牌效应;另一方面,在非物质文化遗产保护的相关宣传和推广过程中,应当紧紧围绕相应的核心商标和中华老字号进行设计和布局,在非物质文化遗产保护的过程中强化核心商标和中华老字号对受众的影响,使相关核心商标所代表的品牌与中华老字号和非物质文化遗产一起形成受众对相关中药企业品牌形象的整体性认识,从而有效促进相关中药企业品牌战略的顺利实现。

3.商标权、地理标志权与特别权利的品牌组合策略

由于产地对于中药材质量和性能的显著影响,中药特别权利保护中

的中药品种权保护,道地中药材、药用野生动植物遗传资源、中药饮片传统炮制技术和工艺保护等,往往与特定的地域名称紧密相连,从而为通过地理标志权促进相应特别权利保护提供了可能。而商标权与地理标志权之间的密切关系,又为商标权、地理标志权与特别权利三者互相协调,进而整合三者资源形成良好的品牌组合策略提供了可能。如长白山人参,既可以依据相关法律获得道地中药材的保护,也被申请作为地理标志产品获得了相应的地理标志权,并能够被申请为地理标志商标。因此,对于与特定地域名称联系紧密的相应中药品种,有必要在获得中药特别权利保护的同时,申请相应的地理标志权并注册成为地理标志商标。通过三者有机结合,互相促进和补充,最大限度提升相关中药企业的品牌影响力。

4.商标权与专利权、商业秘密、国家秘密、版权等的组合策略

企业的品牌战略,归根结底在于通过相应的宣传和推广以及实实在在的经营活动,在消费者心目中形成良好的商誉,从而使其在激烈的市场竞争中处于优势地位,促进企业整体经济效益的提高。因此,在中药企业的品牌战略中,凡是能够更好地促进消费者形成良好印象的知识产权保护方式,均应当被重视并纳入到以商标为核心载体的品牌战略中。专利权、商业秘密、国家秘密,以及版权等知识产权类型虽然主要目的在于促进创新,但在具体的市场运作过程中同样能够产生塑造良好品牌形象的效应。因此,很多企业在对外宣传的过程中,均会强调自身获得的专利权、国家秘密以及各种学术专著等成果的数量,从而在消费者心目中树立起该企业具有高水平的科研能力和质量保证能力,因此相关产

品也具有较高质量和技术含量的良好形象。事实上，由于当前中药领域取得重大的技术突破的难度很大，多数中药专利的技术含量和进步程度并不高，总体市场价值也不大，之所以很多中药企业依然热衷于各种中药专利技术的开发，很大程度上并不是因为这些专利本身能给中药企业带来多大的经济效益，而更看重其能够对企业品牌形象提升的积极作用，以及由此能够获得的市场竞争的优势地位。

5. 其他组合策略

除了上述围绕商标权保护的品牌组合策略外，由于促进品牌形象的其他知识产权保护之间同样可能存在某种密切的固定联系，因此也可以根据具体情况进行不包括商标权保护在内的其他品牌组合策略。如没有注册为商标的地理标志权与特别权利的组合，比如云南三七被纳入地理标志产品的同时被列入道地药材保护名单。非物质文化遗产保护与特别权利保护的组合，如2008年被纳入联合国非物质文化遗产名录的藏医药浴法，即可以同时对藏医药浴法中涉及到的藏药申请道地中药材和药用野生动植物遗传资源的保护，从而更好地促进相关藏医藏药的市场化发展。

（三）以非遗保护为重点的文化组合策略

中药作为历史悠久的中华文化和传统知识的核心组成部分之一，不仅当前有众多的特定中药文化和知识技艺等被列入到不同级别的非物质文化遗产名录之中，而且鉴于中药自身对于传承中华文化的关键意义，建议将其整体列入非物质文化遗产保护的呼声也在不断高涨。由于非物质文化遗产保护在保证优秀文化传承和发扬方面所起到的关键性作用，以及非物质文化遗产本身所包含的厚重文化意蕴，因此建议在中药产业的文化建设方面实行以非遗保护为重点的文化组合策略。具体来说，在中药企业实行文化建设策略的过程中，应当充分整合对中药企业形成良性中药文化有关的相应中药知识产权保护类型，如非遗保护、中华老字号、特别权利保护等。另外，专利权、版权等也可以通过企业技术创新成果的展示，促进企业良好中药文化的形成和发展。

1. 非遗保护与中华老字号、特别权利保护的文化组合策略

中药文化或者中药品种和工艺纳入到不同级别的非物质文化遗产名录，即意味着相关中药企业具有较为悠久的历史传承和技术底蕴，因此往往也能够获得中华老字号和中药品种权等特别权利的保护。因此，中药企业在传承和发展自身的中药文化的过程中，需要充分利用非遗保护与中华老字号、特别权利保护彼此之间在具体保护实践中的密切联系，以及彼此组合对建设整体良好中药文化的促进作用，将三者的保护资源进行有机组合，形成和发扬企业独具特色的中药文化。

2. 非遗保护与专利权、版权的文化组合策略

非遗保护的主要目的是对相关中药文化的传承，因此在很大程度上关注的是企业已有的相关文化的积淀，而不能充分反映中药企业当前的文化现状及后续的发展趋势。企业专利权和版权方面所取得的成果，则能够有效反映中药企业当前在中药技术上的创新程度以及由此体现的相应企业文化。因此，中药企业在文化建设的过程中，除了需要高度重视非遗保护外，还必须实行与专利权、版权相结合的文化组合策略。尤其

对于立足于未来可持续发展的中药企业来说，由于专利权和版权更能反映企业现代化创新的能力，对于形成企业面向未来的创新性文化非常关键。具体来说，中药企业在文化建设的过程中，应当尽可能在实行非遗保护的同时，对非遗保护相关的中药文化和技术等进行持续投入和开发，力争形成一系列与此相关的专利权和版权，并以此为基础，在企业文化建设中，实现非遗保护与专利权、版权保护的紧密结合，形成既有良好的文化积淀，又有积极开拓创新的良性中药企业文化。

第十一章　中药知识产权的司法保护

中药在我国几千年的传统文化中具有悠久的历史，中药资源非常丰富[1]，在世界四大传统医药体系中唯有我国的中医药具有系统的理论、丰富的临床实践与浩瀚的文献，而且被完整地保存了下来，对此我国拥有无可置疑的知识产权[2]。中药是我国传统文化的重要组成部分，在漫长的中华民族的发展史上，中药成为中华文明生生不息的保护神。在副作用和疗效方面，中药相对西药具有自己的独特优势，在全球市场也具有巨大潜力[3]。即使在有着西药占据优势地位的现代社会，中药也依然延续着顽强的生命力。尤其从 2020 年新冠疫情发生以来，中药更是保障了千千万万人民的生命健康安全，成为中国战胜疫情的有力武器和坚实保障。正是因为中药对于保护人民生命健康的独特优势，新中国成立以来，其在同现代科学相结合的过程中，得到了长足的发展，并且成长

---

[1] 李美英、李先元：《对中国中医药知识产权保护现行制度的思考》，《国际药学研究杂志》2015 年第 4 期。
[2] 李生洪：《运用知识产权来推动中药的现代化》，《时珍国医国药》2007 年第 9 期。
[3] 夏松柏等：《我国中药知识产权保护现状与对策》，《时珍国医国药》2016 年第 10 期。

第十一章 中药知识产权的司法保护

为在产值上超过整体医药行业三分之一比例的现代化产业。正是因为中药对传承和发扬中国优秀传统文化，保护人民生命健康，乃至促进国民经济发展和产业现代化等诸多方面的重要意义，如何通过中药知识产权的司法保护，为中药的正常健康发展提供可靠的司法保障，成为当前公众尤其是中药产业相关人士高度关注的领域。

所谓中药知识产权司法保护，即如何通过司法领域的各种制度性措施，有效促进中药知识产权的保护，继而为中药产业的顺利发展提供可靠的司法保障[1]。然而，在中药知识产权司法保护日益受到人们关注的同时，由于中药自身所具有的同普通产业不同的特殊性质，具体体现在知识产权保护领域，也出现了一系列难以对其实行有效司法保护的特殊困难。这种困难的产生，主要在于中药自身在知识产权领域所体现的特殊性。一方面，中药属于典型的传统知识，从而具有传统知识特有的传承性，持有人不确定性，以及不具有新颖性等特征[2]，与以专利为主的现代知识产权保护要求权利主体确定，具有明确的新颖性要求等特征相悖。多数传统中药不仅持有主体难以确定，而且不符合取得专利的新颖性与创造性条件。这些中药在技术上，处于对公众完全公开的状态，不具有新颖性，与现有技术相比也不具有创造性[3]，很难将其纳入以专利为主的现代知识产权保护体系中。另一方面，中药作为我国现代医药产业体系中的主要组成部分，又具有鲜明的现代产业性质，这一现代产业

---

[1] 参见管育鹰：《关于我国知识产权司法保护战略实施的几点思考》，《法律适用》2018年第11期。
[2] 参见周亚杰等：《中药知识产权保护必要性的经济学分析》，《中国市场》2020年第21期。
[3] 宋跃晋：《论公权力介入中药知识产权保护的合理性》，《生产力研究》2011年第11期。

特征要求中药通过现代知识产权保护体系，促进其技术创新，提升其市场竞争力，进而在激烈的现代产业市场竞争中保持独特的竞争优势与可持续发展能力。正是因为中药知识产权保护同时存在的难以与现代知识产权体系兼容，同时又对现代知识产权体系保护存在重大需求的矛盾属性，致使中药知识产权保护徘徊在现代知识产权保护的门口，既难以脱离现代知识产权保护，又难以获得现代知识产权的有效保护。正是因为中药知识产权保护所具有的这种矛盾属性，才使中药成为当前知识产权保护领域中人们关注的焦点。以中药知识产权的特殊性分析为出发点，对当前中药知识产权司法保护的具体现状进行详细的调查研究，在实证数据和资料的支持下找出当前中药知识产权司法保护存在的不足与问题，进而以此为据对中药知识产权司法保护体系进行科学制度设计，对于充分发挥司法制度对于中药知识产权保护的促进作用，进而为中药产业的现代化发展提供可靠的司法保障，有着重要的现实和理论意义。

第一节　中药知识产权司法保护现状审视

一、当前中药知识产权保护的主要类型

由于中药知识产权保护同时具有的传统知识和现代产业属性，中药知识产权保护在类型方面也同时综合了对传统知识进行保护的特有知识

第十一章　中药知识产权的司法保护

产权类型，以及对现代产业所具有的现代知识产权保护类型。因此，从可以接受的知识产权保护类型来说，中药是比较少有的能够接受几乎所有类型知识产权保护，并且还具有自身独有的知识产权保护类型的领域。从这一意义上讲，中药知识产权保护得到了其他领域知识产权所没有的众多知识产权类型的保护，也表明了现代社会对中药知识产权保护乃至其现代化发展的高度重视。具体来说，当前中药知识产权保护的主要类型包括以下方面。

（一）现代知识产权保护体系

现代知识产权保护体系是对所有现代产业普遍适用的知识产权保护方式。具体来说，主要包括专利权、商标权、著作权、商业秘密、地理标志等保护方式，其中最重要的促进技术创新的保护方式是专利保护[1]。根据2021年12月8日智慧芽创新研究中心发布的《中国医药生物上市企业专利和科创力排行榜》显示，仅主板上市企业拥有的有效中药专利数量即达到3581件。商标权对于中药知识产权的保护同样有着重要的意义，注册商标的使用对企业创名牌、争效益、保证药品质量、提高竞争力都有重要的作用[2]。著作权、商业秘密、地理标志等保护对中药现代产业的发展也有着各自独特的功能。中药由于其自身的现代产业属性，理所当然能受到现代知识产权体系保护。事实上，只要符合相关

---

[1] 刘海波、刘延淮：《挖掘专利信息价值，促进中药创新与发展》，《世界科学技术——中医药现代化》2014年第9期。
[2] 高鹏：《我国中药知识产权保护的现状及对策》，《中草药》2005年第1期。

知识产权法律的规定，中药能够接受包括专利权、商标权、著作权、商业秘密以及地理标志在内的所有现代知识产权主要类型的保护。

（二）非物质文化遗产的保护

中国属于具有悠久历史文化传统的世界性大国，包括中药在内的非物质文化遗产对于人类历史的发展有着非常关键的重要意义。因此，我国当前是世界上具有非常明显优势的拥有众多非物质文化遗产的国家，积极参与联合国为主导的非物质文化遗产保护制度体系，并制定了《中华人民共和国非物质文化遗产保护法》。中药作为中华民族优秀文化传承中的核心组成部分，自然也成为非物质文化遗产保护的重中之重。包括王老吉等知名传统中药均被纳入世界级和国家级非物质文化遗产名录，受到非物质文化遗产保护制度的严密保护。

（三）中药品种权的特别保护

由于中药品种保护的法律依据为国务院颁发的《中药品种保护条例》，而不存在全国人大及其常委会颁布的正式法律，因此中药品种权不同于其他类型的知识产权保护，属于专有的知识产权行政保护类型。中药品种权的特别保护仅接受中药生产单位的品种保护申请，在其获得相关保护权期间其他未获得保护权的厂家不得进行相关品种中药的生产。[①]

[①] 参见王兵等:《建立有中国特色的保护中药知识产权的法律体系》,《清华大学学报（哲学社会科学版）》2002年第1期。

第十一章 中药知识产权的司法保护

上述中药的三种知识产权保护类型分别对应其现代产业属性、传统知识属性,以及受国家特殊保护产业的属性。具体来讲,三种知识产权保护类型对中药产业的传承和发展各有优势和不足。一般来说,现代知识产权体系将中药作为一种现代产业进行处理,因此对中药的现代化和可持续发展具有关键性的重要意义。但这一知识产权体系没有对中药传统知识的特征进行特别规定,不利于中药传统文化的保持和发扬,尤其对于处于市场弱势地位,但对于中药产业有着特殊重要性的某些中药文化和品种来说,现代知识产权体系对其几乎没有任何实质性的促进作用。非物质文化遗产保护主要针对濒危的需要特殊保护才不至于消亡,但其本身存在却对中药的发展有着特殊重要性的中药的保护有着非常重要的意义,因此其对于中药作为传统知识的传承和发扬有着非常积极的保护作用。然而,非物质文化遗产更加侧重于对传统知识的固定性保存,而且以最低限度的保存为出发点,其固然对被保护对象的持续存在有着重要的意义,但并不利于被保护对象的产业化和现代化。对于中药来说,由于其本身即为现代医药产业的主要组成部分,非物质文化遗产保护固然对其某些存在生存危机的中药文化和产业具有一定的保护意义,但整体上来说并不适合中药产业的现代化发展,对提升中药产业整体的市场竞争力不具有明显的促进作用。而行政保护类型的中药品种保护,虽然为中药产业独有的知识产权保护类型,但严格来说,由于这一保护仅针对相关中药企业自身的生产能力和质量保证能力进行审核,更加类似于某种类型的生产资格准入标准。然而,这一标准自身又对已经获得相关品种保护的企业赋予一定年限的垄断生产权,对其他没有获得相关品种保护权,但同样具备相应的生产能力和质量保证能力的企业明显不公平。另外，中药品种权的获得并不要求任何创新性的技术成果，因此对于中药产业的创新性发展不具激励意义。由于中药品种权不仅不能促进中药产业的创新，而且人为排除没有获得品种保护企业的准入权，对于中药产业的现代化很难起到良好的促进作用，使之成为当前备受诟病的中药知识产权保护类型。

中药不仅是我国传统文化的核心组成部分，同时也是我国现代医药产业的主要组成部分，不仅是现代社会人们生命健康的有效保障，也是我国医药产业现代化，并进军国际市场的具有天然优势的特色产业。因此，对于中药的知识产权保护，包括司法保护来说，首先应当立足于中药产业的现代化发展，并以此为构建相应中药知识产权司法保护制度体系的主要目标，其次应当有利于中药优秀文化传统的传承和发扬。以此为据，现代中药知识产权保护，应当以能够充分促进中药现代化发展的现代知识产权体系保护为主，以保护重要文化传承的非物质文化遗产为辅，逐渐取消不利于中药产业发展的中药品种保护。

以中国为代表，行政保护和司法保护"两条途径、并行运作"的知识产权保护体制形成了"双轨制"模式[①]。事实上，从中药知识产权司法保护的角度，由于中药品种权受到严格的行政保护，即使发生争议也会立即通过相应的行政保护渠道得以解决。中药的非物质文化遗产保护更是受到严格的非物质文化遗产资格认定程序和相关行政部门的有效保护，不存在发生相应的知识产权纠纷的可能性。因此，中药知识产权的

---

① 吴汉东、锁福涛：《中国知识产权司法保护的理念与政策》，《当代法学》2013年第6期。

第十一章　中药知识产权的司法保护

司法保护,事实上仍然聚焦于中药的现代知识产权类型,尤其是有关中药专利权的保护上。这一方面说明了中药知识产权保护在司法实践中仍然以促进中药的现代化发展为主,另一方面也说明了中药知识产权司法保护对于中药现代知识产权类型保护所具有的关键性意义。

二、中药知识产权司法保护的相关数据

截至 2022 年 12 月 31 日,笔者以"中药""知识产权"为关键词,在"中国裁判文书网"共检索到相关文书 228 份。经过对检索文书进行初步分类,其中占比最多的案件为商标权 53 份、其次为著作权 44 份、特许经营权 35 份、侵犯商标权同时构成不正当竞争 28 份、不正当竞争 23 份、专利权 33 份、技术合同 6 份、其他科技成果权 4 份、商业秘密纠纷 2 份。对相关类型文书进一步区分,所涉案件呈现以下特征:

(一)"傍名牌"是中药商标权纠纷的主要发生领域

商标的作用在于区分商品或服务的来源,对中药的守正创新意义不大,但与中药产业发展有着紧密的联系。"中国裁判文书网"的 228 份相关文书中涉及商标权相关裁判 53 份,均为侵犯商标专用权纠纷。其中,销售侵犯商标专有权商品 38 份,使用近似商标 12 份,生产侵犯商标专有权商品 3 份,未涉及集体商标、证明商标相关内容。裁判文书所涉侵权行为均为典型"傍名牌"行为,被侵权主体均为知名中药企业,以云南白药集团健康产品有限公司、上海相宜本草化妆品股份有限公

侵犯商标专有权纠纷

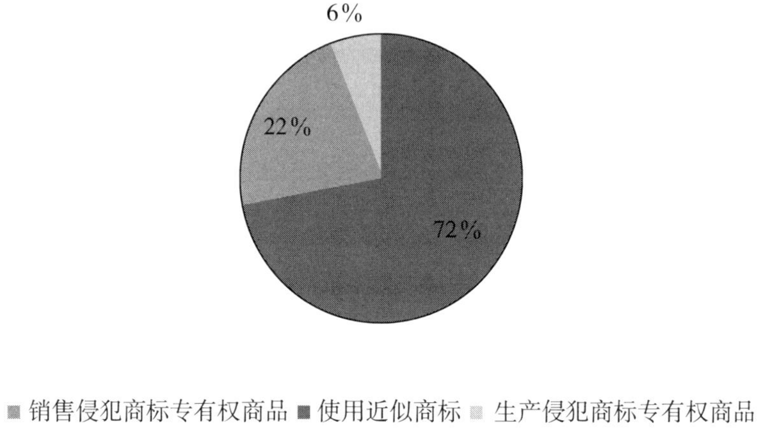

- 6% 生产侵犯商标专有权商品
- 22% 使用近似商标
- 72% 销售侵犯商标专有权商品

■ 销售侵犯商标专有权商品 ■ 使用近似商标 ■ 生产侵犯商标专有权商品

司、浙江康恩贝制药股份有限公司等知名企业为主。

（二）著作权侵权纠纷与中药司法保护无直接关联

这228份相关文书中涉及著作权纠纷裁判文书44份，其中信息网络传播权侵权18份、改编权侵权16份、专有出版权侵权6份、权属纠纷4份。

著作权纠纷

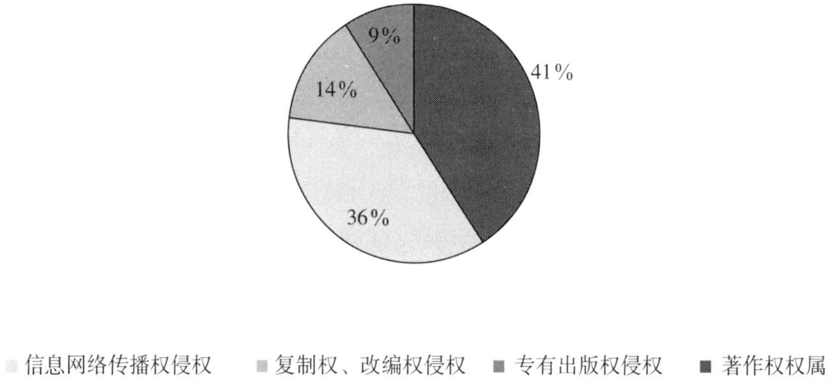

- 41% 信息网络传播权侵权
- 36% 复制权、改编权侵权
- 14% 专有出版权侵权
- 9% 著作权权属

■ 信息网络传播权侵权 ■ 复制权、改编权侵权 ■ 专有出版权侵权 ■ 著作权权属

第十一章 中药知识产权的司法保护

涉案作品主要为以中药内容为元素的摄影作品和类电作品，主要侵权行为表现为未经他人许可使用中药植物摄影作品、通过信息网络平台向公众传播侵权作品，其他著作权侵权行为依次表现为复制权、发行权、署名权、摄制权等相关权利纠纷，但案件的实质审理内容与中药并无直接关系。

（三）专利权案件以行政诉讼确权为主要类型

其中的33份专利权纠纷裁判文书中，涉及提起行政诉讼请求确认中药复方专利、复方制备工艺专利等确权案件23份、中药发明专利侵权纠纷案件5份、外观专利权侵权1份，其余4份涉及发明专利权属和转让纠纷。23份行政确权诉讼判决反映出大多中药复方因无法满足"创造性"要求，而难以获得专利授权的问题。司法裁判中最常见的驳回理由为"本领域技术人员在面对所述技术问题时，有动机改进该最接近的

专利权纠纷

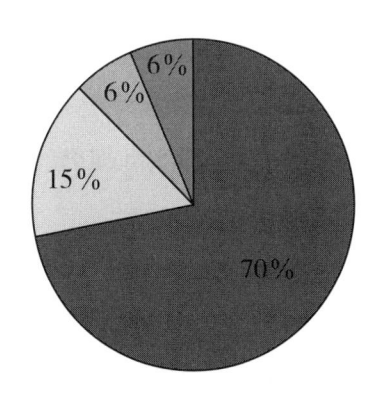

■ 行政确权纠纷　■ 侵权纠纷　■ 转让纠纷　■ 署名权纠纷

现有技术，而这种改进是本领域技术人员容易联想到的"。而在专利侵权纠纷中，等同侵权成为最主要侵权类型。从案件类型来看，等同侵权主要呈现为四种：药味加减变化构成等同侵权、药量加减构成等同侵权、剂型改变构成等同侵权、制备方法相似构成等同侵权。

除商标、专利、著作权三类知识产权纠纷外，还涉及侵害商业秘密2份（刑事判决1份），其他不正当竞争纠纷23份裁判（混淆包装7份、虚假宣传7份、擅自使用他人企业名4份、混淆企业名称3份、不当宣传1份），特许经营权纠纷35份，技术合同纠纷6份（技术合同转让4份、技术委托开发合同2份），同时构成侵害商标专有权与不正当竞争的裁判28份，科技成果权属争议纠纷2份、技术成果奖励权纠纷2份。

综上所述，尽管检索结果呈现出商标、著作权类型纠纷居多的情况，但这些纠纷的实质内容均不涉及中药司法保护的特殊性，而只是因为相关纠纷发生在中药领域，专利保护和商业秘密保护才是涉及到中药知识产权司法保护特殊性的实质核心内容。

三、中药知识产权司法保护的现状

从上述实证数据和资料可以看出，中药知识产权司法保护整体上已经形成了自身独有的机制，并且对于解决中药相关的知识产权纠纷起到了非常重要的作用，在一定程度上对中药知识产权的现代化发展起到了重要的保驾护航的作用。具体来说，通过对上述实证数据和资料的分析，可以看出中药知识产权司法保护的现状主要体现为以下几方面。

第十一章 中药知识产权的司法保护

（一）整体案例数量不多

相对于当前人民法院体系迅速增长的知识产权受案数量来说，中药实质性相关的知识产权案件数量明显非常稀少，具有非常显著的整体案例数量不多的特征。其中近五年来四川省成都中院知识产权法庭受理的中药实质性相关的知识产权案例仅 9 例，而最高人民法院统计的全国近五年实质性涉及中药知识产权纠纷的案例也只有 38 例。与近年来全国年均受理民事案件超过五百万件的数量相比，显得微不足道。

（二）以专利侵权案件为主

在收集到的为数不多的中药实质性相关的知识产权诉讼案件中，绝大部分的案件为专利侵权案件，极少数涉及到商标侵权和商业秘密保护，其他类型的知识产权案件，如著作权、地理标志、中药品种权等则几乎没有。因此，当前中药知识产权司法保护具有非常突出的以专利侵权案件为主的特征。

（三）审判周期较长

对现有的为数不多的中药实质性相关的知识产权司法保护案例进行分析可以发现，相关案件的审判周期一般为三年以上，远高于同期一般知识产权案件两年左右的审判周期。审判周期较长，意味着相关审判的难度大，成本高，被侵权人最终获得有效保护的不确定性强。

（四）行政保护占据绝对优势

与中药知识产权司法保护案例寥寥无几相对照，中药作为现代产业的重要组成部分之一，在具体运行过程中发生的相应知识产权纠纷却为数不少，各种类型的侵犯知识产权的现象屡见不鲜。然而，这些纠纷绝大多数并没有进入以诉讼为主的司法保护途径，而是通过当事人自身协商或者行政处理的方式予以解决。在我国中药知识产权保护法律体系尚不完备的情况下，中药知识产权的行政保护发挥了重要的作用[1]。根据对四川泸州西南医科大学国家级中药创新基地的实地调研表明，这一创新基地每年均申请相应的中药专利，而被证明有效的专利药物在投入市场之后，经常发生其他企业未经允许即生产相关专利中药产品的情形。然而由于相关侵权行为导致的损失不大，一般通过对相关侵权企业提出警告即能解决问题。而对四川省自贡市市场监管局和成都市市场监管局的调查访谈表明，市场监管局在收到相关中药知识产权投诉后，即会要求当事人提供相关证据，在证据证明确实存在专利或商标侵权的情况下，除按相应的行政管理规定对相关单位和个人进行行政处罚外，一般还会组织侵权和被侵权双方进行协商以解决双方之间的赔偿问题，当事人双方一般会按照行政机关认定的侵权事实达成相应的赔偿协议，从而使中药相关的知识产权纠纷得以顺利解决。因此，与其他领域的知识产权侵权纠纷很多通过司法保护程序的诉讼方式得以解决不同，中药知识

---

[1] 万仁甫等：《建立中药知识产权三维保护体系的构想》，《江苏中医药》2006年第9期。

产权纠纷案件不少通过当事人自行协商解决，而自行协商解决不了的中药知识产权纠纷，也会通过行政保护的方式得到有效解决。中药知识产权行政保护的发达，使其相对于司法保护占据了绝对优势，成为中药知识产权保护实践中在纠纷解决绝对数量以及相对比例上远超司法保护的中药知识产权保护方式[1]。

第二节 中药知识产权司法保护存在的主要问题

从中药知识产权司法保护相关实证数据和资料反映的现状中可以看出，当前中药知识产权的司法保护虽然在一定程度上已经起到了为中药的创新和发展保驾护航的作用，但整体上仍然非常薄弱。我国现行中药知识产权司法保护体制存在着司法主导作用不突出、与行政保护关系不顺、对侵权阻遏作用不强、司法能力不够、实施效果较差等问题[2]，而且缺乏针对中药知识产权司法保护的特殊性而设计的相应司法机制，司法保护的质量和效率均较为低下。以下即从中药知识产权司法保护整体以及中药知识产权类型化诉讼两方面对中药知识产权司法保护存在的问题进行相应分析。

---

[1] 参见方杰炜、施炳展：《知识产权保护"双轨制"与企业出口技术复杂度》，《经济理论与经济管理》2022年第12期。
[2] 冯汉桥：《论强化中国特色知识产权司法保护体制的几个着力点》，《广西社会科学》2011年第8期。

一、中药知识产权司法保护整体上存在的问题

（一）整体保护力度薄弱

中药知识产权相关司法保护案例的过于稀少，以及行政保护占据绝对优势的现象均表明，中药知识产权司法保护整体上存在保护力度相对薄弱的情况。也就是说，中药知识产权司法保护在整体中并没有起到应有的解决相关纠纷的基础性重要作用，不仅绝大多数知识产权纠纷没有通过司法途径得以有效解决，而且数量不多的中药知识产权司法保护案例中能够因为司法保护而使自身合法的中药知识产权权利得以顺利实现的权利主体也寥寥无几。然而，司法保护途径作为中药知识产权能够得到有效保护的最具权威性、专业性、规范性和终极性的方式，其整体保护薄弱，意味着中药知识产权的相关权利在受到侵犯的过程中不能得到充分的司法救济，从而使其能否顺利实现处于相应的不确定状态之中。这不仅会严重损害相关中药知识产权制度体系本身的权威性，而且会导致中药知识产权整体缺乏司法保护的终局性保障而出现严重的功能失范现象，对中药产业的创新性发展和相关主体的合法权益的保护产生非常不利的影响。

（二）民刑交叉导致的管辖权冲突

在中药知识产权司法保护中，由于严重的知识产权侵权案件可能涉及到刑事犯罪，经常会出现某一中药知识产权案件同时涉及民事诉讼和

第十一章　中药知识产权的司法保护

刑事诉讼的情况,即出现民刑交叉的现象[1]。然而,由于当前民事诉讼法和刑事诉讼法对于案件管辖权判定的标准不一样,很容易出现民刑交叉导致的管辖权冲突[2]。鉴于知识产权案件的特殊性和审判要求的高度专业性,在民事诉讼领域确立了中级人民法院管辖的原则,只有少数的基层法院可以审判普通知识产权案件;而知识产权案件的这种特殊性在刑事诉讼法领域并没有引起足够的重视而在级别管辖上加以区别对待,而是依然遵循着一般刑事案件的级别管辖规范,即按现行刑事诉讼法规定由基层人民法院管辖第一审包括知识产权犯罪在内的普通刑事案件[3]。在民刑交叉管辖权出现冲突的情况下,如果完全按照相关法律规定进行处理,则会导致同一民刑交叉的案件同时由不同的审判组织审理,甚至由不同地域和层级的不同审判组织审理的情况。由于同一案件中涉及到的基本案件事实以及相关证据完全一致,由不同审判组织按照不同的审判程序进行审理必然出现各种不必要的重复证据审查和事实认定,以及其他方面不必要的资源和时间方面的耗费,不利于相关中药知识产权案件审理质效的提高,并导致审理时间的延长与判决不确定性的增加,提高了当事人合法权益获得司法保护的成本,整体来说不利于对中药知识产权的司法保护。

---

[1] 参见王军明:《知识产权刑事司法保护的现实困境及其出路》,《湖南师范大学社会科学学报》2014年第5期。
[2] 参见钟莉等:《知识产权司法保护与行政执法衔接策略研究——兼论知识产权"三审合一"审判机制》,《科技与法律》2009年第5期。
[3] 曾琳:《我国知识产权司法保护机制的现状和立法构想》,《商场现代化》2007年第35期。

(三)专业化审判能力欠缺

中药知识产权案件的审理周期之所以较普通知识产权案件更长,充分反映了由普通审判人员对专业性要求较高的中药知识产权案件审理的困难。而产生这一困难的根本原因,即在于当前司法系统与中药有关的专业化审判能力欠缺。法官少,且专业化程度不高,这是中药知识产权司法保护的一大问题所在[1]。事实上,由于中药知识产权的专业性特征,要对中药知识产权侵权案件进行高质量的审判,相关审判人员必须同时具备相应的中药专业知识、知识产权相关专业知识,以及司法审判的相关专业知识。而对于一般审判人员,其司法审判的相关专业知识固然毋庸置疑,但知识产权方面的专业知识则很可能达不到知识产权专业化审判的要求。然而,即使是在司法审判和知识产权两方面均具有较强专业知识的专职知识产权案件审判人员,也很难同时具备相应的中药专业知识。正是因为司法系统中同时精通中药、知识产权和司法审判三方面专业知识的审判人员几乎没有,因此才导致在中药知识产权相关案件审理过程中困难重重,不得不一再延长审判时限,导致审判周期较同类案件更长。另外在我国,法院虽然是司法机构,但法官仍然要按照干部制度进行流动,这就导致一些中药知识产权审判经验丰富的法官突然被调离,而一些毫无中药知识产权审判经验的法官被调到知识产权庭审理案件,而且庭长、院长等具有较高水平的法官的频繁调动更是对审判质量

---

[1] 徐家力:《我国知识产权司法保护目前存在的问题及对策》,《法律适用》2006年第3期。

产生较大的消极影响①。这种专业化审判能力欠缺的问题，不仅会直接导致中药知识产权案件的司法审判周期延长，司法保护效率低下和当事人被侵犯权益获得有效救济的成本升高，而且在特殊情况下甚至会出现事实认定错误，乃至最终判决结果不符合事实公正的严重问题，对中药知识产权司法保护的有效性构成严重威胁。

（四）缺乏同行政保护的协调衔接

行政保护在中药知识产权保护中占据绝对优势是当前必须面对的现实。由于司法保护对于中药知识产权保护的终局性特征，在行政保护不能有效实现当事人合法权益或者当事人对于行政保护确定的纠纷解决方案存在异议的情况下，通过司法保护解决相关纠纷是必然的选择。当前行政保护下中药知识产权相关纠纷的基本解决并不意味着相应的当事人不需要进一步的司法保护。事实上，当前通过行政保护解决的中药知识产权纠纷之所以几乎没有继续进入司法保护程序的案例，很大程度上即由于司法保护缺乏同行政保护的协调衔接机制问题的存在。一方面，对于当事人不服行政保护下的中药知识产权纠纷解决方案，从而理所当然应当进入司法保护程序的情况下，由于当事人对中药知识产权司法保护的认识不足，且行政机关也没有对当事人进行其所具有的进一步通过诉讼解决相关纠纷的权利提示，当事人即使对行政保护下的纠纷解决方案存在不同看法，也不知道或者不愿意进一步通过司法途径解决相关纠

---

① 马迅：《我国知识产权司法保护体制之缺陷及完善》，《中国科技论坛》2008年第2期。

纷。另一方面，由于行政保护同司法保护之间互相独立，在行政机关行使中药知识产权行政监管权力的过程中，即使发现相关主体出现严重违反相关知识产权保护法律规定，从而涉及到刑事犯罪的情况，很多时候也没有根据相关法律的规定将相关案件移交司法机关处理，而是直接按照行政保护的相关规定予以行政处罚结案[①]，从而使此部分应当进入中药知识产权司法保护的案件同样没有进入司法保护程序。然而，无论是当事人自身不能或不愿在行政保护的基础上进一步选择司法保护途径，还是行政部门自身不愿意将相关涉及刑事犯罪的中药知识产权保护案件移交司法机关处理，均与司法保护程序与行政保护程序之间缺乏有效的协调和衔接机制相关。这种协调和衔接机制缺乏现象的存在，必然进一步加重中药知识产权整体司法保护薄弱的问题，从而使中药知识产权司法保护不能充分发挥其应有的促进中药产业现代化的功能。

二、中药知识产权类型化诉讼存在的问题

（一）中药复方专利侵权诉讼存在的问题及原因

一是现有技术抗辩时技术特征的对比顺序急需厘清。在专利侵权诉讼中，要判断被控侵权方案是否构成对专利权的侵犯，必然会涉及对A、B、C关系进行审理。如天士力诉万成案中，一审法院先就A关系

---

① 参见张庆林、董健：《知识产权司法保护为何不理想》，《人民论坛》2016年第29期。

第十一章 中药知识产权的司法保护

进行对比，再对比 C 关系，尽管被诉侵权复方与涉案专利等同，但被诉侵权复方与现有技术也等同，因此抗辩成立，不侵权。在 2008 年专利法修改之前，当被控方案既等同于专利技术又等同于现有技术时，实

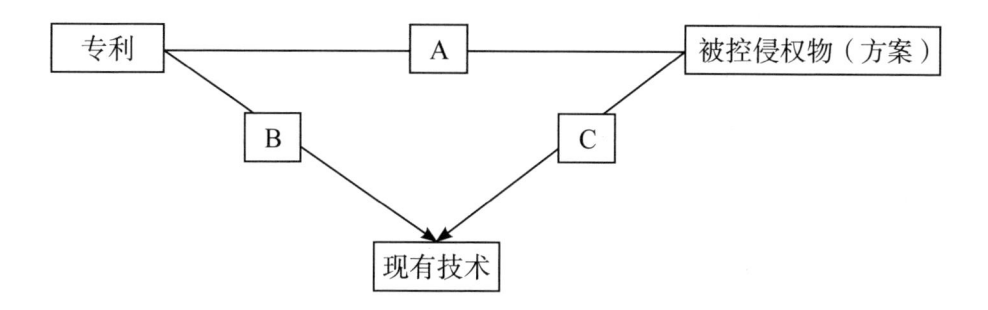

```
专利 ——— A ——— 被控侵权物（方案）
  \   B        C   /
         现有技术
```

践中通行的做法是适用"三者比较接近说"，如果被控侵权技术与现有技术更为接近，则被控侵权技术更接近于公知技术，不构成侵权；如果被控侵权技术更接近于专利技术，则构成侵权。① 2008 年专利法修改之后，"三者比较接近说"逐步被抛弃，"两者比较创造说"占据主流的地位，但比较顺序又各有不同。如天士力诉万成案中二审法院则是先对比 B 关系再对比 A 关系，认定涉案专利与现有技术不等同，但被控技术与涉案专利等同，因此构成侵权（并未将被控方案与现有技术进行对比），这与一审法院的对比顺序截然不同。可见在等同侵权中，不同的对比方式会完全得出不同的结论，因此合理的比对顺序对现有技术抗辩的适用显得尤为重要。

---

① 最高人民法院相关负责人 2002 年曾经在《正确实施知识产权法律，促进科技进步和经济发展，加快推进社会主义现代化建设》的讲话中指出："对于更接近公知技术而与专利技术有一定差别的，应当认定不构成侵权。"这里所采用的，就是"三者比较接近说"。

285

二是中药复方专利中技术特征难以精准界定。专利侵权判定的基本方法是以其权利要求作为相关专利的保护范围，即以权利要求中记载的全部技术特征作为专利权的保护范围，所以侵权判定中必然涉及对涉案专利权利要求和被控侵权方案作技术特征的分解，从而根据"全部技术特征"原则、语义解释原则和等同原则，进行是否构成侵权的判定。而中药复方专利的技术特征主要体现在组方和制备工艺上，中医理论认为"药有个性之特长，方有合群之妙用"，中药复方配伍讲究"君臣佐使"原则，不同的药味在配伍中所起效果不同，如君药为针对主要病症发挥主要治疗作用、臣药协助君药起辅助治疗作用、佐药可协助君药治疗兼证或调和君药烈性、使药引导药味直达病所，其复方最终呈现效果是药味功效的统一整合而非简单叠加。因此，对中药复方这种组合物而言，把每一味药当作一个技术特征以确定各自作用是没有意义的，只有"君臣佐使"完备的组合才属于独立反映"解决技术问题"必不可少的技术特征。再者，不同的制备方法可以导致中药性味功能的变化从而明显的改变方剂的治疗效果，加之多数中药复方专利均是从传统经方基础上通过改善制备方法创新而来，是故权利申请人在撰写权利要求书时往往将制备方法作为一项技术特征。中药复方的这些特点与一般专利的技术特征相比，显得更为抽象，使得如何确定和划分其中的技术特征成为一个难题。

三是中药理论特性致使技术特征的"等同性"难以精准确定。中药专利侵权案件中，复方专利等同侵权最为常见，其中相关技术特征的等同性判断是司法实践中的一个难点。由于中药复方理论本身较为复杂，实践中以相同或类似效果的药味对复方中某药味进行替换，抑或仅是药味用量的变化均有可能导致治疗功效的变化，从而演化出治疗不同病症的新的方剂，呈现出"方不变而法变"的治疗特色。当被控侵权技术方案相对于现有技术方案只是药味加减或比重变化时，相同或等同的判断往往涉及到对中药制剂药效的考察，而药效的判断在实践中本身难以把握。再者，这也容易忽略药味之间的联系，从而得出片面的结论。而在中药制备工艺方法专利上，中药制剂的制备工艺在专利权利要求书中往往会被列为一项独立的权利要求，由于中药制备工艺相对已经成熟，技术人员在行业传统工艺路线基础上对部分工艺步骤和工艺参数进行调整和改进可能获得具有新颖性和创造性的发明创造，但也可能只是简单的替换。因此，当事人争议的焦点指向中药复方制剂的制备工艺时，对制备工艺相同或等同的认定又是一个比较复杂的问题。如优他公司诉万高公司案中，一二审法院对于"细粉"和"过200目筛"认定构成等同、"煎煮3次"和"煎煮2次"构成等同，而最高人民法院则认为不构成等同技术特征。

（二）其他类型知识产权案件诉讼存在的问题及原因

中药技术只要具有价值性和不为公众所知悉，一经采取保密措施便可获得无固定期限的商业秘密自动保护。相较于专利以主动公开换取有限期的保护而言，商业秘密保护制度对于不易被反向工程所破解或具有重要价值但无法满足专利要求的中药技术有着天然优势。但实践中关于中药商业秘密的纠纷确极为罕见，原因在于按照最高人民法院《关于审理不正当竞争民事案件应用法律若干问题的解释》第十四条，即当事人指称他人侵犯其商业秘密的，应当对其拥有的商业秘密符合法定条件、对方当事人的信息与其商业秘密相同或者实质相同以及对方当事人采取了不正当的手段的事实负举证责任。就中药技术而言，不管是中药复方还是制备工艺，由于非公知的中药复方或制备工艺信息的传承方式主要以手口相传为主，原告难以掌握被告获取商业秘密的具体行为的证据，要求原告完成对被告技术信息与其商业秘密实质相似或被告以不正当手段冲破了原告所采取保密措施的举证十分困难。再者，属商业秘密的复方或制备工艺大多是在传统经方、制备工艺上改善而来，其技术程度和操作并不复杂，在商业秘密的举证、质证、庭审调查过程中，对证据保全、材料管理等事物的处理不当极易引发商业秘密的泄露。

与专利和商业秘密两种类型的知识产权保护相比较，商标权和著作权对于中药的保护一般并不涉及到技术创新方面，而是与中药生产经营相关企业的利益密切相关。因此，虽然当前统计的数据显示中药相关的商标权和版权案件数量不少，其中商标权案件在法院系统收受的中药相关的知识产权纠纷案件中甚至高居榜首，但这些案件事实上同中药本身并不存在直接的关系，其面临的问题也不具有中药领域的特殊性，而是同普通企业面临的商标权纠纷以及著作权纠纷类似，只是因为产生纠纷的当事人是中药生产经营企业而被纳入到中药知识产权司法保护的统计之中。诚然，这并不是说这些企业的商标权纠纷和著作权纠纷就与中药的发展毫无关系。事实上，由于中药必须依托于相关企业才能真正实现现代化，对中药相关的企业进行充分的商标权保护和著作权保护毫无疑问对中药产业的发展具有非常重要的意义。但这些以中药企业为当事人或当事人一方的商标权和著作权保护案件并不具有中药领域的特殊性，其面临的司法保护问题基本与普通企业面临的同类知识产权保护问题大体相似。具体来说，对于商标权的司法保护，相关问题主要体现在以下三个方面：

一是商标和字号的冲突问题。根据《反不正当竞争法》第六条的规定，经营者不得实施误认为是他人商品或者与他人存在特定联系的行为。而使用与他人商标类似的字号，或与他人字号类似的商标，在使用领域相同或类似的情况下，毫无疑问可能导致涉嫌此类违反不正当竞争法的商标权纠纷发生。然而，由于此类侵权行为并不涉及到直接的商标假冒或混淆，被侵权人往往因为缺乏对反不正当竞争法的充分认知而按照普通的商标侵权案件起诉，从而因为侵权主体涉嫌侵权的是字号而不是商标，或者其涉嫌侵权的商标假冒的对象是字号而并不是商标，最终证据不足而败诉。

二是商标侵权的赔偿数额确定问题。根据《商标法》的规定，商标侵权赔偿数额的确定，依次按照被侵权人的实际损失，侵权人的实际所得，商标使用许可使用费的倍数，法院依据实际情况判决五百万元以下赔偿。然而，对于中药相关商标侵权来说，由于被侵权的中药市场价值往往波动较大，被侵权人的实际损失，侵权人的实际所得，商标使用许可使用费的倍数等经常处于难以确定的状态，最终只能由法院按照实际情况裁定。然而，由于法院对相关中药市场价值的确定缺乏必要的专业知识，最终裁定的数额与被侵权人的实际损失往往差异较大，从而不能充分实现侵权赔偿对被侵权人应有的充分补偿作用。

三是未注册的驰名商标侵权的证明标准确定的问题。很多商标侵权案件，被侵权的商标往往属于具有一定知名度的驰名商标。对于已经注册的驰名商标来说，由于注册商标本身受到法律的全面保护，判断是否侵权相对比较容易。然而对于未注册的驰名商标来说，则存在如何确定相关商标是否驰名的问题，而其中的关键则是未注册的驰名商标要达到什么样的证明标准才能认定其为驰名商标。虽然当前司法解释已经对未注册驰名商标的认定进行了细则性规定，但在具体审判过程中，如何准确判断相关未注册商标是否能够被认定为驰名商标，依然存在着如何准确把握驰名商标证明标准的问题。

对于著作权的司法保护，则主要表现在以下三个方面：

一是著作权意识薄弱。与商业经营相关的中药著作权，主要包括相关的商品说明书、符合著作权独创性要求的中药处方，以及商品的包装装潢的文字和图案等部分。然而，对于多数中药经营者来说，其往往只将这些部分作为中药商品的附属，而没有意识到其中同时还包含有相应的著作权。由于著作权意识薄弱，很多时候涉嫌侵权的相关当事人在作为被告被提起诉讼后才意识到相应著作权的存在，从而导致很多完全可以避免的相关著作权侵权案件的发生。

二是著作权侵权赔偿数额确定困难。与商标侵权类似，著作权侵权赔偿数额也存在司法保护过程中赔偿数额确定困难的问题。虽然按照当前《著作权法》的相关规定，著作权侵权赔偿数额依次按照被侵权人的实际损失，侵权人的违法所得，以及法院在五百元以上五百万元以下按照实际情况裁量,但同样因为被侵权人的实际损失和侵权人的违法所得确定困难,法院自身也缺乏必要的能够较为客观地在五百元以上五百万元以下进行裁量的专业能力,从而往往导致相关侵权案件判决的赔偿数额与被侵权人实际损失差异较大的情况,不利于对被侵权人的充分补偿。

三是当事人诉讼能力不足。与商标权侵权案件相较,由于《著作权》的权利设置更为复杂,著作权侵权案件中被侵权的当事人,在被侵权行为的认定,相关侵权证据的收集和判断等方面,均面临着较商标侵权案件中的被侵权人更大的困难,从而导致著作权侵权案件中当事人诉讼能力的不足,使其很难通过司法保护程序获得必要的救济,不利于对当事人合法著作权权益的充分保护。

第三节　中药知识产权司法保护遵循的主要原则

中药同时具有传统知识和现代产业双重属性,因此相应的知识产权保护类型也同时包括现代知识产权和非物质文化遗产保护,乃至中药品种保护等。然而,由于中药的非物质文化遗产保护和中药品种保护完全通过行政保护来实现,中药知识产权司法保护事实上仅仅涉及到相应的现代知识产权司法保护。由于现代知识产权保护对中药的意义主要在于促进其现代化创新发展,因此中药知识产权司法保护的主要目的也应当是为中药产业的现代发展提供必要的司法保障。以此为目的，中药知识产权司法保护的需要遵循的主要原则包括以下几方面。

一、促进中药产业创新发展的原则

现代知识产权制度体系存在的主要目的之一，在于促进包括技术进步和管理效率提高等方面的创新，进而促进社会的繁荣进步。事实上，现代知识产权理论和制度体系主要以促进技术进步的专利制度为基础，通过赋予相应的权利人一定期限的垄断性权利，换取其对于社会相关创新信息的公开。

对于中药知识产权司法保护来说，其目的在于通过为相关中药知识产权权利主体提供相应的司法保障，使相关知识产权制度能够充分发挥促进权利人进行技术和管理方面创新的作用，进而促进中药产业的繁荣和创新性发展。其中，现代专利权制度的司法保护可以通过保护中药相关的专利权，使权利人在规定专利期限内的合法权益得到有效保障，进而激励其进行更多的技术性创新获得更多的中药专利，使中药产业在技术不断进步的基础上繁荣发展。商业秘密保护类似于专利权的保护，使权利人的技术秘密和管理秘密可能带来的利益不因非法原因而丧失，进而为其带来必要的技术优势和管理优势，激励相关权利人通过技术创新和管理创新获得更多的利益，进而促进中药产业整体的现代化发展。而著作权和商标权，以及地理标志等中药知识产权的存在，则能使相应的中药权利持有主体由此获得相应的市场竞争力，进而在竞争激烈的现代医药行业获得相应的市场优势，为中药产业的繁荣发展提供必要的品牌形象基础。因此，对于中药知识产权司法保护来说，促进中药产业的创新发展，从而有效增强中药产业的现代化发展能力，是应当遵守的首要的根本性原则。

二、切实保护权利主体合法权益的原则

中药知识产权司法保护之所以能够起到促进中药产业现代化发展的作用，是因为通过对相应的中药知识产权实行有效的司法保护，使相关权利主体的合法权益能够得到充分实现，进而激励其进行更多更好的中药知识产权相关的创新，促进中药市场竞争能力的不断提高。因此，切实保护中药权利主体相应的合法权益，是实现中药知识产权制度体系激励作用的关键，也是中药知识产权司法保护应当遵守的另一重要原则。切实保护权利主体合法权益的原则，意味着在中药知识产权司法保护的过程中，应当在依法确定相应的中药知识产权存在的基础上，准确识别相关中药知识产权的权利主体，并对其应当拥有的知识产权的类型和范围进行准确判定，从而依法对相关权利主体的合法权益进行充分的知识产权保护。只有在切实保护权利主体合法权益的基础上，才能使相关权利主体对中药知识产权司法保护的有效性产生足够的信任，才能有效树立中药知识产权司法保护的权威，使中药知识产权的权利主体形成科学的通过司法程序保护自身合法权益的正确理念，有效改变当前中药知识产权司法保护不受重视和不被充分接受的不利局面。

三、提高整体司法保护质效的原则

迟来的正义是最大的不正义，司法不公是最大的不公。因此，提高整体司法保护质效，是中药知识产权司法保护应当遵守的主要原则之一。一方面，必须高度重视中药知识产权保护的效率，即在保证司法保护质量的情况下，尽可能缩短相应的知识产权司法保护的周期。具体来说，即在中药知识产权相关案件的审理中，应当充分运用各种有效的司法措施，提升中药知识产权案件审理的效率，缩短中药知识产权案件的审理周期，从而保证中药知识产权案件的审判能够在最短的时间内及时得到公正的裁决，保证中药知识产权案件审判的及时性。另一方面，司法的实质公正是中药知识产权司法保护的基础和灵魂。只有中药知识产权案件审判的最终裁决结果符合实质性的司法公正，才能使当事人的合法权益得到真正的保护，才能使司法保护程序在公众中树立必要的权威，最终实现为中药知识产权保护制度体系的顺利运作和中药产业的繁荣发展提供有效司法保障的目的。

第四节　中药知识产权司法保护机制构建的具体途径

中药知识产权司法保护机制促进中药产业现代化发展的根本目的的实现，有赖于其在司法实践中的有效运作。然而，根据当前获得的

第十一章　中药知识产权的司法保护

中药知识产权司法保护的相关数据资料可以看出，中药知识产权司法保护在具体实践中仍然存在一系列亟待克服的问题，从而导致中药知识产权司法保护的相关功能失范。正是为了解决中药知识产权司法保护面临的一系列难题，2022年12月22日，《最高人民法院关于加强中医药知识产权司法保护的意见》（以下简称《意见》）发布，为中药知识产权司法保护提供了更多的法律依据。《意见》提出了加强中医药知识产权司法保护的总体要求，并就强化审判职能，健全中医药知识产权综合保护体系提出具体措施，旨在回应中医药知识产权全链条保护的需求，积极推动构建中医药知识产权大保护格局。《意见》出台后有望产生一系列综合效应：一是审判职能得到强化。中医药高质量发展有赖于有力的司法支撑，《意见》的出台有助于各级法院优化审判资源，让法官在审理中医药领域原始创新、智能制造关键技术、重大科研项目相关案件时，实现"能判、愿判、敢判"，强化司法裁判的规则引领和价值导向作用，通过纠纷化解机制切实维护中医药创新主体合法权益。二是有利于建设更高水平的中医药知识产权综合保护体系。中医药知识产权保护是一项系统工程，《意见》从司法层面强调中医药知识产权保护，既有利于企业之间建立尊重知识产权、有序竞争的秩序，又能够在全社会营造珍视、热爱和发展中医药的良好法治氛围，有利于形成中医药知识产权保护合力。因此，有必要以相关法律和《意见》为依据，在促进中药产业现代化的整体目的指引下，严格秉持促进中药产业创新发展，保护权利人合法权益，以及提高整体司法保护质效等原则，针对相关问题，对现有中药知识产权司法保护机制进行创新性完善。具体来说，相应的中药知识产权司法保护机制的完善性构建应当包括以下部分策略。

一、中药知识产权司法保护整体机制构建

要使中药知识产权保护制度体系切实发挥促进中药产业现代化的作用，必须按照促进创新、保护权利人合法权益和提高质效等原则，对中药知识产权司法保护机制进行整体上的创新性构建，通过相应的整体投入增加，以及完善具体的司法保护运行机制等方式，对中药知识产权司法保护机制的整体运行质效进行有效提升。

（一）适当加大知识产权司法保护的整体投入

针对当前中药知识产权司法保护在实践中案例过少，几乎完全依赖行政保护等司法保护整体上过于薄弱的问题，必须通过全方位提升中药知识产权司法保护质效的方式，重新树立中药知识产权司法保护的权威。然而，要全方位提升中药知识产权司法保护的质效，即涉及到包括资金、组织、人才、配套设施等方面整体投入的增加。因此，只有适当加大中药知识产权司法保护的整体投入，才能有效为中药知识产权司法保护质效的提高提供可靠的客观物质保障，并在中药知识产权司法保护质效提高的基础上有效提升中药知识产权司法保护的权威，有效改变当前中药知识产权司法保护薄弱，难以充分发挥其促进中药产业现代化发展功能的不利局面。具体来说，相应的中药知识产权司法保护整体投入的增加应当包括以下部

分内容。首先，应当增加中药知识产权司法保护的专项资金投入。通过专款专用的形式，由财政预算拨付相应的中药知识产权司法保护的专门款项，用于增强司法系统相关知识产权保护的整体力度。其次，应当在专门的知识产权法院、高级人民法院和最高人民法院的知识产权审判庭中设置专门的中药知识产权审判组织，由其专门负责相应的中药知识产权审判，通过组织的专门化，有效提升中药知识产权保护的质量和效率。再次，应当在中级人民法院的知识产权审判庭中设置专职的中药知识产权主审法官，由其负责所有涉及中药知识产权相关案件的审理以及相关非诉程序的处理，通过审判人员的专门化实现审判的专业化，促进中级人民法院中药知识产权司法保护质效的提高。最后，还应当为中药知识产权司法保护进行相应的配套设施的投入。如更加适合中药知识产权案件审判和司法调解的场所配置和相关设备的投入等。

（二）强化"三审合一"审判制度

"三审合一"审判制度即人民法院知识产权审判庭统一受理知识产权民事、行政和刑事案件。2016年，除知识产权法院暂不执行"三审合一"以外，"三审合一"工作在全国法院全面推开[①]。由于知识产权司法保护的专业性，我国当前已经设立了包括北京、广州和上海三大专业的知识产权法院，而且在最高人民法院、各地高院和中院中，也普遍设立了专门的知识产权审判庭，从而在一定程度上实现了知识

---

① 最高人民法院：《中国法院知识产权司法保护状况（2016）》，《人民法院报》2017年4月27日第2版。

产权案件审判的专业化，对于包括中药知识产权案件审理效率的提高起到了很大的作用。然而，当前的知识产权专业审判组织并没有实现真正的"三审合一"，而是采取民事和行政案件"二审合一"的形式，并不能真正解决当前中药知识产权司法保护面临民刑交叉案件时可能出现的管辖权冲突的问题。因此，建议在当前"二审合一"的基础上进一步强化，构建同时对民事、行政和刑事案件具有管辖权的知识产权"三审合一"的审判组织，强化"三审合一"的审判制度。具体来说，对于受理一审案件的专业审判组织，可以根据具体情况建立分类别的"三审合一"审判机构。即根据相关专业领域案件的争议标的大小和复杂程度不同，分别建立相应的专门法院、法庭和临时性的"三审合一"合议庭。首先，设立区域性的专门"三审合一"法院。全国按照地理位置和经济发展水平的不同，设置7到9个区域性"三审合一"的专门法院。这些法院专门受理对于涉案金额较大或者较复杂的知识产权一审案件，对裁决结果不服的当事人只能向最高人民法院提起上诉。其次，设立专门的"三审合一"法庭。在相关案件发生数量较多的省市一级，在相关人民法院内部设立专门的"三审合一"法庭。这些法庭主要受理一般性的知识产权一审案件。最后，设立临时性的"三审合一"合议庭。对于相关专业领域案件发生数量较少的县市一级，在相关人民法院内部不设置专门的"三审合一"法庭，而是在受理相关专业领域案件之后，根据案件的性质不同，设置由民事、刑事、行政专业审判人员组成的临时性的"三审合一"合议庭。通过以上专业"三审合一"法院、法庭和临时性合议庭的有机组合，充分发挥不同性质的"三审合一"审判模式的优点,为最大程度提高"三审合一"改革的实效服务。

(三)构建中药知识产权诉讼专家咨询制度

中药知识产权案件涉及的专业性和技术性的问题很多,也很深,法官不可能在每一个问题上都能熟练把握,此时知识产权专家,特别是技术专家的意见就显得尤为重要[①]。为了解决当前中药知识产权诉讼中专业化审判能力欠缺的问题,有必要通过构建中药知识产权诉讼专家咨询制度的方式予以有效解决。之所以需要构建中药知识产权诉讼专家咨询制度,原因主要包括以下几方面:首先,依靠法院自身解决中药知识产权诉讼中专业化审判能力欠缺存在事实不能的问题。对于负责中药知识产权案件审判的法院来说,中药知识产权诉讼专业人才的缺乏的问题,其自身能够采取的解决方案非常有限,一般通过内培和外聘两种方式。然而,由于中药知识产权诉讼可能涉及到比较深奥的中药方面的专业性知识,很难想象相关法院能够通过内培的方式将知识产权领域的法官培养成同样精通中药的专家,因此通过内培方式在法院内部产生足够的同时精通知识产权审判和中药专业知识的法官根本不现实。与此同时,由于当前根本不存在培养同时跨越知识产权专业和中药专业人才的教育体制,即使采取外聘的方式,法院也很难招聘到足够数量的相关审判人才。因此,无论是内培还是外聘,法院自身都解决不了中药知识产权专

[①] 徐家力:《我国知识产权司法保护目前存在的问题及对策》,《法律适用》2006年第3期。

业化审判能力不足的问题。其次，即使法院能够通过内培和外聘的方式产生足够数量的中药知识产权案件审判专家，由于中药知识产权案件占知识产权案件整体的比例不大，可能会导致花费巨额资源获得的相关审判专家的大量闲置，造成资源的无效配置，浪费当前非常宝贵的司法资源。最后，充分利用社会资源，促进国家治理能力和治理体系现代化是包括司法领域在内的国家机关提升自身工作质效的重要方式。因此，在法院自身设置专业的中药知识产权诉讼专家事实不能的情况下，有必要充分利用社会上存在的中药知识产权相关专业资源，通过构建中药知识产权专家咨询制度的方式弥补法院自身中药知识产权专业审判能力的不足。

对于中药知识产权专家咨询制度的构建来说，应当包括以下部分主要内容：首先，应当成立中药知识产权专家咨询库，按照一定的标准，将相关法院辖区内的中药方面的专家和知识产权方面的专家均纳入到相应的专家咨询库之中。其次，在中药知识产权案件审判过程中，如果碰到审判人员自身无法确定的专业性问题，即可以向审判委员会申请，启动中药知识产权专家咨询制度，根据具体案件的性质和特征，在相关专家咨询库中选择相对应的中药方面的专家和知识产权方面的专家。再次，由选择出来的相关专家组成专家咨询委员会，合议庭成员列席专家咨询委员会，对相应的审判方面的问题和案件事实予以介绍和解答，最终由专家咨询委员会对提交讨论的存在争议的专业性问题提出书面意见，并提交合议庭作为专业意见参考。最后，合议庭依据专家咨询委员会的专业意见，作出相应的裁定和判决。

第十一章　中药知识产权的司法保护

（四）构建科学的行政保护和司法保护的衔接机制

针对当前多数中药知识产权纠纷的当事人缺乏司法保护理念，以及相关行政部门将部分应当追究刑事责任的中药知识产权案件直接通过行政处罚结案的问题，有必要通过构建科学的行政保护和司法保护衔接机制的方式，使更多通过行政保护不能充分实现中药当事人合法权益的案件进入司法保护程序。一方面，应当明确中药知识产权纠纷行政调解的过程中，相关行政人员对纠纷当事人进行诉讼权利告知和解释说明的义务。这种权利告知和解释说明应当覆盖相关行政调解开始前、过程中，以及调解协议签订后三个关键的时间点。即在调解开始前向当事人申明其不仅可以选择行政调解，还可以通过司法诉讼解决相关纠纷，使当事人明确其所具有的行政调解还是司法诉讼的程序选择权；在调解过程中针对当事人可能出现的对调解程序的不满或其他异议，应当进一步提醒其可以终止当前的调解程序，直接通过司法诉讼程序解决相应纠纷；在调解协议达成后，提醒当事人有可以不履行调解协议，进一步提起诉讼解决相关纠纷的权利。在上述提醒的同时，如果当事人对诉讼程序存在疑问的，行政调解员应当向其进行具体的解释说明。另一方面，应当以最高人民法院最高人民检察院和相关行政主管部门联合发文的方式，制定中药知识产权保护行刑衔接的标准和程序。首先，应当在相应的联合发文中明确行刑衔接的中药知识产权案件的相应标准，符合相关标准的案件行政机关必须按照规定的标准将其移交给司法机关按照刑事程序进行追责；其次，规定符合相关标准的案件具体移交的对象和方式，移交的期限等，保证行刑衔接过程的可操作性；最后，规定对违反相关规定的单位和个人的追责方式和处理办法，为行刑衔接的顺利进行提供必要的惩罚性保障。

二、中药知识产权司法保护类型化机制完善

（一）专利诉讼机制完善的相关建议

一是明确现有技术抗辩中对比顺序与标准。我国《专利法》第67条规定"在专利侵权纠纷中，被控侵权人有证据证明其实施的技术或者设计属于现有技术或者现有设计的，不构成侵犯专利权"。但《专利法》和相关司法解释并未对现有技术抗辩的具体适用进行详细规定，只是明确了"被诉落入专利权利要求范围的技术特征，与一项现有技术方案中的相应技术特征相同或者无实质差异的，应认定属于现有技术"。[①] 因此通常认为，该司法解释确立了现有技术抗辩的对比顺序为先就被控技术方案与专利权利要求进行对比，以确定落入专利保护范围的技术特征，再将其与现有技术进行对比，以判断是否可以免除侵权责任。但这种做法显然值得商榷，毕竟专利的保护范围是经法院解释权利要求而形成，完全有别于专利权利要求文字记载范围。具体

---

① 参见《最高人民法院关于审理侵权专利权纠纷案件应用法律若干问题的解释》第十四条。

到复方专利侵权诉讼中，法院要根据双方当事人举证情况，通过对本案复方专利相适应的权利要求语义进行解释或者等同解释，从而确定出约束双方当事人并只在该案中适用的专利保护范围。而通过解释确定案中专利保护范围的过程，同时也涉及对复方专利权明显瑕疵的审查，其中最重要的一点就是在权利要求中去除现有技术方案。因此，当在诉讼中提起现有技术抗辩时，最具提高审判效率和防止专利权人对公共利益侵犯的做法是，首先法院可直接先对比 C 关系，再对比 B 关系，最后进行 A 关系对比，若 C 关系构成等同，则侵权不成立，直接驳回诉讼请求，若 C 关系不构成等同，则对比 B 关系，明确出专利权利的有效范围，最后对比 A 关系，看被控方案是否落入专利保护范围。

二是以配伍思路划定技术特征。从中药复方专利申请的实践看，通常做法是将整个组方内容作为一项独立的权利要求内容，但法院在对于中药复方专利和被控侵权复方进行技术划定时，会对组方内容再次予以细化分解，最终将每一味药及份额视作一个独立的技术特征。现行《专利法》是以权利要求记载的全部技术特征共同限定专利权的保护范围。换言之，中药复方专利中的每一味药对于整体功能的发挥都应当是必不可少的。然而中药复方中的佐使两药并非不可或缺，因此不宜将复方中的所有内容作简单独立的拆解。笔者以为，中医组方中真正必不可少的是其"辩证论治"的核心思想，实践中针对同一种适应症以原方相同功效药（药味不同）组合进行替换的行为只是对于原方治疗思想的另一种表达，因此应以"病——证——症"的组方配

303

伍思路作为必要技术特征。这样一来可以有效避免因等同替换而不当缩小必要技术特征所锁定的权利保护范围，从而有利于促进中医治疗的技术创新。

三是明确等同原则在中药复方专利案件中的具体适用。实践中，对于专利创造性认定标准和等同认定标准并没有实质区别，在判断被控侵权方案的技术特征与复方专利是否等同时，关键在于本领域的普通技术人员是否认为被控方案所进行的替换是无需经过创造性劳动就可以轻易联想到的。因此，等同原则的判定标准实为"替换的容易联想性"判断。具体来说又可以分为两个层面，一是替换的技术特征和被替换的技术特征之间存在着客观的替换可能性，二是这种"客观的替换可能性"还必须是本领域普通技术人员普遍可认知和普通可实施和实现的。具体到中药复方专利侵权案件中，如果被控复方与专利复方在功能与效果基本相同（实质相同、差异不大）的情况下，该替换在发生侵权时属于本领域可相互替换的周知或惯用的手段或根据常识容易联想到（一般都可以认识）的，应当认定为该替换具有"容易联想性"。

具体到中药复方侵权案件类型中应有以下不同：药量加减情况下，君臣药味的用量变化直接影响着药力的增强或减弱，当君臣药量变化引起配伍关系改变，使得原方结构、功用和主治范围变化时，宜认定为新的复方，不构成侵权；而佐使药味的增减，整个复方功效变化很小，应构成侵权。如在天士力诉万成公司案中，二审法院认为，被控方案中作为君药的川芎和当归的用量增加，直接导致了治疗效果的较大差异，因而不构成等同。药味增减情况下，不论是君臣药味的增减还是佐使药味的增减，只要没有改变既定配伍思路致使组方功效没有实质变化则应认定构成侵权。药味替换情况下，应当考察进行药味替换后的整体治疗效果与原方是否相似，以及这种替换是否本领域技术人员一般可以认识到的。如果治疗效果已经脱离原方效果基本范畴或这种替换非本领域周知或惯用的替换，则不宜认定为侵权。这种情况下，判断替换药味的功效往往具备重要意义，如在常泰公司申请白云山公司专利无效案中，二审法院认为，根据本领域的常识，山银花在性味归经、功能主治方面与金银花完全相同，两者治疗肿疮的主治功效非常相似，结合从替换后药物的适应症来看，替换后中药制剂的适应症仍然是口腔炎症，并没有发生实质改变，因此涉案专利无创造性。剂型变化的情况下，当剂型的改变没有带来治疗效果的明显改变，那么该剂型的新功效是非显而易见的，宜认定不具有实质性变化，构成等同侵权。制备工艺变化情况下，当被控复方制备工艺与复方专利相比，能够在药性、疗效、质量方面有显著的提高，或者能够降低生产成本、设备能耗，则可以认为存在实质差异，不构成等同侵权。

（二）其他类型知识产权诉讼机制完善的相关建议

一是在中药商业秘密纠纷案件中，适用间接证据规则和强化诉讼程序控制严防商业秘密泄露。在立法无明文规定情况下，在中药商业秘密纠纷案件中实行间接证据规则，难免让人疑虑这是否与"谁主张谁举证"这一基本民事诉讼规则相矛盾。但中药技术信息特征决定了原告天然处于举证弱势地位，片面坚持"谁主张谁举证"的举证责任分配原则，既不利于当事人合法权益保护也不符合实质公平。因此，在"接触＋实质相似—合法来源"的商业秘密民事侵权的认定模式中，应当允许原告借助间接证据（如被告获取信息的广度、信息获得的难度、获得信息前后中药产品的对比等生活常理、实践经验）来证明被告信息与原告商业秘密构成实质相似和被告具有接触商业秘密、冲破保密措施的可能性，从而形成一种司法上的暂时推定，同时允许被告举出相应的证据（主要是中药信息的合理来源相关证据）证明其推定不成立或者与其他事实相矛盾，若被告证据达到"优势盖然性"的程度，则推定侵权不成立，反之侵权成立。同时，必须严格把控诉讼流程泄密风险。首先，在询问、证据交换、开庭审理中，充分尊重双方当事人意见的情况下，减少不必要的诉讼参与人、严格限制旁听人员范围，与所有参与诉讼人员（包括旁听人员）签署保密协议书，明确保密责任义务。其次，完善裁判文书和辅助实务安排，对于庭审记录、证据等涉及商业秘密的相关资料进行保密封存并指定专人（庭审中已签署保密协议的助理）保管、另行存放、对扫描和引入系统，纸质卷宗每次开封阅卷应记录在案，电子卷宗实行加密管理，以防止保管不当而泄密。

对于商标权的司法保护，则需要针对存在的相关问题采取以下具体措施：一是加强对于《反不正当竞争法》的宣传和设立商标侵权案件中的相关释明义务。在中药相关的商标权纠纷中，之所以会出现商标和字号之间的冲突纠纷难以解决的问题，和当事人对反不正当竞争

第十一章　中药知识产权的司法保护

法的相关规定缺乏必要的认知密切相关。因此，司法机关为了加强相应的司法保护，一方面应当在中药企业大力加强《反不正当竞争法》相关规定的宣传；另一方面则需要在此类商标纠纷案件中，对相关当事人进行《反不正当竞争法》的详细释明，使之对《反不正当竞争法》第六条产生较为清晰的认知。为了保证这种详细释明能够在案件审理过程中得到真正施行，有必要在对应工作程序中直接规定法官的相关释明义务，为相关当事人获得必要的反不正当竞争法知识提供可靠的程序保障。二是成立专门的商标侵权赔偿数额鉴定专家委员会。针对商标侵权赔偿数额可能出现法院裁量不当的情况，有必要成立专门的商标侵权赔偿数额鉴定专家委员会。该委员会专门负责在被侵权人损失数额、侵权人违法所得，以及必要的许可使用费参照等方面当事人均无法提供充分的证据证明时，对侵权行为人应当赔偿的数额进行鉴定。为了保证相关鉴定的准确性，该鉴定专家委员会应当主要由法定程序遴选的中药行业的技术专家、市场营销专家，以及知识产权方面的专家等联合组成，鉴定委员会确定的赔偿数额，以书面建议形式提交合议庭，并由合议庭据此确定最终的赔偿数额。三是构建科学的驰名商标认定量化标准。对于未注册驰名商标的保护，虽然当前司法解释已经对其认定制定了较为详细的标准，但这些标准因为缺乏必要的量化细节，在实施过程中依然存在法官难以准确判断的情况。因此，有必要构建专门的驰名商标的量化标准体系，从而有效保证未注册驰名商标司法保护过程中的客观准确认定。

对于著作权的司法保护，则主要表现在以下几方面：一是加强著作权相关知识的宣传和教育。对于著作权理念缺乏的问题，主要的解决办法是在当前普法工作的过程中，加强对相关中药企业著作权相关知识的宣传与教育。尤其是进行针对性的著作权识别和著作权侵权维权方面的相关法律知识的宣传和教育，以有效避免因为对中药相关著作权缺乏必要的认知而导致的维权不足和过失侵权等情况的发生。二是成立著作权侵权赔偿数额专家鉴定委员会。与商标权侵权赔偿数额难以确定类似，要有效解决著作权侵权赔偿数额中可能出现的法院最终裁量赔偿数额不准确的问题，有必要通过成立专门的著作权侵权赔偿数额专家鉴定委员会的方式解决。该委员会专门负责在被侵权人损失数额、侵权人违法所得等方面当事人均无法提供充分的证据证明时，对侵权行为人应当赔偿的数额进行鉴定。为了保证相关鉴定的准确性，该鉴定专家委员会应当主要由法定程序遴选的中药行业的技术专家、市场营销专家，以及知识产权方面的专家等联合组成，鉴定委员会确定的赔偿数额，以书面建议形式提交合议庭，并由合议庭据此确定最终的赔偿数额。

通过对中国当前中药知识产权司法保护的相关理论分析以及实证调研，可以发现中药知识产权司法保护整体上存在较为明显的保护薄弱的问题。这一问题的存在既说明了当前中药知识产权自身依然处在待发展的初级状态，从而因为相关知识产权权利本身的缺乏而导致对知识产权司法保护需求的不足；也说明当前司法系统对中药知识产权司法保护的重视程度和投入严重不足。因此，要有效解决

第十一章　中药知识产权的司法保护

中药知识产权司法保护整体上严重不足的问题，除了需要国家在中药知识产权培育和发展方面采取进一步的强化激励措施之外，司法系统自身也有必要针对相关问题的存在采取促进中药知识产权司法保护的相关措施。这些措施应当根据具体存在问题的不同，分别从中药知识产权司法保护的整体促进和类型化改善两方面着手。一方面，针对司法保护整体上存在的投入不足、民刑交叉案件的管辖权冲突、专业审判力量不足，以及行刑衔接机制缺乏等情况，通过适当增加整体投入、强化三审合一审判制度、构建专家咨询制度和科学的行刑衔接机制的方式予以解决。另一方面，针对具体中药知识产权诉讼中存在的专利权保护、商业秘密保护、商标权保护和著作权保护等方面存在的问题，分别采取类型化的针对性优化措施，使当事人的合法权益得到有效救济。

责任编辑：茅友生
装帧设计：王春峥

图书在版编目（CIP）数据

中药知识产权保护体系构建研究/陈和芳 著．—
北京：人民出版社，2023.6
ISBN 978-7-01-025549-1

I.①中… II.①陈… III.①中药材－知识产权保护研究－中国
IV.① D923.404

中国版本图书馆 CIP 数据核字（2023）第 057186 号

中药知识产权保护体系构建研究
ZHONGYAO ZHISHICHANQUAN BAOHU TIXI GOUJIAN YANJIU

陈和芳 著

人民出版社 出版发行
（100706 北京市东城区隆福寺街 99 号）

北京新华印刷有限公司印刷　新华书店经销

2023 年 6 月第 1 版　2023 年 6 月北京第 1 次印刷
开本：710 毫米 ×1000 毫米 1/16　印张：20
字数：298 千字　印数：0,001–5,000 册

ISBN 978-7-01-025549-1　定价：98.00 元

邮购地址 100706　北京市东城区隆福寺街 99 号
人民东方图书销售中心　电话（010）65250042　65289539

版权所有·侵权必究

凡购买本社图书，如有印制质量问题，我社负责调换。
服务电话：(010) 65250042